DAXUESHENG
YILIAN HE ZIWO TONGYIXING
YUQI WANGLUO JIAOWANG DE XIANGGUAN YANJIU

大学生依恋和自我同一性与其网络交往的相关研究

张 焰／著

电子科技大学出版社
University of Electronic Science and Technology of China Press
·成都·

图书在版编目（CIP）数据

大学生依恋和自我同一性与其网络交往的相关研究 / 张焰著. —成都：电子科技大学出版社，2018. 6

ISBN 978-7-5647-6699-3

Ⅰ. ①大… Ⅱ. ①张… Ⅲ. ①互联网络－影响－大学生－研究 Ⅳ. ①G645.5

中国版本图书馆 CIP 数据核字（2018）第 287341 号

大学生依恋和自我同一性与其网络交往的相关研究

张 焰 著

策划编辑 杜 倩
责任编辑 谢晓辉

出版发行 电子科技大学出版社
成都市一环路东一段 159 号电子信息产业大厦九楼 邮编 610051
主 页 www.uestcp.com.cn
服务电话 028-83203399
邮购电话 028-83201495

印 刷 四川墨池印务有限公司
成品尺寸 170 mm×240 mm
印 张 13.5
字 数 260 千字
版 次 2018 年 6 月第一版
印 次 2018 年 6 月第一次印刷
书 号 ISBN 978-7-5647-6699-3
定 价 66.00 元

前　言

大学生正处于青春后期的心理发展阶段，自我同一性发展和社会交往仍然是本阶段心理发展的重要课题。在我国目前高强度的升学压力下，一方面，很多学生在中学阶段没有时间和心情，也没有足够的来自学校、家庭和社会的引导学生思考自我同一性的相关问题，一味将高考或升学作为全部的的奋斗目标，过多地以外化标准特别是学业标准来衡量自己，简单接受或根本不思考自我认同的人生课题，没有做到自我同一性发展的基本达成，如此，进入大学后这一心理发展课题就会加倍困扰大学生，在大学阶段会出现自我同一性发展的扩散、早闭或延迟现象。另一方面，由于早期客体关系不够安全或者中小学阶段专注学业，疏于发展人际交往和群体交往，使不少大学生处于内心孤寂又不会交往的状态，特别是在依恋方面表现出不够安全的特点，会妨碍大学生在社会交往方面的进一步成长。自我同一性的发展本身也非常需要社会交往的不断“镜映”和反馈，现实交往的困难使大学生封闭在自己的小世界里，更加迷茫和痛苦。于是，部分大学生就会在新的交往平台——网络交往方面求得内心成长需要的满足或负性情绪的缓解，而一旦使用不当，就会带来更多的困扰甚至伤害。

随着互联网日新月异的发展，“数字化生存”方式已经势不可挡。网络既给人们的生活带来了诸多便利，但同时也引起了不少困扰和问题，比如网络带来的新的依赖和成瘾行为，学者们因此做了大量的研究工作，希望尽量规避互联网时代的弊病，帮助人们拥有更加高效而健康的数字化生存状态。心理学界早期对于网络使用行为的研究，主要关注网络依赖和网络成瘾行为对使用者，尤其是对成长中的青少年的不良影响而展开的。随着互联网在人们生活中的不断渗透和扩展，从最初引起学界强烈关注的“网络成瘾”行为的研究，逐渐发现了人们在网络使用行为中的复杂性和成瘾机制的双向互动性。对于上网行为的研究越来越深入和细化，并从网络成瘾行为扩展到网络社会交往这一更加宽泛的主题。网络交往行为是互联网这一外因和个体人格的内因相互作用的结果，不同的人格基础的个体会因为内在需要的满足状况不同而产生不同的网络交往动机，进而表现出不同的网络交往行为，反过来，不同的网络交往行为也会使互联网的应用给个体自身的成长和发展带来不同的效果。

大学生网络交往行为是否得当对大学生的心理健康、学业进步和生涯发展有很大的影响，把握不好还可能陷入病理性网络使用的困境。笔者在大学生心理健康的临床工作中发现，大学生网络交往与他们的心理发展息息相关，网络交往的方式和人格功能发展相互影响。具有不安全的依恋模式和自我同一性未基本达成的大学生网络成瘾的风险更大。不同网络交往既可以发挥帮助大学生完善自我、发展自我同一性、修正交往模式的功能，也可能起到破坏自我同一性完成和强化不安全的交往模式的作用。

发展心理学视角关注大学生的发展性问题，临床工作的思路从“现象、规律、机制、干预”这样的研究逻辑考察网络交往。本研究试图结合临床心理学和发展心理学的思想，考察大学生发展阶段需要和不同的人格基础（依恋模式和自我同一性发展）对大学生网络交往动机的影响，并探索恰当的心理干预方式促进大学生完善个人的人格品质，调整网络交往动机，预防和改变网络交往偏差行为,形成和发展理性的有利于大学生生涯发展和心理健康的网络交往方式。

张　焰

2018 年 11 月

目　　录

第一篇　文献综述

第二篇　实证研究

第三篇 综合讨论

第一篇

文 献 综 述

第一章　网络交往及其相关研究

网络交往已经成为一种新兴的社会交往形式，因为其虚拟性和真实性兼容的特点，网络上的社会交往呈现出不同的特点和方式。调查表明，互联网不仅影响了用户日常生活的许多方面，而且也在某种程度上改变了他们的生活风格、沟通强度、感情表达方式、工作效率和学习模式（黄少华，2002）。

研究者们对网络交往的概念进行了不断的澄清，总结起来网络交往有广义和狭义之分。广义的网络交往等同于互联网使用行为（Internet Use Behavior）。在国外研究中，“互联网使用行为”是一个研究者普遍使用的概念，它侧重于强调外在的行为。狭义的网络交往仅仅指网络人际交往，即在网络空间中实现的人与人之间的信息和情感的交流、相互影响、相互理解，是以社会交往为目的网络使用，包括聊天、电子公告板、网络游戏等等。

第一节　网络交往中互联网特征与个体特质的关系研究

一、网络交往的特点及其对个体的影响

不同的研究者对网络交往的特点进行了各种理论探讨和归纳。McKenna（2000）认为匿名性、隐形性、没有地理位置限制以及时间上的非同步性是网络交往的特性。Byrebecca（2000）认为网络交往具有三个基本特性：易进入性、易支付性、匿名性。陈秋珠（2006）从社会心理学视角认为，网络交往主要有五个显著特点：交往对象的广泛性、交往过程的匿名性、交往角色的虚拟性、交往心态的平等性以及交往行为的直接性。宋巨盛（2003）认为，网络交往有以下几个心理特点：交往主体角色的虚拟性、交往形式与心理的间接性、交往心态的平等性、思想情感表达的高度直接性。高磊（2010）观点是：开放性、全球性、便捷性、匿名性、平等性、后现代性等是网络交往的特点。

总结起来，网络交往具有与线下交往不同的核心特征，为网络交往者带来了各种各样的影响。主要包括：

第一，匿名性。匿名性会带来“网络去抑制效应”（the online disinhibition effect）（朱旖旎，2008），指网络交往者的网上行为会因为网络的匿名性特征而对线下交往中的社会规范和内在准则的减弱和丧失（Suler，2004），包括更加放松、约束感减少和自我表达增多。更多的自我暴露和社会反馈（McKenna，2000），对于交往者自我认同的发展会产生影响。当然，约束感的减少也会带来网络欺负等不良行为。

第二，虚拟性。网络交往既包括与现实生活中的人际关系的维持，也可以通过与陌生人建立非现实的社会关系，以满足各种心理需求。这种虚拟的社会交往方式对于交往者特别是青少年和大学生的社会适应和心理成长具有较大的影响。比如“网恋”和“网络游戏”对青少年的影响十分显著。

第三，平等性。平等性的特点使网络交往者能够享受与现实交往不同的心理感受，现实交往中的社会角色往往给交往主体自尊方面带来压力，网络交往则可以缓解这种压力。有助于自尊水平的改善。

第四，广泛性。网络交往因为互联网的便捷性而在交往方面可以突破很多地域的限制，而使交往的范围更加广泛，对于交往需要的满足也是一种新的补充渠道，同时也会给交往方式和价值取向等方面带来新的挑战。

综上，如何运用网络交往满足和补充正常的心理需要，同时又避免网络交往新特性带来的各种不良影响应该是网络时代的新课题。

二、影响网络交往的个体因素：性别和人格因素

已有研究表明，网络交往者自身的特点，尤其是性别和人格因素会直接影响其网络交往。

国内外研究者的研究发现，不同性别的个体，其网络交往动机、目标和结果都有不同。研究发现，男性比女性更多使用互联网（Griffiths，1996；Whitty，2002）；网络交往对男性造成的消极后果大于女性，病理性互联网使用者也以男性居多（Whitty，2002）；女性比男性更可能建立网上人际关系（Whitty，2002；Koch，2004）。李秀敏（2004）的研究也表明，在网络活动中，我国男大学生显著高于女大学生的是游戏类内容，女大学生显著高于男大学生的是聊天类内容。

一些研究者认为，个体的人格特征会影响其网络使用。Peris（2002）等人认为互联网使用者的人格是研究网络人际关系的关键（陈秋珠，2006）。Hamburger（2000）的研究发现，“内—外倾”和“神经质”与互联网的功能使用之间具有复杂的关系，而且与使用者性别相关。男生的外倾性与其使用休

闲娱乐的互联网功能之间正相关，男生的神经质与其使用信息搜集的互联网功能呈负相关；女性的外倾性与社会交往功能的使用之间呈负相关，而神经质与社会交往功能的使用之间呈正相关。雷雳（2012）关于互联网使用和青少年人格特征的关系的系列研究发现，不同人格特质对互联网使用偏好会有较大的影响。宜人性、外向性均可以通过客观社会支持、主观社会支持和对社会支持的利用间接地影响互联网娱乐服务的使用偏好。此外，自我认同完成与网络成瘾有显著负相关，与互联网信息服务使用偏好显著正相关。

但是，人格与网络交往的关系十分复杂（陈秋珠，2006）。有研究表明，社会处境良好的个体（较少社会焦虑、外向大胆、善于社交）倾向于使用任何可以利用的交往媒介进行人际交往，包括网络交往。可能的解释是使用者似乎寻求一种媒介以体验丰富、刺激以及有趣。Hills（2003）等人研究发现，网络交往与人格的精神质（psychoticiam）维度有关系，但考虑进去性别和年龄时，关系就几乎没有了。因为男性的精神质得分本来就高于女性，且精神质得分随年龄增加而降低。Swickert（2002）的研究也发现，互联网使用与人格特质之间没有关系，但人格特质作为中介变量调节互联网使用和社会支持感之间的关系。

第二节　网络交往与交往者心理健康效应的作用机制研究

早期关于网络使用、网络交往与心理健康的研究焦点在于对网络成瘾的研究，主要包括：（1）网络成瘾行为的界定、分类和测量；（2）成瘾者和非成瘾者特点的比较；（3）网络成瘾的机制，包括互联网自身特征（匿名性等等）的成瘾特质、使用者特征（人格、心理健康等）和环境因素（社会支持等）；（4）网络成瘾者的干预（药物干预、行为训练、心理干预或综合干预）等。

一、网络交往与交往者心理健康效应关系的理论假设

早期研究者尝试用心理学中的一些基本理论来解释网络交往的心理健康效应。如 Davis（1999）提出病理互联网使用的认知—行为模型，强调非适应性的认知和情绪对互联网使用行为有影响。Weiser（2001）利用理解交往媒介效应的“用而满足理论”（Uses and Gratifications Theory）假设网络使用的社会心理效应主要取决于使用者使用该技术的原因和目的。Weiser（2001）在此模型基础上进行的研究结果表明网络使用与人的心理、社会发展并不是直接联系，

而是使用动机在中间起着调节效应。基于社会—情感调节动机的网络交往会降低交往主体的心理健康水平，而基于物质—信息获得动机的网络交往会提高交往主体的心理健康水平。

随着互联网使用中社会交往功能的不断扩展，研究者们的理论假设也做了相应的调整，早期形成了两种相互对立的观点：转移假设（the displacement hypothesis）和促进假设（the increase hypothesis）。“转移假设”由Kraut（1996）提出，认为网络交往对个体的心理健康起着消极的破坏作用。“促进假设”由McKenna（2000）提出，认为网络交往对个体维持现有同伴之间的亲密关系以及发展新的人际关系都具有促进作用。

随着人格特质因素的介入，研究者在针对不同特质的个体影响网络交往的研究中，又发展出了“社会补偿假设”（the social compensation hypothesis）和“富者更富假设”（the rich-get-richer hypothesis）。“社会补偿假设”认为具有孤独感和社交焦虑的个体在现实生活中建立人际关系比较困难，通过网络交往建立的人际关系一定程度上弥补他们现实人际关系的不足（Anderson -Butcher，2010）。“富者更富假设”认为社交性较强且已拥有较多现存社会支持的个体能够从互联网使用中得到更多的益处（Kraut，2002）。

二、网络交往与交往主体因素双向作用机制的研究

研究者发现网络交往的心理健康效应受交往者因素的影响。高水平的网络交往与低水平的社会孤独和高水平的情感孤独有关（Moody，2001）。网络使用对内向型的个体带来消极的后果（Kraut，2002）。Modayil（2003）认为，并不是网络交往导致了交往主体心理健康水平下降，而是交往主体的心理健康状况影响了网络交往行为，互联网为那些具有社会交往困难的人提供某种独特的益处。

Swickert（2002）研究了互联网使用、人格以及社会支持感之间的关系，发现互联网使用和人格的交互作用对社会支持感有不同的影响，于是，他们提出人格与互联网使用的“交互作用”观点。Kraut（2002）在研究中发现，与“富者更富”模型一致，对于性格外向者以及具有较多社会支持的人，互联网使用有较好的结果，包括孤独水平的降低、消极情绪的减少、压力感的降低、自尊的提高；而对于性格内向者和具有较少社会支持的人，互联网使用则具有与之相反的更坏的结果。互联网使用实质扩大了个人在利用社会资源能力上的差异，而不是缩小这种差异。

进一步研究发现，网络交往者心理健康状况会影响其网络交往动机，进而

可能成为病理性网络使用的原因（Morgan，2003；Modayil，2003）。不同的网络使用动机会导致使用者心理健康水平的变化。Morgan（2003）研究发现，为了交往目的的互联网使用（如 E-mail，聊天）提高了心理健康水平（抑郁下降），而非交往目的的互联网使用（如购物、玩游戏、研究）降低了心理健康水平（抑郁增加）。Manuel（2003）研究发现个体的心理健康状况对个体选择网络交往具有预测作用，个体优先选择网络交往对病理性互联网使用的消极结果具有预测作用。

综上所述，人格、心理健康和网络交往动机及行为之间具有复杂的交互作用，具体的交互作用机制还需要深入探索，而相关的心理健康效应理论假设也需要继续完善。

第三节　网络使用偏差行为的干预研究

一、病理性网络使用（PIU）影响因素与干预机制的研究

对于 PIU 的成因的研究出现了两种观点。一些研究者认为网络本身的特点是网络成瘾现象的重要成因。在对网络成瘾机制的研究中发现，网络本身具有一定的“成瘾特质”——网络的“去抑制性”和“匿名性”等特点使网络使用能满足人们的交往、归属和尊重等基本需要，网络可能是成瘾行为的一个中介媒体（杨容，郑涌，阮昆良，2004）。而另一些研究者则认为使用者的因素更为重要。Chien Chou & Linda Condron 等（2005）认为网络成瘾的关键因素有网络使用时间、认同问题、性别差异、心理社会因素以及对计算机的态度等等。Martin（2000）的研究还发现，互联网用户的人格特征，如神经质、性格外向可能会影响到互联网的使用。

对于 PIU 的的影响机制，研究者们还提出了不少模型（雷雳，李宏利，王争艳，2003）。Davis（2001）提出了一个较为完整的病理性互联网使用的认知-行为模型，该模型把病理性互联网使用分为两种，一种是“特异性的 PIU”，指的是对互联网的特定功能形成依赖；第二种是“泛化的 PIU”，指的是对互联网的多种功能过多的使用。两者在一定的条件下可以转化。同时，Davis 认为影响病理性互联网使用的最核心因素是非适应性认知（maladaptive-cognition）。Martin&Schumacher（2000）认为互联网使用模型可以在三个方面确定：用户使用的特定网址、上网原因、与互联网使用相关的态度与行为方式。这个模型部分地得到了证实。

研究者对青少年病理性网络使用的成瘾机制进行的实证研究，也探讨了相应的干预方式和干预机制。雷雳（2012）认为积极的应对方式和心理弹性能够反向预测青少年的病理性互联网使用。家长和学校应该重视加强青少年应对压力和挫折的教育，教会他们积极地应对生活和学习中的事件，增强其心理弹性。基于青少年的自我发展与PIU的相关研究（张国华、雷雳、邹泓，2008），自我认同完成能显著地反向预测"网络成瘾"；对现实自我不满意的青少年更可能会沉迷于互联网建构的虚拟空间之中，醉心于虚拟自我，导致网络成瘾。所以，提高青少年的自我认同水平成为对"网络成瘾"进行干预的重要措施。对青少年病理性网络使用与人格特征的交互作用的研究（雷雳，李宏利，2004；杨洋，雷雳，柳铭心，2005，2006；马利艳，郝传慧，雷雳，2007）发现，青少年"责任心"人格、"神经质"人格和"宜人性"人格与互联网社交服务偏好在对PIU 的影响上存在显著的交互作用；通过对青少年网络使用与其依恋之间的关系进行的研究（雷雳，伍亚娜，2009）发现，从亲子依恋来看，青少年与父母的疏离可以直接正向预测 PIU，也可以通过互联网娱乐服务和社交服务偏好间接正向预测 PIU；从同伴依恋来看，青少年与同伴之间的沟通可能促使他们使用多种互联网服务，并可能因为对娱乐和社交的偏好而网络成瘾。同时，如果青少年的同伴关系不好，他们就可能选择网络社交，继而导致网络成瘾。因此，雷雳等认为，加强亲子沟通可以更好地避免网络使用过程中的偏差和成瘾行为。

病理性网络使用（PIU）的影响因素和干预方法的研究，为后续研究提供了重要的启示，互联网本身的因素不是主要因素，而使用者人格和心理健康水平才是网络交往行为的重要内在基础。

二、网络使用偏差行为干预机制研究的发展趋势

一直以来，对网络使用偏差行为的干预主要包括心理—行为干预和药物治疗两方面，其中又以对成瘾者个体的心理—行为干预最为普遍（Kingetal，2011），主要包括认知行为疗法（Cognitive Behavioral Therapy，CBT）、动机激发疗法（Motivational Interviewing，MI）和现实疗法（Reality Therapy，RT）等（Kingetal.，2011），其中，CBT 疗法是通过要求被试察觉和监督管理自己的思维、感受及行为来避免成瘾问题的反复及获得新的应对技能，最终达到合理使用网络的目标。动机激发疗法（MI）是"一种以来访者为中心的指导性的干预方法，通过探索和解决内心冲突来提高来访者进行改变的内在动机"（Miller & Rollnick，

2002），将改变的责任和信任交给来访者。该方法源于 Rogers（1959）的“以人为中心”的心理治疗中的重“非指导性技术”，这种技术通过表达共情、温暖和真诚来为来访者提供理想的氛围来促进来访者的自发的改变。动机激发疗法（MI）吸收了这种技术中的“精神上的积极关注”，并在此基础上扩展了 Rogers 的理论，加入了以改变特殊的“靶行为”为目标的直接指导的策略，并且被证明在不同的场景中以提高动机作为中介工具可以有效地引导行为的改变（Andy，2011）。

随着网络成瘾行为的影响机制研究的不断深入，对干预模式的研究也在不断扩展和深入。研究者发现，除了个体本身因素的影响外，家庭因素也是成瘾行为的重要成因，家庭是影响成瘾行为发生的因素以及重要的情感支持与行为榜样（Mak，2010）；同时，家庭也是改变成瘾行为的重要途径，研究文献表明，网络成瘾者的家人对改变其成瘾行为可能发挥着重要作用（Peukert，Sieslack，Barth，& Batra，2010）。对于青少年群体，已有研究也证实了家庭对于治疗网络成瘾问题的重要作用（Han，Kim，Lee，& Renshaw，2012；Liddle，2004）。因此，网络成瘾的个体干预的基础上向家庭治疗干预发展。同时，研究者也采用团体咨询和团体治疗方法对青少年和大学生网络依赖与网络成瘾等行为进行干预（樊富珉，白羽，2005）。

当前对网络成瘾的干预模式逐渐向综合干预模式发展。高文斌、陈祉妍（2006）对网络成瘾病理心理机制及综合心理干预研究，提出“系统补偿综合心理干预”方案，包括团体、家庭、个体及家长干预等多项心理治疗方案，在临床研究中取得了良好实效。张兰君（2009）运用团体心理治疗和体育运动处方相结合的综合模式对大学生网络成瘾进行心理干预。干预治疗 12 周后，与自行干预组的大学生相比，实验组大学生的网络成瘾倾向及状态焦虑倾向均有显著改善。方晓义，刘璐（2015）在“青少年网络成瘾的预防与干预研究”中，采用家庭治疗、认知行为、动机激发等多种咨询与治疗理论，结合心理需求网络满足优势等网络成瘾理论，形成了个体—家庭—学校的多水平预防与干预方案，并得到了实证研究的检验。

研究者们长期的探索为网络成瘾者行为的矫治提供了丰富的实证基础。近年来，网络成瘾干预领域的研究者倾向认为绝对的戒除网络是不合理的，预防与干预的目标在于改变问题性的上网方式，形成健康、可控和平衡的网络使用模式（Young，2010）。结合网络成瘾的人格因素和干预机制的研究，为后续考察人格因素的干预方法提供了重要线索。

第四节 网络交往动机的相关研究

随着互联网社交功能的迅速发展，研究者发现互联网成瘾者有更多的原因使用互联网，如寻求情感支持、娱乐或放松、虚拟现实等，Silverman（1999）从人际关系理论出发，认为如果把交往意图（intention）考虑进去，就不会得出网络交往导致社会疏离的结论。网络交往者心理健康状况会影响其网络交往动机，进而可能成为病理性网络使用的原因（Morgan，2003；Modayil，2003）。Manuel（2003）研究发现个体的心理健康状况对个体选择网络交往具有预测作用，个体优先选择网络交往对病理性互联网使用的消极结果具有预测作用（Manuel，2003）。而不同的网络使用动机会导致心理健康水平的变化。研究发现，为了交往目的的互联网使用（如 E-mail，聊天）提高了心理健康水平（抑郁下降），而非交往目的的互联网使用（如购物、玩游戏、研究）降低了心理健康水平（抑郁增加）（Morgan，2003）。

这些研究引发了对网络使用动机和网络交往动机的深入研究和讨论。动机是引起和维持个体活动，并使活动朝向某一目标的内部动力（黄少华，2002）。任何行为的背后都隐藏着深刻的动机作用，是个人需要的满足和社会的补偿，网络交往也不例外。郭欣怡（1998）认为动机需求是行为表现的预测指标，对网络有不同需求动机的使用者，在浏览网络时行为亦不相同。黄少华（2002）认为，网络交往动机是网络交往心理产生的基础和起点，而人的心理需要是网络交往动机产生的主要内因。网络交往动机决定网络交往的具体内容和相应的行为后果。

一、网络交往动机结构及测量的研究

在网络交往过程中，个人的目标或者需要差异很大（沙莲香，2002），所以，需要、动机是影响个体网络交往行为的重要内因。网络交往者的不同交往动机对其网络交往行为、心理健康与社会适应形成复杂的相互影响，国内外研究者对网络使用动机和网络交往动机的结构进行了探索，见表 1。

表 1　网络交往动机和网络使用动机结构

研究者	时间	结构	界定范围
Young	1996	信息获取和人际沟通	网络使用动机
陶振超	1996	资讯需求，媒体吸引力及 WWW 网络技术等三大动机	网络使用动机
Mckenna & Bargh	1998	归属的需要、不确定性的减少以及自尊	网络交往动机
朱美慧	2000	工具性的网络使用行为、积极性社交的网络使用行为、自我肯定的网络使用行为、资讯性的网络使用行为、玩乐性的网络使用行为、逃避性社交的网络使用行为、虚拟性爱的网络使用行为	网络使用行为和网络使用动机相结合
Weiser	2001	社会—情感调节动机和物质—信息获得动机	网络交往动机
Swicker	2002	技术使用动机、信息交换动机、娱乐动机	电脑使用动机
黄少华	2002	寻求安全感、体验归属感、肯定自我价值感、解除压抑感和满足权利欲。	网络交往动机
Johnson	2002	娱乐、社会互动、打发时间、逃避、寻求信息以及网站偏好	网络使用动机
杨期泰	2003	监督环境动机、获取资讯动机、人际归属动机、逃避现实动机	网络使用动机
励骅	2004	寻求自我认同、表达与宣泄情感、寻求高峰体验和满足猎奇心理	网络交往动机
Dholakia 等	2004	目的性价值、自我发现、维持人际关系、社会强化和娱乐价值	群体网络交往的动机

从 Young（1996）对网络交往动机的研究开始，已经有不少研究者在这个领域进行了探索。Young 将网络交往动机归类为“信息获取”和“人际沟通”，且认为非成瘾者通过网络获取信息来维持现实人际关系沟通；成瘾者重视网络的社交功能，以此结识新朋友。Young 将网络交往的两个基本维度进行了区分，后来的研究者在此基础上，从不同的角度出发构建和探索出不同的网络交往动机结构。Mckenna & Bargh（1998）发现加入网络虚拟团体并与虚拟团体同一的动机基础是归属的需要、不确定性的减少以及自尊，关注了个体面向团体交往时的内在动机。Weiser（2001）通过主成分因素分析表明社会-情感调节因素（Socio-Affective Regulation，SAR）和物质-信息获得（Goods-and -Information Acquisition，GIA）因素是网络交往的两个主要因素，Weiser 在 Young 的“信

息获取”维度上增加了“物质获取”的成分，同时将“人际沟通”扩展到“社会—情感调节”，增加了情感调节的内涵。随着研究的深入，研究者发现网络交往过程中体现出个体的很多需要，具有线下交往所不同的特征，并且开始对人格因素加以关注。Swickert（2002）研究了互联网使用、人格以及社会支持感之间的关系，运用主成分分析，得出个人的网络使用主要是基于三个目的：技术的、信息交换的以及娱乐的。由于早期研究缺少基于需要和动机理论的支持，黄少华（2002）从人类基本需要理论出发，发现体验归属感、寻求安全感、解除压抑感、肯定自我价值感和满足权利欲是人们进行网络交往的主要动机。励骅（2004）也认为表达宣泄情感、寻求自我认同、满足猎奇心理和寻求高峰体验是人们进行网络交往的主要动机。此外，有研究者还考察了群体网络交往的动机结构。Dholakia 等（2004）认为“影响个体参与群体网络交往的动机是目的性价值、自我发现、维持人际关系、社会强化和娱乐价值”。这一系列关于网络使用和网络交往动机结构的研究，逐渐深入地揭示了个体在网络交往中的内在动机，这些动机也体现出人类的基本需要和社会交往的特点。

随着网络使用动机和网络交往动机结构研究的开展，近年来，大学生网络使用动机和网络交往动机的研究也逐渐得到关注，但是经过严格的测量学指标检验的问卷并不多，且样本覆盖面和被试数量都比较有限。

Weiser（2001）研发了大学生互联网调查表，问卷结构仍然是物质与信息获得动机、社会与情感调节动机二因素结构。

谭文芳（2006）以长沙地区两所大学 286 名学生为被试，进行调查，经过因素分析得到大学生网络使用动机包括：自我肯定动机、社会性学习动机、商品资讯动机、匿名交往动机、社会交往动机、虚拟社群动机。各因子载荷均高于 0.4，问卷信度系数为 0.7347，但没有验证性因素分析结果呈现。

陈秋珠（2006）编制了大学生网络交往问卷。对随机选取的 372 名大学生进行调查。探索性因素分析获得 5 个一级因素和若干二级因素，5 个一级因素是：“网络交往结果”、“网络社会知觉”、“网络自我暴露和情感体验”、“网络交往认识”、“网络交往信息沟通”。问卷的各项参数均达到可以接受的水平。

辛妙菲，陈俊（2009）从广州市广播电视大学和广州大学两所高校中 646 名大学生进行大学生网络交往动机的调查，发现大学生网络交往动机主要包括“交往/寻求帮助”、“网络优越感”、“学习/获取信息”、“分离/回避现实”、“消遣/娱乐”、“好奇/追求时尚”等 6 个维度。

迟新丽，张大均（2009）编制的“大学生网络交往动机”问卷共有 39 个题项，一阶因子包括：辅助学业、便利生活、表达情感、缓解压力、确证自我等维度，二阶因子为工具性动机和社会性动机。该问卷具有良好的信度。

国内研究者编制的上述问卷从不同的角度探索了大学生网络交往动机的结构，问卷均达到了较好的测量学指标。但有的问卷存在被试量有限，地区代表性不足的问题（谭文芳，2006；陈秋珠，2006；辛妙菲，陈俊，2009）。同时，这些问卷主要从测量学流程获得数据，缺乏理论建模过程，缺少相关的需要和动机理论的支持，从问卷的结构内容看也没有集中反映大学生的发展阶段的核心需要，尚有待进一步改进。

二、网络交往动机与网络使用/成瘾行为关系的研究

不同的网络交往动机必然导致不同的网络交往行为。研究者发现，对网络存有不同需求动机的使用者浏览网络的行为亦不相同（郭欣怡，1998）。

成瘾者和非成瘾者的网络交往动机存在不同。Martin（2000）发现，网络成瘾者有更多的原因使用互联网，如寻求情感支持、娱乐或放松、虚拟现实等。邓林园，方晓义（2012）的研究发现，与非网络成瘾大学生相比，网络成瘾大学生心理需求的网络满足更高而现实满足更低，网络成瘾大学生的心理需求与网络满足的相关高于与现实满足的相关，但非成瘾大学生不存在这种差异；心理需求现实满足高但网络满足低的大学生网络成瘾的比率最低，而心理需求现实满足低网络满足高的大学生网络成瘾的比率最高。

部分网络交往动机与某些网络成瘾行为存在相关。高文斌、陈祉妍（2013）运用元分析方法对个体感觉寻求与网络成瘾的关系进行探讨，发现个体寻求激动和惊险维度与网络成瘾呈低等相关，感觉寻求总均分、寻求体验、厌恶单调及去抑制维度与网络成瘾有显著中等正相关，其中去抑制维度与网络成瘾的相关程度最高。还有研究者认为，青少年可能像物质使用那样使用互联网来应对现实生活中的问题（Tsai & Lin，2001；Hall & Parsons，2001），网络成瘾者可能更多地使用指向情绪的非适应性应对方式。

这些研究提示我们，网络交往动机对于网络交往行为具有预测作用，通过对网络交往动机的调整和干预可以建立健康的网络交往行为，预防网络依赖和网络成瘾等偏差的网络交往行为。

第二章 依恋理论与依恋治疗

第一节 依 恋 理 论

依恋理论由英国心理学家约翰·鲍尔比提出（Bowlby，1969，1973，1980）。依恋是一个持久的情感联结，这种联结倾向于寻求和维持与某个特定对象的亲近关系（Bowlby，1977）。依恋关系假设提供一个“安全基地”（Bowlby，1988），使个体能够由此投入地探索外界，发展和获得独立（Ainsworth，Blehar，Waters，& Wall，1978）。依恋风格是一种概念化的持久的情感表征，与接近依恋对象的渴望和被迫分离的痛苦密切相关，会因为环境威胁、危机状况和疲劳等情况被激活（Bowlby，1973，1980，1982）。依恋风格反应了不同的自我观和他人观、人际交往功能和情绪管理能力（Bartholomew & Horowitz，1991）。

早期依恋模式和质量会对成年以后的人格和心理状态产生影响，成人的依恋模式和儿童依恋模式十分接近。Bowlby（1982）认为，依恋连接由与早期抚养者的关系形成，但是却持续影响人的一生。婴儿在与养育者之间的互动中形成对成人的预期，这种预期逐渐发展成为“内部工作模式”（Bowlby，1969），是依恋对象和自己以及两者关系的内在表征，形成无意识、自动化的运作。这种行为模式一旦形成，就具有了很强的保持自我稳定的倾向，并且会在婴儿的潜意识中起作用。在人际交往的过程中，个体会倾向于寻求与早期依恋经验相同的个体建立亲密关系。这种行为模式将对儿童的各种社会人际关系（如母子关系、师生关系、同伴关系等）都产生影响，更会对其成年以后的人际关系和婚恋关系都产生长期的影响。它会引导个体去思考自己应该得到何种对待和关注、给他人怎样的信任和支持、对他人的需要给以怎样的关注，以及在亲密关系中的交往策略等（Katherine Berry，2007）。

与 Bowlby 的观点一致，绝大多数研究成人依恋的理论家都认为，当某个特定的个体处于亲近的人际关系中时，其成人依恋模式会用一种泛化的思维、情感和预期来调节和管理交往方式。Bartholomew & Horowitz（1991）认为，个体依恋风格是人际关系的决定性因素。不同依恋风格的人在人际关系中倾向于有不同的思维、感受及行为方式。不同依恋风格对行为的不同影响，部分取决于社会知觉和情感调节能力的差异。依恋不仅影响对他人的行为反应，还会影响对群体的反应（Rholes & Simpson，2004）。

许多实证研究证明了依恋模式对后来的人际关系特别是亲密关系的影响作用。成人依恋与人际关系行为的研究主要集中在婚姻恋爱关系和日常社会交往，主要包括：依恋风格与关系满意度、恋爱关系中不同依恋风格的状态和相互信赖程度、婚姻凝聚力、社会支持等。Hazan & Shaver（1987）发现，爱情中的依恋行为是成人依恋的核心表现，也是成人依恋的主要研究领域。相关研究也发现了成人依恋模式作为内在工作模式对后来社会交往，特别是亲密关系的的影响。Cobb，Davila & Bradburg（2001）用纵向研究的方法对 172 对新婚夫妇进行了为期一年的跟踪研究，发现对情侣依恋安全性的积极感知可以预测婚恋关系中的支持行为和满意度。这些研究都表明，一个人小时候经历了温暖而且敏感的照料，在后来的亲密关系里就会有一个开放和积极的态度，而这又会反过来引发其他人的积极反应，从而强化和巩固正性色彩的内在工作模式；相反，一个有过被重复拒绝经历的人会下意识地寻找更多的被拒绝的线索，而这种从内部工作模式预期的保护性行为实际上会导致恐惧性的拒绝，从而巩固和强化负性色彩的工作模式。

也有研究者认为依恋模式可以改变。Crowell & Treboux（1995）以及 Davila（1997）认为依恋理论的确承认内部工作模式通过重要的人际交往体验可以被改变，特别是这些人际关系与其内在模式和经验非常不一致的时候。一些回溯性研究和纵向研究表明依恋风格是相对稳定而不是完全一致的（Hamilton，2000）。纵向研究表明，一些重要关系的丧失或建立等生活事件，或者性侵和身体虐待等人际创伤都是影响依恋风格稳定性的重要因素（Hamilton，2000；Waters et al.，2000）。另一些实证研究也支持这个观点，如 Cozzarelli（2003）等人的研究发现随着自我知觉和社会关系的变化，依恋表征会发生有意义的改变。

总之，依恋理论认为依恋是个体重要的内在动机，依恋风格作为内在工作模式在个体的社会交往中具有持久的影响，这种影响是潜在的，不容易被个体自身觉察，因而也很容易在生活中形成强迫性重复。不过，不安全的依恋模式也是可以通过新的安全健康的关系进行改变的。

第二节　成人依恋的测量

一、成人依恋访谈（AAI）

George、Kaplan & Main（1996）关注到依恋的心理表征，创立了第一个成人依恋测量工具——成人依恋访谈（Adult Attachment Interview，AAI），理论基础是 Bowlby（1969，1973，1980）提出的内部工作模式，儿童根据这个内化的表征来对他人的行为进行判断和预测，指导自己的行为。成人依恋访谈得到的是青少年和成人关于自己早期与父母依恋关系的心理表征。

AAI 是由 18 个项目组成的半结构访谈，访谈中需要被访者描述他们记忆中早年时期的父母以及他们曾经与父母的关系，包括父母对痛苦的反应方式，还有童年时对他们影响重大的死亡或受虐待的经历，反映了个体关于依恋关系的内部状态。AAI 的编码系统主要针对一个人描述其童年经历的方式而不是内容，由此得出依恋状态的不同类别：自主型、解离型、专注型、未解决型（Hesse，1999），在临床病人的调查则显示更多的病人很难归类，表现出既有解离的特点又有专注型的特征，或出现非常混乱的特点（Hesse，1996）。

AAI 问卷的稳定性较好，在与智力、记忆、复杂认知、人际预期及总体社会适应等的比较中显示出良好的区分度和结构效度。但该方法要求访谈者具有较高的访谈知识与技巧，需要经过严格的培训，访谈时间较长。Fonagy，Target，Steele & Steele（1998）开发了 AAI 应用时的“反应功能问卷”，反应功能是指个体思考有关自身和他人精神状态的能力，而非测量成人依恋模式，但是却与依恋模式非常相关，自主型依恋的个体表现出更高的反应功能。父母的高反应功能比 AAI 分类中的自主型更能预测后代的依恋安全性（Fonagy & Target，1997）。此后，研究者还发展出了“当前关系访谈”（Current Relationship Interview）、“依恋访谈”（Attachment Interview）和“成人依恋 Q-分类”（Adult Attachment Q-sort）。

二、成人依恋的自陈式问卷

Hazan & Shaver（1987）建构了测量成人亲密关系依恋模式的自陈式问卷。他们发现成年人在亲密关系中表现出来的个体差异与 Ainsworth 的 ABC 依恋模式分类相一致，于是在 Ainsworth 对婴儿依恋关系的类型划分基础上制定了自陈式问卷，将成人依恋风格划分为三种：安全型、专注型、回避型。Hazan & Shvaer 发现，分类的分布与婴儿观察得到的结果相一致：安全型占 60%、专注型占 20%、回避型也占 20%。与传统的 AAI 相比，这个自陈式问卷更多地考察当前的亲密关系中的依恋模式，而不是童年期与父母的依恋风格，而且更接近意识水平，可以用问卷来进行可靠的报告。Hazan & Shaver（1987）测验因为太简单而被心理测量学科人士批评，但也被很多研究者认可。

三、成人依恋量表（the Adult Attachment Scales-AAS）

Collins & Read（1990）开发了更加符合心理测量学要求、更加详细严谨的多题项的“成人依恋量表”（the Adult Attachment Scales-AAS），该量表有 18 个题项，因素分析发现有三个潜变量：对亲密感到舒适（亲密），可以依靠他人（依靠），害怕被抛弃（焦虑）。Simpson（1990）、Simpson，Rholes，& Nelligan（1992）又开发了一个 13 个题项的问卷，在因素分析中发现有两个相互独立的维度：回避（Avoidance）和焦虑（Anxiety）。量表得分可以转换成 Hazan & Shaver 的三分模型。

四、成人依恋模式的访谈式“关系问卷”（Relationship Questionnaire，RQ）

Bartholomew & Horowitz（1991）提出了成人依恋模式的四分模型，这个模型结合了 Bowlby（1973）早先提出的内部工作模式的思想。Bartholomew & Horowitz（1991）比较了 AAI 和 Hazan &Shaver 量表，认为 AAI 中的拒绝型和 Hazan & Shaver 量表中的回避型在很多方面是有差异的。他们根据自己认为自己有没有价值接受爱和保护来建构他们的自我模型，以及别人是否愿意提供爱和保护的他人模型。安全型的人具有积极的自我和他人模式，专注型的人具有消极的自我模式和积极的他人模式，拒绝型具有积极的自我模式和消极的他人模式，恐惧型具有消极的自我以及他人模式。由此发现了依恋模式反应了不同的“自我模式”和“他人模式”。

为了测量出这种构想，Bartholomew & Horowitz（1991）开发了“关系问卷”（Relationship Questionnaire，RQ），该问卷区分出四个而不是三种依恋模式。RQ 后来扩展成 30 个题项的关系级别问卷（Relationship Scales Questionnaire，(RSQ)（Griffin & Bartholomew，1994），该问卷具有两个维度：回避（Avoidance）和焦虑（Anxiety）（Brennan，Clark，& Shaver，1998），在此基础上还可以用得分计算出四种依恋模式。自我模式以“对于亲密的焦虑以及依赖他人以获得自尊”为特点，他人模式以“对于亲昵的回避”为特征。

如图 1 所示，以对自我和他人的内部工作模式的积极和消极程度为基础，将成人依恋关系分为四类：安全型、专注型、冷漠型和恐惧型。四种依恋模式具有不同特点：安全型（secure）：对自我和他人都是积极的观点，安全感强，信任自己和他人，这种类型的个体既喜欢与人相处，又可以独处，不怕分离和抛弃。专注型（preoccupied）：对自我的看法是消极的，对他人的看法是积极的，自尊偏低，安全性缺乏，需要重复确认自己在关系中的价值，理想化他人。过度寻求和依赖人际关系，并且在关系中总是迎合他人的评价来支持自我形象和维持关系，常常处于害怕被抛弃的焦虑状态。冷漠型（dismissing）：对自我是积极的，对他人是消极的，喜欢自娱自乐，不依赖关系，自我中心，认为他人不值得喜爱。恐惧型（fearful）：对自己和他人的态度都是消极的，缺乏自尊和自信，同时也很不信任他人，安全感差，内心孤独，独处困难，但又因为害怕被抛弃而不敢建立关系。

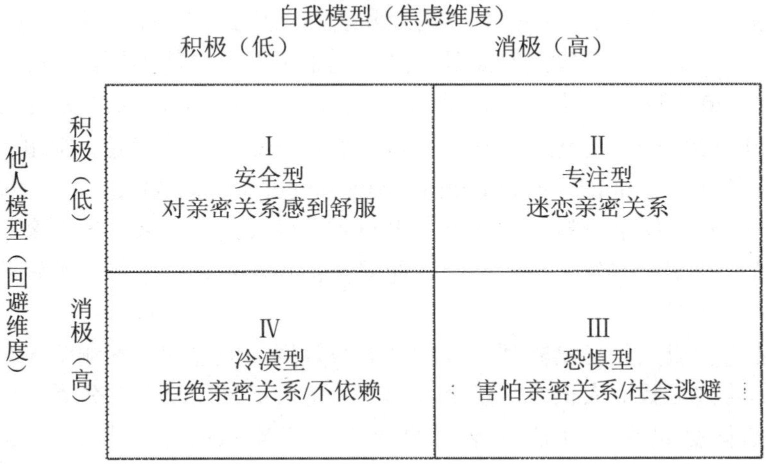

图 1　成人依恋内部工作模式

五、亲密关系体验问卷（Experiences in Close Relationship，ECR）

Brennan，Clark & Shaver（1998）研究大量依恋自我报告的共同之处，设计了亲密关系体验问卷（Experiences in Close Relationship，ECR），发现成人依恋模式存在两个基本的正交维度：依恋（焦虑）和依恋（回避）。依恋（焦虑）被定义为对拒绝和抛弃的恐惧，依恋（回避）的特征是对亲密关系的恐惧以及对亲近和依赖的不适。从焦虑和回避两个维度的连续性分数中可以得出四个依恋模式。图 3 也可以用焦虑和回避维度来表示，在依恋（焦虑）维度上分数偏高的人容易担忧其伴侣是否能及时作出回应；而低分者则在对其伴侣反应性的认知方面更加安全。依恋（回避）维度上的高分者不喜欢依赖他人或者向他人完全敞开自己；低分者则在与他人亲昵时感到更加舒服，并且在依赖他人或者让他人依赖自己时感到更加安全。安全型依恋代表低水平焦虑和回避，恐惧型依恋代表高焦虑和高回避，专注型依恋代表高焦虑和低回避，冷漠型依恋代表低焦虑和高回避。根据两个维度划分依恋模式与根据内部工作模式划分结果是一致的。

六、青少年朋辈依恋量表 Adolescent Friendship Attachment Scale（AFAS）

最广泛地用于测验青少年朋辈依恋的工具是“亲子和朋辈依恋量表”（the Inventory of Parental and Peer Attachment，IPPA）（Armsden & Greenberg，1987）。该量表包括三个分量表——信任、沟通和疏离，共 25 个题目，每个题项运用 5 点记分，从“总是”、“几乎总是”到“几乎不”、“从不”。此外，该量表还分别有 20 题和 15 题的删减版被研究用于研究（Meeus，Osterwegel，& Vollebergh，2002）。经过新的研究克服了原量表中的一些问题，得出青少年朋辈依恋量表（the Adolescent Friendship Attachment Scale，AFAS），经过新的探索性因素分析和验证分析，发现该量表与依恋模式结论一致，但与亲子依恋和朋友圈依恋的测量结果又有所不同，能够真正测量到青少年的“最好的”朋友之间的依恋情况。

上述几种成人依恋测验都具有较高的信效度，但它们分别测验各自不同的结构。尽管大多数成人依恋测量都依赖“陌生人情景实验”的分类，但是却只有有限的证据甚至相反的证据证明成人依恋模式的分类和儿童是一致的（Waters，Hamilton &Weinfield，2000）。成人依恋分类不能有效地测量童年期与父母的关系情况，所有成人依恋模式的测量都依赖成人当下的心理表征而非婴儿观察中发现的行为表现（Bretherton & Munholland，1999）。

国内学者也对成人依恋的工具进行了修订。李菲茗、傅根耀（2001）根据英文版成人依恋问卷（AAQ3.1）的翻译及回译的问卷在中国的非临床样本及临床样本中进行施测，结果显示中国版的成人依恋问卷具有良好的信效度。吴薇莉（2004）取病例组样本与正常对照样本对成人依恋量表（AAS-1996 修订版）在中国应用的信度和效度进行评定，结果基本支持 AAS 量表将成人依恋分为三个因子的理论构想。李同归和加藤和生（2006）以中国大学生为被试，修订了亲密关系体验量表（ECR），结果表明该量表的中文版具有较好的信度以及效度。鲁小华（2006）对亲密关系体验问卷修订版（ECR- R）的信度和效度进行了测定，认为 ECR- R 适用于中国青少年依恋心理研究。

综上所述，有关成人依恋的测量从早期的 AAI 访谈到后期的标准化量表，每个测量工具的改进都是随着对依恋理论的更加深入的研究，对量表结构进行不断改进，并且随着数据分析方法的进步不断提高量表的测量学水平。

第三节　依恋与心理健康和社会适应

依恋风格是人格的核心，依恋的发展伴随人的一生。健康的依恋关系对于情绪管理、社交功能和精神健康有着深远的影响。依恋的安全度与个体（特别是青少年和大学生）的心理健康和社会适应关系密切。

一、健康依恋与心智化

在安全的依恋关系中，人们会学会理解自己的意图和他人的意图是有区别的，还会学习驾驭彼此的需求与行为。这些有意识的态度是在与抚养者的互动中学习的，只有在这种安全的依恋环境里“手把手”的养育过程中，个体才会学会理解别人的内心活动。安全依恋还会形成代际传承，幼年享受安全依恋的人，长大了也会很好地抚养孩子，更有能力帮助孩子的心智化发展（Mikulincer & Shaver，2007）。社会心理学的实证研究也发现，依恋不安全的人在与他人共情、情感冲突中提供支持、原谅他人、维持亲密关系等方面都表现出更多的困难（Mikulincer & Shaver，2007）。

个体的依恋模式在其人际交往和亲密关系方面的影响更为直接。实证研究发现，依恋安全的成人比不安全的成人更具有吸引力，婚姻满意度更高，有更多的亲密伙伴，能够在需要的时候寻求和提供社会支持，更具有同情心，共情能力更强，更能够原谅别人给自己带来的伤害（Sroufe，2005）。相反，不安全依恋的成人受到伤害后则会长久地陷于情绪困扰和挣扎中，对混乱缺乏忍耐力，不善于提供支持，不善于管理冲突，难于修复破裂的关系（Mikulincer & Shaver，2007）。

青少年和大学生对父母的安全和信任的关系在社会竞争力、普遍生活满意度和自尊方面的水平都更高。安全依恋的大学生更容易自在的与父母朋友沟通，更容易积极的处理人际间问题，更少出现情感和行为问题，也拥有更好的环境适应性。Abdülkadir &Tansu（2010）发现，每个人都需要健康地与他人交流以获得幸福和快乐，但经常难以如愿。有些大学生在社交场合很难与人沟通，有很多因素导致这样的情况发生，如个体的快乐、主观幸福感、依恋安全感水平、社交焦虑等。主观幸福感和关系快乐度之间有非常显著的正相关，专注型和恐惧型依恋的大学生其社交焦虑高于安全型依恋的大学生，主观幸福感强的大学生其社交焦虑也较低。Stephanie & Esther（2010）考察了女大学生亲子依恋对她们进入高校建立友谊关系时的影响，结果发现，对父母的安全型依恋的学生更容易建立新的友谊关系。Dorothy &Heather（2006）的研究发现，青少年报告他们通过父母和同辈满足依恋功能的情况取决于年龄和依恋功能。成人早期的个体倾向于寻找亲密伴侣而不是从父母那里满足安全感的需要，未与母亲形成安全依恋的成人更多地选择亲密伴侣来满足安全依恋的需求。

二、缺陷性依恋与心理病理问题

Bowlby（1988）描述了不安全依恋关系会导致对依恋关系的防御性的回避和拒绝，这类人在未来生活中更有可能出现精神问题。亲密的社会关系可以提升个体的心理幸福感，相反，缺乏维持成功的亲密关系的能力与情绪障碍和心理困扰高度相关（Simon & Marcussen，1999）。

关于依恋与心理健康的研究主要针对心理障碍人群，探讨依恋的安全性与精神症状的关系。抑郁症状与专注型依恋和恐惧型依恋正相关，与安全型依恋负相关（David，2002）。Mikulincer（2007）研究发现，迄今有超过 100 项的研究探索了成人依恋与焦虑和抑郁等精神障碍的关系。临床工作者发现了成人依恋与慢性抑郁、心境障碍以及双向障碍、焦虑障碍相关。相对于健康人群，精神病患者不安全依恋水平更高。如抑郁的个体比从不抑郁的成人更多具有专注型和恐惧型的依恋风格，而从不抑郁的人则更多是安全型的依恋风格。许多实证研究证明，对青少年对婚姻和亲密关系的预期与他们早年的亲子依恋以及对父母冲突的负性认知高相关（Sara，2006）；抑郁程度是依恋（焦虑）和自我导向性抑郁之间的调节变量，高水平回避的成人依恋更多报告曾经有非自杀企图的自伤行为（Barbara，2010）；不安全的依恋表征与抑郁症状和社会退缩的相关程度很高（Gullone，2006）。很多研究都关注了早期依恋与边缘性人格障碍（BPD）的关系（Fonagy，2002），并发现边缘性人格障碍的大多数症状都与不安全依恋相关。边缘性人格障碍个体与与恐惧型、回避型和紊乱性依恋风格高度相关。还有研究考察了一些神经症及人格障碍与依恋之间关系的神经机制，为进一步心理干预和治疗提供病理基础。如 Buchheim（2008）研究表明，边缘性人格障碍（BPD）患者在安全基地启动下表现出更强的颞上沟激活和较少的海马旁回激活，说明 BPD 患者幼年遭受的依恋创伤对其神经系统功能的影响。

由此可见，依恋安全感强的个体自尊水平高，心智化水平高，独处能力和社交能力都强，心理健康水平高，拥有较高的幸福感；而依恋安全感弱，特别是有过早期依恋创伤的个体，自尊水平低，心智化水平低，孤独的耐受性差，心理健康水平低。

第四节 团体依恋治疗

一、基于依恋的团体治疗

依恋风格相对稳定，同时也具有可塑性。Pistole（1997）首次介绍了依恋理论对团体工作的价值。依恋理论逐渐被普遍运用于团体治疗中，从精神分析团体治疗到认知团体治疗都引进了依恋理论的相关原理和相应的技术。McCluskey（2008）开展聚焦于依恋理论的团体治疗技术，主要集中于团体成员从依恋的视角进行自我探索。聚会总会讲解养育过程中的潜在动力，分享情感和性心理的体验，理解防御机制。领导者的角色主要是促进团体历程的进行，作为“安全基地”帮助成员识别与依恋相关的事件，发展新的、不同于以往习惯运用的社会交往方式。Kahn 采用“聚焦于人际关系的团体治疗”的方法（Kahn & Feldman，2011），结合伴侣治疗和团体治疗技术，讨论了有关情绪管理和神经心理整合方面与依恋相关的主题。这些技术包括识别团体中的移情、运用“成对体验”（twinship）促进情绪管理、内化新的关系体验等。Stern（2000）则在认知—行为治疗团体中整合了依恋理论，他描述了在父母训练团体中应用认知评价理论，团体会促使成员由童年期经历引发的情感与当下复现的情感之间建立连接，这是把 Bowlby 的依恋理论应用到认知-行为团体干预中。Kilmann（1999）研发了一个 17 小时的聚焦于依恋的干预性团体，以不安全依恋个体为“靶成员”进行重点干预。这种团体干预效果显示人际风格改善、与家庭关系满意度的提高、减少对功能较差的人际关系观念的认同，与控制组的非安全依恋成员相比，提升了依恋安全感。

总之，无论采用哪种取向的团体治疗，基于依恋视角的团体治疗的核心目标，是通过团体动力，将成员从不安全依恋的情感退缩或情感泛滥的状态，发展到一种更加安全的可以投入感情或者规范感情的状态。

二、团体依恋治疗的领导任务和技术

在团体依恋治疗中，团体领导者努力帮助成员识别在团体中被激发出来的内部依恋表征，修正焦虑或者回避的自我和他人的内部心理模型。领导者的目标是协助团体成为一个安全基地，为成员提供安全感，以便在团体进程中探索其内在的各个方面以及与团体和他人的关系模式。Riva（2004）认为“最重要的团体领导技术就是促进团体氛围的发展，保证其安全、积极、支持甚至坚强有力，随时随地可以承受高强度的情绪、挑战和成员之间的互动。”通过领导者的共情，自我探索的进程会变得积极；情感的敏锐性可以促进情绪的理解和情感的管理，可以创造在情绪反应与思想、感受之间建立连接的空间，这些反应常常是不舒服又不被觉察的。一旦成员感受到足够的安全，就可以去探索自己在团体体验中的反应模式，从而获得一种自我观察的感受性以及思考自己和他人在团体中的各种反应的能力，也就是获得心智化的能力。更重要的是，成员在团体里反复练习这些技能，就可以发展出更加复杂的方法来识别、表达和耐受自身和他人情绪。团体成员会变得更加勇于探索和突破自身建立和保持亲密关系的阻碍。

三、团体依恋治疗的疗效因子

团体治疗的疗效并非取决于团体治疗的类型，而是由团体成员之间发生的互动来决定的。情感表达、团体凝聚力、团体氛围、人际学习、共情等都是团体治疗一贯的重要的疗效因子。哪怕是像认知行为疗法团体这样的强调非适应性认知的结构化较高的团体，仍然强调团体凝聚力、信任和共情的作用。此时此刻的情感体验，反应灵敏的团体呈现可以带来矫正性的情感体验。无论团体带领者的取向如何，对自身和他人的反映的能力是所有团体治疗的核心要素，因为团体修正了团体成员内心关于自我和他人的表征。

正如 Bowlby（1988）的观点，心理治疗努力再造一个机会，使病人可以通过当下的情感体验探索早期的创伤，这些创伤使他们无法保持亲密或无法忍受距离；并且可以发展内在的应对情感的能力，这些情感曾让他们难以承受或无法理解，并造成对关系的不良影响。还可以增强团体成员创造力，从而理解他们潜意识的回避、孤立或者焦虑。

和个体治疗一样，在团体治疗中，成员不仅可以体验团体当下的关系，他们还可以明明白白地或不知不觉地修正早期依恋和创伤的内在表征，这些表征让他们在维持亲密关系方面倍感挣扎，不得不承受各种痛苦症状。在团体中，成员可以重新投入近距离的人际互动中，将情感、洞察和思考带进当下的关系体验中，对潜在的自动化的关系模式进行重构。团体治疗强调帮助成员识别非适应性的认知，调整过度控制或控制不足的情绪管理方式，促进真诚的人际互动，提升亲密交往的能力。

团体治疗还有个体治疗所欠缺的优势。团体治疗可以探索更加广泛的依恋问题，因为不同的成员为将不同的依恋议题带入团体。团体就像一个“镜面大厅”（Yalom & Leszcz，2005），在里面人们可以看到其他人的故事，而这些故事其实也常常发生在自身。团体中不同的成员带入的不同的个人议题、依恋风格和情绪管理方法就如同一各种方式触动团体成员。这可以极大地促进成长的机会。

更重要的是，团体不仅可以触发二元的依恋关系，而且还会引发成员对团体整体的依恋。社会心理学发现我们对自己所属的重要团体的依恋具有提升自尊的力量，并且可以使我们对他人的认知发生积极的改变（Mikulincer & Shaver，2007）。Keating 的研究发现身体的这两方面是相互关联的，减少对治疗团体的回避可以预测，不安全依恋在团体外 12 个月后会持续降低。在团体治疗中促进团体依恋的安全感，可以提升治疗外的二元依恋关系的安全感。因此，在依恋治疗团体中，除了理论方法以外，基于依恋的团体治疗的核心方法就是情感调谐、通过团体进程和相互反馈提升成员心智化水平、识别移情与情绪失调、洞察情感和认知、矫正情感体验、内化、团体凝聚力。

四、不同依恋风格的团体依恋治疗方法和目标

团体依恋治疗的核心目标是提升成员的依恋安全性，促进心智化发展。对于不同依恋风格的成员，团体治疗的目标和方法会有所不同。

第一，专注型依恋模式。专注型依恋模式的成员具有高焦虑和低回避的依恋得分。他们的问题往往是曾经的依恋创伤，或当前生活中的现实关系无法满足其依恋需求（Tasca，2003；2006）。专注型依恋模式的成员一方面承受着表里不一的冲突和矛盾，另一方面表现出很强烈的对团体的投入和与他人的连结（Pistole，1997），实证研究（Tasca，2004）发现专注型依恋的成员也是最不容易脱落的成员。虽然他们偶然会表现出需求强烈、持续要求积极的支持等，但他们的确为团体动力带来强连接。对于专注型依恋模式成员的团体治疗目标是提升其心智化。包括洞察内在感受，将情感言语化，促进成员相互间的反馈，规范和管理情绪，利用团体凝聚力和归属感降低其对丧失和被抛弃的恐惧，提升心智化。

第二，冷漠型依恋模式。冷漠型依恋模式的成员具有高回避和低焦虑的依恋得分。冷漠型依恋模式的成员会努力回避情感，特别是那些可能带来伤害的感受（Wallin，2007）。他们很难用语言表达自己的体验，而是依赖一些微妙的线索来表达他们的内在情感（Guerrero，1996；Wallin，2007）。他们会在团体里与别人保持身体上的距离（Kaitz，Bar-Him，Lehrer& Grossman，2004），较少面部表情、言语和身体支持（Rom & Mikulincer，2003）。对团体的需求或者发现自己内心深处的脆弱都会激起他们最初钝化了的早年丧失带来的痛苦

（Beebe & Lachmann，2002；Schore，1994）。这类成员会有一种在团体中特有的焦虑，因为进入团体的压力会妨碍他们拒绝焦虑的能力（Rom & Mikulincer，2003）。用自我满足来持续抵御内在脆弱的做法反而导致了他们的孤独和拒绝（Fosha；2000）。即使他们常常表现出独立和傲慢的样子，他们还是会有需求关系的行为并常常会寻求关系，但是他们没有能力接受亲密（Mikulincer & Shaver，2007）。这类成员不仅容易在团体中表现出孤独，而且容易出现早期的脱落。在团体治疗中识别这类成员的内心想法和情感的方式往往靠其他人诱发出来的行为或投射性认同的方式来识别（Wallin，2007）。因此，对于冷漠型依恋的成员，团体治疗需要帮助他们与团体中其他成员建立联系，促进他们内在工作模式在团体互动中通过行为呈现出来。团体领导者需要通过共情来体验其核心情感，像“走钢丝”一样，一方面需要理解成员回避的行为，另一方面又要能够共情其内在的对羞耻的敏感;要促进对内在感受和防御的情感觉察。提升心智化，促进情绪管理，提高对感受的言语化和耐受力。

第三，恐惧型依恋模式。恐惧型依恋模式的成员同时具有高焦虑和高回避的依恋得分。在团体中会表现出去行为化或过度行为化的策略。由于早年创伤经验使他们因为恐惧而在高焦虑和高回避两级挣扎，很难找到协调一致的寻求安全的策略。在团体中，恐惧型依恋的成员既可能推动团体进程也可能会阻碍团体动力的发展。他们对遭到再次创伤的恐惧使他们对治疗的态度变得充满矛盾。每当他们与团体的联系越来越紧密时，他们就会很快开始躲避这种连接。恐惧型依恋的成员很难与其他成员建立联盟，但他们总的来说倾向于与能够管理自己情感的安全型依恋的成员相连接，他们也会被冷漠型依恋的成员吸引，因为他们不会给他/她情感上的压力，而是可以保持一定的距离让他们感到安全。对恐惧型依恋成员的治疗策略是运用共情提高情绪管理能力、提升心智化水平和促进情感的言语化、识别移情和扭曲的失调的情绪并提升对核心情感和创伤影响的洞察力、鼓励人际反馈。

五、团体成员的依恋风格对团体治疗进程和疗效的影响

团体可以提供一种背景，使成员的归属和依恋的需求可以浮出水面并成为治疗的核心（Yalom & Leszcz，2005）。团体成员过去与团体和他人的关系经验会影响成员对当下团体及其他成员的态度，还会影响到他们如何运用团体治疗。

成员的依恋模式会在团体治疗过程中表现出来，包括：（1）对团体的预期和态度。每个成员对团体治疗的预期和态度就会和他们与其他人或者团体的态度一样，反映了每个人的内在工作模式。比如，回避型的依恋模式在团体里更

害怕出丑或蒙羞（Marmarosh，Whipple，2009）。依恋模式越不安全的成员越少投入团体活动中，对团体的负面评价更多，也较少感到团体的支持作用（Smith，Murphy，& Coats，1999）。相反，依恋越安全的成员，普遍表现出对团体更积极的态度，团体互动的记忆也更加正向，在团体中的功能也更好（Rom & Mikulincer，2003）；（2）在团体里的自我暴露。成员在团体中的自我暴露可以缓解孤独感，是其他所有团体治疗疗效因子的基础。有研究表明（Shechtman & Dvir，2006），青少年团体咨询中，安全型依恋的成员自我暴露最多，表现出最多的创造性的团体行为，对他人的反应也最积极；而回避型依恋的成员则较少自我暴露。安全型依恋的成员具有积极的自我意象和他人意象以及亲密依恋的愿望，不仅更愿意自我暴露，而且在团体中能够恰当地自我暴露，并且对他人的自我暴露更加敏感。还有研究（Shechtman & Rybko，2004）表明，高回避依恋模式，无论拒绝型还是恐惧型，自我暴露最少；专注型依恋自我暴露居中。总之，不安全依恋的成员比安全依恋的成员更少通过投入性的行为，比如自我暴露、认知探索、洞察和开放来与团体发生连结（Shechtman & Dvir，2006）；（3）团体成员—领导者关系。包括治疗联盟和移情。团体治疗联盟包括成员对自身与团体的情感连结的感知，以及对与其他成员和团体领导者达成一致的团体目标和团体任务。安全型依恋的成员，团体治疗联盟的连结等级从开始到结束都基本一致，而专注型依恋的成员则在团体趋近结束时呈现出高水平的连结；而恐惧型依恋的成员在团体临近结束时反而表现出更低的连结（Kanninen，Salo，& Punamaki，2000）。Mallinckrodt & Chen（2004）发现早期与养育者形成的内在工作模式塑造了每个成员团体中其他成员和领导者行为的理解方式，特别是对于早年模式是负性的和回避的体验更是如此。

对于依恋风格与团体治疗效果关系的研究结论还不是十分清晰。有研究表明，团体治疗对回避型依恋和矛盾型依恋的来访者有明显的疗效。一般来说，对于专注型依恋的成员，团体氛围显得尤其重要；对于安全型依恋的成员，人际学习的作用更明显；对于回避型依恋的成员，领导者的接纳和情感连结是团体疗效的关键（Kirchmann，2009）。更多的研究表明，依恋（焦虑）高的成员经过动力性团体治疗一年后的疗效比较明显；而依恋（焦虑）低的成员则是在认知行为治疗团体中获得的疗效更好（Tasca & Rithchie，2006）。

六、基于依恋的团体治疗类型

（一）团体依恋治疗

通过团体动力提升成员依恋安全感。首先识别组员的不安全依恋模式，然后借助团体安全氛围和成员反馈提供矫正性情感体验，并在治疗中进行意识化，修正依恋模式，并学会在现实生活中进行运用，从而改善现实关系和适应能力，增强幸福感。包括在团体中利用人际（二元）关系进行的治疗以及就团体依恋本身的改善带来的依恋安全的改变。

（二）心智化心理教育团体

心理教育是“一种由专业人士实施的治疗模式，这种模式将心理治疗性干预，与教育性的干预加以整合，并相互协同以增益效果。”（Lukens & McFarlane，2004）近期发展出的有关心智化的心理教育团体，提升了病人（来访者）整体的治疗参与程度，超越了心理教育中传统的以障碍为焦点的取向。加上相信“如果病人能够理解我们这些临床工作者在尝试和他们做什么，那么病人就能够更好地与我们合作”（Haslam，2006）。

很多个体治疗中无法表达的潜意识状态在团体治疗的设置中可以被更快地激发出来得到讨论和处理。同时一些团体依恋治疗的案例研究（Marmarosh，R.d. Markin，& E. B. Spiegel，2013）验证了依恋在团体治疗中的影响力，也证明了围绕依恋议题进行的相关技术的干预可以在团体治疗中发挥独特的效能。因此，无论是深度的依恋治疗还是心智化干预与训练，都为基于依恋理论的团体咨询和辅导提供了强大的理论基础。

第三章　自我同一性理论与研究

第一节　自我同一性的概念及其功能

人类是自觉的存在。“自我”及“我是谁”、“认识你自己”的问题始终是人类关注的核心议题。自我同一性既是一个状态又是一个过程，既是一个实体又是一种行为。

一、自我同一性的基本概念与发展

Erik. H. Erikson 在精神分析自我理论的基础上以“自我同一性”（self-identity，也译作“自我认同”）为核心概念构建了自我心理学。Erikson 认为，自我同一性是指个体对自己的本质、信仰和一生中的重要方面前后一致及较完善的意识，也是个人的内部状态与外部环境的整合和协调一致。

Marcia 是继 Erikson 之后对自我同一性研究最多的心理学家。他从自我同一性概念的行为层面出发，抽取了 Erikson 自我同一性理论中两个主要的过程变量“探索”和“承诺”，对自我同一性加以操作化。“探索”是指对潜在的各种可能的身份组合进行思考的过程（Grotevant，1987）。“承诺”则是指接受了一个或多个这些身份的可能性（Bosma & Kunnen 2001）。在此基础上提出了“自我同一性状态（地位）”理论，并在此基础上提出了自我同一性测量和评估的方法（张建飞，王振宏，杨哈韬，2009）。

Waterman（1985）进一步推动了自我同一性概念的发展。他详细界定了作为内容变量和过程变量的自我同一性。作为内容变量部分，他对自我同一性所下的定义是：“个人具有一种清晰明确的自我肯定，包括那些使个人能够实现其所希望的目标、价值和信念”。Waterman（1985）认为，自我同一性的内容变量是指自我同一性存在的特定的生活领域和自我同一性要素自身的属性，这些领域包括职业、宗教信仰、政治观点、性别角色定向、性、娱乐、友谊、婚姻、道德、养育方式、家庭与事业的优先地位、少数民族、种族等领域。作为过程变量部分，他认为自我同一性是指个体探索和确认那些可能的自我同一性承诺的目标、价值观和信念的策略和技术以及在任何特定的自我同一性领域所投入的程度。Waterman（1990）将表现感作为自我同一性操作定义的第三个变量，他强调个人“承诺”的投入状态，是积极保持的承诺，是被体验为全部投入的承诺。这种体验就是个人的表现感（expressiveness），包括投入感、胜任感、活力感、实现感、目的感和真我感。Waterman 的自我同一性概念标志着自我同一性的研究从早期的自我精神分析的理论框架转变为社会—认知的观点。

此后，自我同一性概念的研究进一步关注自我同一性是对与生俱来的特质的发现，还是在于社会环境互动中的不断创造。Adams（1992）将建构主义哲学观引入自我同一性概念。他认为自我同一性是有组织的自我调节的心理结构，这一心理结构需要内在自我和外在世界之间的发展性分化。自我同一性是个体与世界互动的结构或框架，这一自我同一性结构在遇到新的经历和信息时不断地进行同化与顺应，使自我同一性不断发展。Welchman（2000）认为自我同一性既具有稳定的成分，是由出生的环境和生物的遗传固定的；又具有可塑的成分，是由个体在生活中建构的（Adams，1992）。

综上所述，Erikson 以自我同一性的概念，从结构、内容、进程和发展等不同角度对自我功能进行了详细阐述和研究，Marcia 对自我同一性概念给出了操作性定义，以此为基础进行实证研究，后来的研究者从内容方面将自我同一性细化到不同的生活领域，从过程的角度提出“发现”和“创造”两个方面的自我同一性建构，使自我同一性的概念更加详细、全面且具有可操作性。

二、自我同一性的功能

Erikson 认为自我同一性的功能之一是为个体提供主观的一致性和连续性，自我同一性的一致感能够让个体有效地适应生活中的改变（Erikson，1963）。Erikson 认为自我同一性建构具有 6 种功能：（1）在个体的过去、现在和预期的将来提供主观的连续性；（2）为综合个体与父母、同辈群体的认同提供了心理机制；（3）为生活不同方面的组织和整合提供了框架或结构，促进了行为跨情境的一致性；（4）帮助个体防止突然的不连续感的体验；（5）为社会比较提供基础；（6）为个体的生活提供方向感（Erikson，1958，1963，1968）。

Waterman（1990）认为自我同一性是最佳的心理功能，为自我同一性危机的解决提供精神和谐状态，表现为幸福感的特征。Adams（1998）在关于大学生自我同一性发展的实证研究中，提供了自我同一性的五个功能：（1）为理解一个人是谁提供了结构；（2）自我同一性给个体明确的价值观、目标、发展方向和生活的意义；（3）自我同一性给个体提供了明确的个人控制感和自由意志；（4）自我同一性有助于个体追求价值观、信念和行为的内在一致性；（5）自我同一性有助于个体潜能的认识和发挥。

由此可见，自我同一性具有内在心理动力过程总的平衡的特征，它从结构或内在心理的角度，提供了人格发展的参照框架，是个体适应生活变化的内在基础；自我机能随自我同一性的发展表现出较高的发展水平。

第二节　自我同一性发展状态的测量与评估

对自我同一性状态测量和评估方法主要有两种，一种是结构式、半结构式访谈法（Identity Status Interview，ISI），另一种是问卷法。

一、Marcia 对自我同一性状态的评估

Marcia（1966，1980）是第一个在 Erikson 理论基础上对自我同一性进行临床描述的理论家。Marcia（1966）最初采用半结构访谈的方法考察了个体在职业、宗教以及政治方面的自我同一性发展情况，同时考虑探索和承诺两个维度，并将每一个维度分成“高”和“低”两种水平，得到了 2*2 的矩阵。矩阵中每一单元格代表一种“自我同一性状态”，得到了四种自我同一性状态（identity status），分别为完成型（achievement），延缓型（moratorium），早闭型（foreclosure）和扩散型（diffusion）。Marcia 认为，在判定自我同一性结构的时候应首先考虑规定自我同一性状态的心理-社会因素的影响，他设定了以下两个变量：（1）过去的危机（crisis），是指对于各种与己密切相关的问题，诸如社会角色、职业、理想、政治信念等是否有过茫然或迷惑不解的时期；（2）现在的自我投入（commitment），是指为认识自己、实现自我并达到某一目标而倾注全力。Marcia 发现自我同一性状态与危机和自我投入三者之间的关系见表 2（张日昇，2000）。

表 2　同一性地位（Marcia，1964）

同一性地位		危机	自我投入
同一性形成（Identity Achiever）		既已体验	积极地自我投入
积极地延缓（Moratorium）		现在，正处于体验之中	相当暧昧，或有积极地自我投入的倾向
早期完成（Foreclosure）		没有体验过	投入，但非自觉
同一性扩散（Identity Diffusion）	危机前扩散（Pre-crisis Diffusion）	没有体验过	没有自我投入
	危机后扩散（Post-crisis Diffusion）	既已体验	没有自我投入

二、日本心理学家加藤厚的自我同一性状态问卷

在 Marcia“自我同一性状态”测量方法的基础上，日本心理学家加藤厚（1983）在 Marcia 所设定的两个变量上又追加上“将来自我投入的愿望”变量，张日昇教授 1989 年进行了中文修订。本量表共计 12 个测查项目，由“现在的自我投入”、“过去的危机”、“将来自我投入的愿望”三个分量表组成，根据各分量表得分的组合，决定了 6 种自我同一性状态（地位）。

自我同一性确立地位（A 地位）：在体验了过去高水平发展危机之上，现在在进行着高水平的自我投入者。该状态的人努力寻求最符合自身的前进方向和价值观，经过积极的自我投入和各种不懈的努力，体验着各种发展危机，终于选择了自我投入的目标和方向。

权威接纳的地位（F 地位）：只体验过去低水平的发展危机，现在在进行着高水平的自我投入者。也被称为早期完成状态（foreclose status）。该状态的人没有经历过危机体验，他们所选定的自我投入的目标和方向，不是经过再三思虑之后由自己亲自选择的，大多是迎合或接纳父母、社会理念所支持的。

自我同一性确立—权威接纳中间地位（A-F 中间地位）：在体验了中等程度的发展危机之上，现在在进行着高水平的自我投入者。

积极的延缓地位（M 地位）：现在没有进行高水平的自我投入，但有强烈地要求“将来自我投入的愿望”者。该状态也可以理解为延缓和自我同一性扩散的中间状态。该状态的人正在体验着各种危机，但他们也正在积极地自我投入和努力实现着主体的自我。

自我同一性扩散地位（D 地位）（identity diffusion status）：现在只进行着低水平的自我投入，“将来自我投入的愿望”也较弱者。该状态的人不管他们是否体验过危机，有无探索前进的道路和价值观的经历，他们都未作出什么决定、无所向往。

自我同一性扩散-积极的延缓中间地位（D-M 地位）：“现在的自我投入”的水平中等程度以下者中，其“现在的自我投入”的水平不低于自我同一性扩散状态，其“将来自我投入的愿望”的水平也不高于处于“积极的延迟状态”者。

三、自我同一性状态客观测量的标准化（EOM-EIS -II）问卷

Bennion & Adams 于 1986 年编制的自我同一性状态问卷（The Extended Objective Measure of Ego-Identity Status，EOM-EIS -II）被世界各国自我同一性研究者应用最为广泛，这一测量工具适合于测量整个青少年期（11、12 岁～22、

23 岁）个体的自我同一性状态，具有较高的信效度，是评定自我同一性状态的最完善、最有效的问卷工具（出处）。

EOM-EIS -II 采用 6 点记分，包括 4 个分量表，分别是测量 4 个同一性状态的量表，每个分量表又分意识形态领域和人际关系领域的 2 个子量表，意识形态子量表测职业、宗教、政治观点和哲学生活风格领域的内容，人际关系子量表测友谊、约会（dating）、性别角色和娱乐方面的内容，每一内容包括 2 个项目，共 64 个项目（Dwairy，2004）。

四、国内关于大学生自我同一性问卷的修订和编制

周红梅(2008)进行了大学生自我同一性过程问卷的独立编制。该问卷由 37 个项目构成，6 个一阶因子和 2 个二阶因子。具有较好的信度（0.811）和效度（χ^2/df 为 2.58，RMSEA 为 0.059，SRMR 为 0.074）。用自尊和焦虑作为大学生自我同一性过程问卷的效标，问卷具有较好的效标效度。

王树青对 Bennion & Adams（1986）编制的“自我同一性状态客观性测量问卷（第二版）”（the Extend Objective Measure of Ego IdentityStatus-2，EOM-EIS-2）进行了修订，形成“青少年自我同一性状态问卷”（王树青，2006），又于 2013 年进一步修订，得到“大学生自我同一性状态问卷简版”（王树青、陈会昌，2013）。该问卷的 32 个项目均具有良好的区分度，各项目与相应分量表总均分的相关 0.42-0.69 之间，4 个自我同一性状态分量表的内部一致性信度系数在 0.55-0.75 之间，分半信度在 0.56-0.67 之间；验证性因素分析结果表明模型的拟合良好；该简版问卷具有良好的结构效度。自我同一性状态分量表与效标的各维度之间存在显著相关。

第三节　自我同一性的理论模型与实证研究

一、自我同一性状态理论及相关研究

Marcia（1966）提出“自我同一性状态（地位）”（identity status）的概念，意思是指为对应自我同一性形成这一发展课题的解决方式。他从自我同一性概念的行为层面出发，抽取了 Erikson 自我同一性理论中两个主要的过程变量“探索”和“承诺”，对自我同一性加以操作化。Marcia 将探索和承诺分别用“高水平”和“低水平”来加以评估，于是得出四种“自我同一性状态”，每一种状态被命名为代表某种自我同一性发展问题：“达成”代表经过了一系列探索

后建立的承诺，具有平衡的思维、成熟的人际关系和深思熟虑的人生选择（Berzonsky，2004；Zimmer -Gembeck and Petherick，2006）。“延迟”代表积极思考自我同一性的选择，但缺乏坚定的承诺。一方面表现出强烈的开放和好奇（Luyckx，2006c），同时也伴随焦虑、抑郁和低自我价值感（Schwartz，2009b）。“早闭”代表没有任何早期探索就进行了承诺，同样伴随低自我价值感，而且十分刻板，思维封闭，显得独裁专断（Kroger & Marcia，2011）。“扩散”代表既缺乏对自我同一性议题的思考兴趣，又表现出紊乱和偶然的自我认同方式，容易出现低自尊、违法行为（少年犯罪）和药物与酒精滥用等问题（Adams，2005；Luyckx，2005；Schwartz，2005a）。Marcia（1993）认为自我机能随自我同一性的发展表现出较高的发展水平，即随着青少年年龄增长，他们会经历自我同一性状态的逐渐提高。从扩散状态到早闭状态或延迟状态，再从延迟状态到达成状态。

许多研究者根据 Marcia 所给出的自我同一性操作性定义进行了大量的实证研究。在对于青少年自我同一性发展状态的系列研究发现，青少年表现出自我同一性的扩散和早闭，同时开始出现自我同一性的达成状态。Meilman（1979）对 12～15 岁青少年的研究发现，这一年龄段 96%和 100%的青少年分别表现出自我同一性的扩散和早闭，而且随着年龄发展而下降，与此同时，自我同一性达成状态逐渐出现；Archer & Waterman（1983）的研究发现，从 10 年级开始，85%的青少年经历了自我同一性扩散和早闭；而且，自我同一性状态的发展在 10～12 年级之间，与年龄有着显著联系，表现出扩散和早闭的下降以及自我同一性达成的增多。Wires，Barocas & Hollenbeck（1994）对 14.5～18.9 岁的男性青少年进行研究，发现四种自我同一性状态在这一年龄阶段都已经存在，而且以扩散为主，同时，随着年龄增长，扩散降低而获得增加。但研究者们对青少年自我同一性形成是在青春期晚期之后，还是在青春期早期还存在不同的意见（Allison &Schultz，2001）。随着青少年年龄增长，他们会经历自我同一性状态的逐渐提高这一趋势在大多数研究中得到验证，但是研究却发现，大多数人在某个较高或较低的自我同一性状态上表现出进步，而只有少数人会表现出四个（或三个）状态上系统地发展（Meeus，1996）。

国内学者也对儿童、青少年和大学生自我同一性发展状态进行了研究。如安秋玲（2007）以小学至高中阶段的青少年为研究对象，使用“自我同一性状态客观测量的标准化问卷”对青少年的自我同一性发展规律进行分析，研究结果发现，自我同一性的发展是一个逐渐变化的过程。自我同一性的发展在不同领域间表现出发展不同步的现象，人际关系领域发展比意识形态领域较早。张日昇（1991，1993，1997）对中国青年（高中生、大学生）的自我同一性进行的实证研究发现，大学生在“现在的自我投入”方面有显著性别差异，大学生表现出比高中生更能积极地投入到现实生活中去的心理倾向。而“过去的危机”尺度表现出显著发展（年龄）差异，大学生比高中生有更强烈的“危机”体验，并表现出较强的将来自我投入的愿望。陈香等（2001）使用加藤厚编制的自我同一性状态量表和卡特尔 16PF 问卷对 396 在校生（包括普高生、大学生和职高生）的自我同一性状态、人格特质和心理健康状况进行了测查。结果表明：大学生和高中生在各自我同一性状态的分布上没有表现出显著性差异。性别因素会对青少年的自我同一性发展产生一定的影响，但这种影响只体现在大学阶段，大学男生比大学女生都有更强的“现在自我投入”的心理倾向和“将来自我投入的愿望”。王树青等（2006）对 594 名大学生的问卷调查发现，大学生自我同一性状态的人数分布中，延迟状态占 67.15%，其余三种状态各占 10%左右；在四种自我同一性状态的人数分布上不存在年级差异和性别差异。王树青（2010）进一步关于大学生自我同一性的发展及与情绪适应的关系研究结果发现，大三学生比大一、大二学生表现出更高水平的自我同一性达成；与其他年级相比，大一学生具有较低的自我同一性早闭水平。张建人（2010）等选取 705 名 14～25 岁之间的学生为被试，采用修订的 Bennion & Adams（1986）自我同一性状态客观性测量问卷（第二版）（the Extend ObjectiveMeasure of Ego Identity Status-2，EOM-EIS-2）测量青少年的自我同一性状态。结合访谈法对青少年自我同一性特点进行考察。结果发现青少年自我同一性随年龄的发展是不平衡的，各个维度发展表现出不同的特点，同时表现出一定的性别和来源地差异。

许多实证研究发现，四种同一性状态（早闭、扩散、延迟和达成）分别与特定的人格特质和行为相联系。同一性达成状态是最成熟的状态，因为它与平衡的思维，有效的决策和深层次的人际关系相联系（Schwartz，2001）。而同一性早闭状态与一定程度的封闭、自满和僵化特征相联系（Marcia，1980），且更倾向于与独裁主义相关（Schwartz，2001）。同一性延迟状态是四个状态中最具有开放性的，但同时也与情绪波动和压力相联系（Luyckx，2008a）；处于扩散状态的青少年与很多适应不良的行为相关，包括学业问题和药物滥用等问题；而且他们与原生家庭成员关系疏远，人际技能也较差（Schwartz，2001）。

二、自我同一性的发展过程理论及相关研究

在状态模型研究基础上，不少研究者进而开始关注自我同一性发展的过程，对 Marcia 状态模型的维度过程及影响因素进行了更细致的分析。Marcia 将“探

索”视为自我同一性发展的基础，将“承诺”视为成果，后来的一些研究者则将两者都视为过程，其获得的自我同一性状态与Marcia的结果是一致的，而且还得到了扩展（Crocetti，2008；Luyckx，2005；Luyckx，2008a，b，c）。

Grotevant& Cooper（1985）首先关注研究同一性探索过程，探索过程包括：能力（ability）和定向（orientation）。“能力”是指个体客观评价自我同一性选择的各种个人潜能，“定向”是指个体把心理资源投入到权衡过程中的程度，影响个体进入探索过程的意愿。他指出探索的构成成分、探索的前因变量以及探索过程本身才是决定青少年自我同一性状态的关键，而且应该讨论探索过程的广度和深度。情境的变化、个人的成长、个人对探索过程的意识等都随时调节着自我同一性的发展。Berzonsky（1989）发现，以自我同一性的社会认知取向区分出三种自我同一性风格（identity style）：“信息化风格”（informational style）、“规范化风格”（normative style）、“扩散—逃避风格”（diffuse -avoidant style）。自我同一性风格是个体建构、修正和维持自身自我同一性的方式。

上世纪90年代以来，研究者们对同一性过程有了深入研究。Kroger（1996）指出自我同一性发展的“倒退”（regression）现象，认为有些倒退是适应性的，有些为非适应性的。他提出了倒退的3种形式：失衡（disequilibrium）、固化（rigidification）、整合失败（disorgination）。其中失衡的倒退是更为适应性的倒退，固化与整合失败的倒退则是非适应的倒退，不利于个体的发展。Korger（2004）以自我同一性形成与发展过程为研究焦点，把自我同一性界定为自我和他人之间的平衡。青春期阶段会形成“源于并超越童年期自我”的新自我，达到自我内部的新平衡。Kerpelman（1997a）进一步提出了“自我同一性控制模型”。Kerpelman提出了“反馈回路”（feedbackloop）的假设，这一反馈回路包括当下的自我知觉与有关自我同一性的自我标准间的不断比较。若出现不一致，个体会通过两种渠道来解决：一是改变行为方式，使之与自我同一性标准一致；二是在行为变化无法达到与标准的协调时，个体会从根本上修正同一性标准来重获协调与一致。Kerpelman（1997b）等还认为具有不同的同一性风格的青少年会表现出不同的“反馈回路”，

新世纪也带来了同一性过程研究的新阶段。Berman（2001）的研究验证了能力和风格是同一性探索过程的两个成分，Schwartz（2001）检验了问题解决能力和批判性思考能力在探索过程中的积极作用，发现前因变量中的“不愿探索”阻碍同一性探索过程，并削弱了问题解决能力与同一性探索的关联，Berman（2001）进一步揭示了同一性达成和早闭的个体，其问题解决能力较之延缓和扩散的个体更低。Luyckx（2005，2006a，b）提出“双循环模型”（‘dual-cycle’identity model）包括“承诺形成”和“承诺评估”，两者既有区别又有内在联系。在这个模型里，包含广度和深度两个维度。人们首先通过广泛地探索不同的可能性（或借助父母或其他重要人物生命中的自我同一性要素），通过坚持其中一条或几条选择，来逐渐形成承诺；然后通过深入探索来评估这些承诺（比如，仔细思考它们，与他人交流这些承诺）。Luyckx（2005，2008a，b，c，d）对模型提出的认同过程进行研究，通过聚类分析抽取出不同的自我同一性状态，不仅抽取出了 Marcia 早期提出的四种状态，同时还发现一种散漫的、未分化的“逍遥”状态（a carefree form of diffusion）。这种状态的个体很高兴没做出任何承诺，并在四个状态的得分都分别接近样本的平均分。Crocetti（2008）也从过程的角度提出了“三维度自我同一性模型”（张建飞，王振宏，杨哈韬，2009）。他认为承诺、深入探索、重新考虑承诺是自我同一性发展的重要过程。

自我同一性的理论模型逐渐深入细致地考察了自我同一性形成和发展的内在机制，特别是“双循环模型”为大学生自我同一性的重构和改善提供了理论基础。

三、自我同一性功能的理论及研究

无论是自我同一性状态还是过程的研究，都离不开对个体心理发展功能的探讨。Meeus（1996）综合了前人研究，进一步将探索与承诺的程度联系在一起，认为探索的功能不仅仅是促进承诺的形成，更重要的是激发个体积极主动地获取现有承诺的信息，以便做出保持或放弃的决定。即个体探索的不仅仅是做出哪一种同一性选择，更重要的是，所做出的选择是否真正适合自己。Meeus，Iedema & Maassen（2002）在对同一性探索的一些实证研究也发现，一方面探索过程与个体的开放性与好奇心存在正相关。另一方面探索过程与个体更高的焦虑与抑郁症状有关联。由此发现，在自我同一性探索的过程中，自我功能越来越体现出意义。

在自我关注领域，Trapnell & Campbell（1999）区分了“沉浸型”（ruminative）和“反思型”（reflective）两种类型的自我关注（self-attentiveness）。沉浸型自我关注是一种消极的、慢性的和持续的自我关注，与恐惧和感知到的自我威胁、丧失和不公正相联系，是适应不良的自我关注方式；而反思型自我关注则是由好奇或者对自我的认识兴趣所驱动，是适应良好的方式。受到自我关注功能研究的影响，Luyckx（2008a）将探索也区分为积极的反思性探索和消极的沉浸探索，前者即积极主动地去获取跟自我相关的各种信息，包括广度探索和深度探索；后者与焦虑和抑郁症状相关，个体不断试图做出承诺和认同承诺，但同时又一直无法达成该目标为标志，因而会使个体重复的和持续的关注目标，不断意识到自己的理想状态和现实状态之间的巨大差异，由此带来巨大的不确定感和无能感，因此导致了压力和抑郁状态。Luyckx（2008a）将这一新维度名为“沉浸探索”（ruminative exploration）和“认同探索”。研究发现，持续地试图解决自我同一性问题的心理努力，容易导致青少年产生不确定感和无能感，使个体感到抑郁，并降低其心理健康水平。

第四节 自我同一性状态与个体心理健康与适应功能的关系

自我同一性发展与个体心理健康和适应功能的相关源于 Erikson（1950）的同一性状态理论模型。Erikson 认为自我同一性是“整合”与“混乱”的内在动力。适应功能良好意味着整合多于混乱，而适应不良则表示混乱多于整合。Luyckx 等发现在“自我同一性状态”模型中，“扩散”状态似乎更接近于自我同一性混“混乱”的情况，而“达成”状态更接近“整合”的情况（Luyckx，2005；Schwartz，2005a）。也就是说“达成”状态比“扩散”状态的适应功能更好。

基于自我同一性状态研究范式的相关研究发现，处于不同的自我同一性状态的个体心理健康状况和社会适应有差异。与自我同一性“达成”状态相比，其他三种状态都或多或少表现出更差的心理健康状况和更加不适应的行为方式。自我同一性处于“早闭”状态的个体表现出从他人那里获得的未经自己充分思考的承诺（Marcia，1980），很容易寻求赞赏或把自己的观点建立在别人观点基础上，是最不焦虑的群体。自我同一性“延迟”状态的个体比处于“达成”状态及“早闭”状态的个体更焦虑（Sterling & Van Horn，1989），其不确定感与焦虑、抑郁和较少幸福感高度相关（Kidwell，1995；Schwartz，2009b），其安全感与高自尊、低水平的内隐症状高度相关，他们能够避免危害健康的行为（Bishop，2005；Luyckx，2005）。“延迟”状态的个体有更高的怀疑性以及对更大开放性，处于一种与内投的父母意象相分离的过程中，所以有更加多样的依恋可能性（Kroger & Haslet，1988）。自我同一性处于“扩散”状态的个体表现出不同的特质，有很多人不能做出承诺（Marcia，1993），他们避免处理与自我同一性有关的问题与冲突（Berzonsky，1997），不能卷入亲密关系并且缺乏对群体或人际关系的真实的自我感，低自尊，缺乏自主，低道德归因，低认知复杂性（Kroger，2004）。

在心理幸福感方面，四种状态不仅表现出差异，而且表现出承诺水平越高，心理幸福感越强的趋势。Meeus（1996）研究发现，四种状态同样表现出与心理幸福感的相关，高承诺（达成和早闭）状态表现出最高水平的幸福感，之后是扩散状态，延迟状态表现出最低水平的幸福感。

对于大学生自我同一性发展与心理健康和适应行为的相关研究发现，同一性发展良好的大学生具有稳定的情绪状态和成熟健康的人格，较少适应不良的行为方式。发现大学生的高级自我同一性状态与积极的自我意象、自尊、自我接纳正相关（Bennion，1978；Owen，1988）。同一性达成的大学生有高自觉性，能组织、计划并努力追求自己的目标而不是自我放纵，有较好的个人控制Clancy& Dollingr，1993），有适应性的防御机制（Cramer，1998），有高内在定向、低外部社会定向的特点（Fultou，1997），他们没有物质滥用行为（Clancy & Dollingr，1993）。自我同一性的发展对大学生的学业发展和生涯规划有很大影响。同一性达成的大学生比同一性扩散的大学生有显著的价值观和目标承诺（Adams，Shea & Fitch，1979）；他们有继续学习的强烈愿望，表现出良好的学业适应，比同一性扩散的大学生的学习成绩更好，（Fracia，1981；Carlson，1986）；他们的人际交往能力和人际关系质量都更好（Vondracek，1995）。

国内研究者的研究也有相类似的结果。王树青（2010）关于大学生自我同一性的发展及与情绪适应的关系研究发现，大学生的自我同一性达成状态可正向预测自尊，负向预测焦虑、抑郁，自我同一性早闭状态和扩散状态负向预测自尊，自我同一性延迟状态正向预测焦虑、抑郁。黄华华（2014）研究发现，大学生自我同一性可以预测其社会适应，表现为直接预测自我适应，并通过自我适应间接影响人际适应和情绪适应。

第四章　自我同一性、依恋与网络交往

第一节　依恋与自我同一性的发展

Bowlby 认为，在人们构建的有关外部世界的活动模型中，一个核心的特征就是关于他/她们的依恋对象是谁，在什么地方能够发现这些依恋对象，以及对他/她们的反应有怎样的期待。类似的，在人们所构建的有关自我的活动模型中，一个核心的特征就是在依恋对象的眼中，自己是如何被接受或不被接受的。因此，内部工作模式包括两个部分：自我模型（个体的价值感和是否被爱）和他人模型（代表个体对亲密他人是否可以依赖和值得信任的核心期待）。

国外研究者较早就开始研究自我认同与成人依恋的关系。Quintana & Lapsley（1987）运用结构方程模型分析发现亲子依恋和认同发展之间有正向相关。Yoel Elizur（2001）关于男同性恋者的自我认同与其内在依恋模式之间的关系的研究发现同性恋的身份认同与其内在的成人关系模式有关，家庭和朋友的支持在成人依恋模式的形成过程中扮演着不同的角色。Monica A. Landolt & Kim Bartholomew（2004）发现，性别认同不确定与早年父母和同伴的疏离显著相关，特别是父性的拒绝显著预测依恋（回避）。

自我同一性达成是一种相对稳定的平衡状态，是最高的自我发展水平（Kroger，1993；Berzonsky &Adams，1999），能投入一定的亲密关系并且具有性别角色的双性化意识（Fitch & Adams，1983），能与不同的人建立联系并且处于安全的依恋模式（Kroger & Haslett，1988），能更乐意揭示内在自我与更少的自我关注（Adams，1989）。而延迟状态的个体虽然拥有亲密性的能力，但是他们不能对这种关系做出承诺，在个体间关系中表现出反复无常与紧张。可以说，延迟状态的个体处于一种与内投父母相分离的过程中，所以有更加多样的依恋可能性（Kroger & Haslet，1988）。

青少年的亲子关系与青少年的心理健康和自我同一性状态高度相关。Susan J. Frank（1990）对 376 名大学生进行问卷调查，考察去理想化、人际关系、自主性和青春后期与父母关系的不安全感的相互关系模型。发现去理想化对自主和关系依赖具有预测作用（表现出更加自立），可以预测更多的脱离对父母的依赖，更多的不安全感；更多不安全感可以预测更差的自主性。但是，脱离父母是一把“双刃剑”，不仅可能导致不安全感，还会产生更多的分离感和对父母关系的自我导向。

国内研究者近年来也比较关注大学生成人依恋模式与自我认同发展方面的关系。陶纯等（2010）发现：相对于非安全型依恋的个体，安全型个体的“外表评价”较高，而在“外表取向”和“身体满意度”上，不同依恋模式的个体没有显著性差异；依恋（回避）与“外表评价”和“身体满意度”之间均不存在显著相关，而与“外表取向”存在显著的负相关；而依恋（焦虑）则与“外表评价”和“身体满意度”存在显著的负相关，但与“外表取向”没有显著相关。

自我同一性与依恋有一定的相关，形成更加清晰整合的自我认同也是青少年和大学生网络交往过程中的重要目的。依恋模式在相对早期形成，它往往在潜意识层面影响大学生的社会交往，而自我同一性在后天环境中有意识地进行不断建构，两者在大学生网络交往中的影响值得深入探索。

第二节　依恋与网络交往

国内的一系列研究都发现成人依恋状况与青少年和大学生的病理性网络使用之间具有相关。研究发现，同伴依恋的信任、沟通与网络成瘾相关不显著，疏离与网络成瘾呈显著正相关，自我认同完成与网络成瘾呈显著负相关（张国华、雷雳，2008；孟庆东，雷雳，马利艳，2009）；青少年与同伴的疏离程度可以正向预测青少年对社交服务的使用偏好，也可以直接正向预测 PIU（病理性互联网使用）（雷雳、伍亚娜，2009）；青少年依恋中的母子沟通对网恋卷入倾向有显著的负向预测作用（孟庆东，雷雳，马利艳，2009）。此外，还有研究发现，网络成瘾组和非网络成瘾组依恋模式存在显著差异，网络成瘾组依恋维度显著高于非网络成瘾组，社会支持显著低于非网络成瘾组（邓伟，马叶，2013），不同网络成瘾程度中学生的同伴依恋和孤独感有显著差异，有成瘾倾向的个体明显表现出高孤独感和低同伴依恋。同伴依恋能有效预测网络成瘾和孤独感，网络成瘾在同伴依恋和孤独感的关系间起中介作用（李苑文，2013）。

邓林园、方晓义（2013）关于“家庭环境、亲子依恋与青少年网络成瘾研究”结果表明：（1）家庭环境和亲子依恋均与青少年的网络成瘾成显著负相关；（2）家庭环境中家庭亲密度对青少年网络成瘾有显著预测作用，父子依恋中的父子信任能显著负向预测青少年网络成瘾，母子依恋中的母子疏离能显著正向预测青少年网络成瘾；（3）家庭亲密度不仅直接影响青少年的网络成瘾，而且还通过母子疏离和父子信任间接影响青少年的网络成瘾，但母子疏离和父子信任所起的中介作用差异不显著。

已有研究主要考察使用者当下的依恋状态、人际关系和社会支持等因素对网络偏差行为的影响，还未涉及网络交往者的依恋模式在网络交往中的内在动力作用，为后续研究提供了研究启示的同时也留出了新的研究空间。

第三节　自我同一性与网络交往

互联网因其潜在的匿名性和虚拟性特点，成为自我探索和实验的完美场所（Turkle，1995；Skitka，2006）。Mckenna & Bargh（1998）认为在缺乏视觉信息的环境下与别人比较，个体可能对自我的重要方面感到不确定，因而激起了他减少这种不确定性；因为具有消极团体身份而影响了拥有积极自我观念的动机，因此，试图与他人联系以分享这种身份，不再把它看成消极的，进而降低污名以提高自尊。在网络空间维持数个不同的身份，个人藉此主动地塑造一个全新的自我以及相应的人际关系（黄少华，2002）。网络虚拟环境是一个理想的自我表现平台（Iakushina，2002），人们在其中可以摆脱现实世界的束缚，随心所欲地扮演自己想要的角色，构建另外一个虚拟的自我。Valkenburg &Peter（2008）由此提出了网络自我同一性实验的概念（online identity experiment）。它是指青少年以互联网为媒介，通过自我表征和自我探索来构建自我同一性的一系列行为（柴晓运，龚少英，2011）。

首先，建构自我同一性是当代青少年和大学生网络交往的重要内在动机。不同的人格特点对个体的在线自我表现影响不同（Peter，Valkenburg& Schouten，2005）。由青少年自己描述网络交往经验时，他们认为网络交往让他们可以体验到自由、权利和连接，扩大他们的自我认识。网络空间的虚拟互动被青少年视为他们可以探索自我同一性并增加自我感知的新的场所。他们会通过虚拟关系来进行自我探索和自我认同研究（Mechthild Maczewski，2002）。丁道群（2005）调查了 409 名大、中学生在网络空间的自我呈现特征，结果发现，首先，青少年和大学生通过网名呈现出来的自我，多为“表达理想的自我形象”、“表达另一个真实的自我”、“表达内心的真实欲求”；其次，自我呈现方式具有性别差异。在网络空间中，男性更希望通过新奇的网名来吸引网友，获得对方好感，而女性的网名更多地表达和呈现其现实的自我。张梅（2016）发现网络社交倾向对网络自我同一性实验与自我同一性的关系具有调节效应。对于线下社交倾向的大学生，网络自我同一性实验对自我同一性有消极预测作用；但对于线上社交倾向的大学生，中等程度的网络自我同一性实验会积极预测自我同一性的发展；强迫性网络使用在网络自我同一性实验与自我同一性的关系中起完全中介作用。

其次，自我同一性的发展状况与大学生网络使用和网络交往情况具有很高的相关。在有关互联网对大学生情绪情感发展影响的研究中，Martin（2000）发现网络交往能对大学生自我评价、自我中心的转变、自我控制、人格的倾向性等方面产生较大的影响（陈秋珠，2006）。一方面，自我同一性发展水平不同，网络使用和交往的状况不同。自我同一性达成的大学生会利用网络更好地实现自己的人生目标，满足其生活和工作的需求，很少出现网络成瘾的情况；相反，自我同一性未达成的大学生则是病理性网络使用的高危人群（邓伟，2014）。杨芙蓉（2012）研究发现自我同一性与时间管理倾向对网络成瘾有一定的预测力，而且自我同一性会通过时间管理间接影响网络成瘾。

第二篇 实证研究

第五章 问题提出与研究设计

第一节 已有研究分析

通过对已有相关研究的考察可以看出，网络交往动机及其与交往主体因素相互作用机制的探讨和研究已经受到研究者的广泛关注，取得了很多有意义的成果，但还存在以下几个方面的不足之处。

一、已有工具的局限

已有研究从网络交往动机评估工具的编制到网络交往动机特点的研究，要么存在被试量较小，被试范围较窄、样本代表性不足的问题，要么问卷结构缺乏理论和研究支持，难以反映大学生的阶段性的需求状况。近年来，国内研究者在开展一些有关大学生网络交往动机研究的同时，也编制了一些调查问卷不断地深入探索大学生网络交往动机的特点和结构，得到不少有价值的发现。但是，现有的研究结果存在以下几方面的问题：一是缺乏动机理论或需要理论的支持，多从现象学层面收集数据，依靠分析方法产生问卷结构，导致问卷结构层次不够清晰明确；二是对于大学生群体，缺乏与大学生发展阶段核心需求相对应的网络交往动机结构的建构和验证；三是大多存在被试量较小，被试范围较窄、样本代表性不足的问题。因此，本研究准备在全国范围抽取大学生样本，探索一种既有动机理论基础支持，又与大学生发展阶段核心需要相对应的网络交往动机的测查工具，考察当代大学生的网络交往动机结构和特点。

二、网络交往心理健康作用机制的研究有待进一步完善

已有研究表明，交往者人格对网络交往行为具有预测作用，个体心理健康与网络交往行为具有双向作用机制，网络交往动机是交往者与网络交往行为的中介因素，这些因素之间存在怎样的相互影响有待深入研究。

有关研究揭示了互联网用户的人格特征可以显著预测病理性互联网使用。也发现并不是网络交往导致了交往主体心理健康水平的下降，而是被试的心理健康状况发生在先，互联网自身的一些特性与用户的心理行为发展之间的交互

作用决定着互联网对用户的生活所产生的影响。但是，网络交往者（特别是大学生群体）的人格发展水平如何通过动机的作用影响到网络交往行为，网络交往行为如何反过来影响大学生的人格成长等问题还没有得到解答，对此进行深入研究非常必要而且十分紧迫。

本研究尝试探索当代大学生的人格（具体为依恋和自我同一性）与网络交往行为（以网络交往动机为中介）是如何相互影响的，这种相互影响与心理健康是怎样的关系。

三、缺少适应良好的网络交往动机标准

如何界定健康的、适应良好的网络交往动机标准，并以此为参照甄别适应不良的网络交往动机，为进一步的干预奠定基础非常重要。并且，基于早期研究得到的网络交往的心理健康效应理论还有待补充和完善。

目前有不少关于网络成瘾和网络偏差行为的研究，逐渐明确了网络成瘾或病理性网络使用行为的界定标准，但是针对网络交往动机的研究还仅仅停留在探索动机结构的阶段。如何界定健康的、适应良好的网络交往动机结构，并以此为参照甄别适应不良的网络交往动机，为进一步的干预奠定基础，可以成为研究的切入点。

早期研究者对网络交往的心理健康效应提出了不同的理论，从“用而满足理论”，到“转移假设”和“促进假设”，随着人格特质因素的介入，研究者又发展出了“社会补偿理论”和“富者更富理论”。但是，据临床观察，很多社交焦虑的大学生同样逃避网络交往，这对“社会补偿理论”是新的挑战，同时，“富者更富假设”尽管提出了外向型人格特质会更好地利用网络进行交往，内向型的网络交往行为反而更差，那什么导致的这种差异也有待深入研究。

本研究尝试通过从人格（依恋和自我同一性）与网络交往动机/行为之间的相关，考察健康人格的大学生网络交往动机的结构特点，以此为标准和参照体系可以辨别网络交往动机/行为失当的状况，从而为后续的干预研究打下基础。

四、缺乏网络交往动机的影响机制和干预方法的研究

已有研究从不同的角度对网络成瘾的影响因素和干预方法进行了探索，但对网络交往动机的影响机制和干预方法的研究还未见到，特别是对于如何更好地利用网络交往促进交往者心理发展的研究还很缺乏。

已有研究对网络成瘾或PIU行为的影响因素及干预机制的研究已经渐成体系，研究者采用药物干预、行为训练、认知重构、家庭治疗、综合干预模式等

方式对网络成瘾的干预机制进行了探索，取得了不同的效果，但是对网络交往动机的影响因素以及相应的干预方式的研究尚未见到，需要在网络交往动机影响机制研究的基础上探索新的干预机制和干预方式。同时，以往的研究更多地针对病理性互联网使用人群进行干预和矫正，但是对于如何更好地利用网络交往促进交往者心理发展的研究还很缺乏。

因此，本研究希望探索一种基于改变人格基础，来调整大学生网络交往动机的干预模式，一方面通过干预因人格基础带来的不良的网络交往动机，预防和改变因此带来的不当的网络交往行为；另一方面由网络交往动机的调整，形成健康的网络交往行为，反过来促进大学生的心智成长和人格发展。

第二节　研究问题与研究设计

一、研究问题

基于对已有研究的分析和当前大学生网络交往问题的现实需求，本研究拟在理论指导下，通过重新确定大学生网络交往动机的结构，探索大学生网络交往与交往主体的相互作用机制，在此基础上进一步探索相应的干预机制。主要探讨以下问题：

第一，探索与大学生发展阶段核心需求相一致的网络交往动机结构，考察我国当代大学生网络交往动机的基本情况。首先，在已有网络交往动机研究的基础上，在依恋理论和自我同一性理论的指导下，构建大学生网络交往动机模型，通过标准化的测验编制流程，编制信效度较好的大学生网络交往动机问卷。其次，考察我国当代大学生网络交往动机的特点。

第二，考察依恋和自我同一性对大学生网络交往动机的预测作用，探讨基于大学生人格发展的网络交往动机/行为的心理健康效应机制，进一步探讨网络交往的心理健康效应理论。首先，考察依恋和自我同一性对大学生网络交往动机的预测作用。之后，探讨基于大学生的人格发展水平、网络交往动机与网络交往行为的心理健康效应的内在机制。最后，基于网络交往心理健康效应存在双向作用机制，交往者人格和心理健康对这一双向作用机制又有很大的影响，本研究结果可以对网络交往心理健康效应理论进行新的补充和解释。

第三，考察基于人格发展预防和干预不健康的网络交往动机/行为，培养健康的网络交往动机/行为的团体辅导干预方法，探讨团体辅导干预模式的内容和机制。首先，通过对健康群体和非健康群体网络交往动机特点的比较，探索大学生网络交往动机/行为不当的鉴别标准，以便确定干预对象和相应的干预目标；其次，探索通过基于依恋和自我同一性的团体辅导调整大学生网络交往动机的干预模式，考察这一干预模式是否能预防和改变不良网络交往动机带来的不当网络交往行为，形成和发展健康的网络交往动机及行为，促进大学生的心智成长和人格发展。最后，探讨团体辅导干预模式的内容结构和干预机制。

二、研究设计

本研究利用“询证研究”的思想，对大学生网络交往动机及依恋和自我同一性发展的影响机制进行了系统的研究。采用访谈法和调查法编制大学生网络交往动机问卷，随后采用自编问卷进行广泛调查，了解大学生网络交往动机的特点和状况，之后采取调查法探讨依恋和自我同一性发展对大学生网络交往动机的影响机制，并尝试运用案例研究在大学生网络交往动机的团体干预过程中对影响机制做进一步的考察，并通过案例研究考察大学生网络交往动机的干预机制。总体研究设计如图 2 所示。

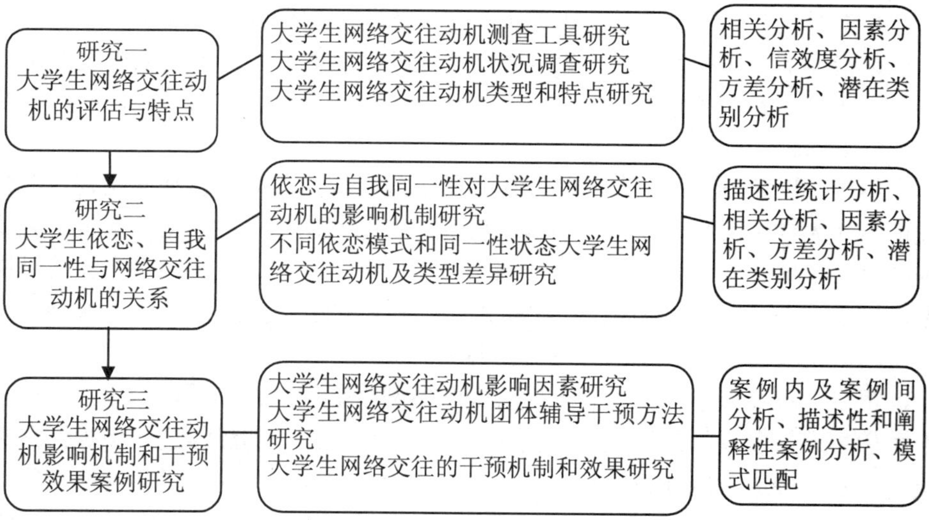

图 2　总体研究设计及分析方法

三、研究意义

（一）理论意义

网络交往是大学生社会生活的重要部分，对大学生的心理健康和人格成长影响深远。本研究将依恋理论和自我同一性理论运用到对网络交往动机的研究中，探讨大学生网络交往动机和行为与大学生人格、心理健康与社会适应相互影响的内在机制，探索大学生人格发展水平、心理社会发展需求与网络交往动机和行为之间的相互关系，提供网络交往动机不当的甄别依据，进一步补充和完善网络交往与交往者主体交互作用机制及其理论假设。这项研究是对人格心理学、发展心理学和临床心理学相关理论的有机结合，将依恋理论和自我同一性理论应用于网络交往研究中，具有一定的时效性和创新性。

（二）现实意义

本研究通过围绕依恋和自我同一性与大学生网络交往动机的一系列调查研究，确定大学生网络交往动机的发生情况、网络交往动机的影响因素，讨论网络交往的心理健康效应的作用机制，明确干预目标和干预对象的甄别标准，研究和设计以网络交往动机为中介的大学生网络交往双向干预机制，通过询证研究加强和提高临床干预的针对性，为预防和矫正病理性网络使用行为、培养和训练大学生更加合理的运用网络交往促进自身的发展、促进人格成长提供理论和实证基础，具有十分重要的现实意义

第六章　大学生网络交往动机的评估与特点研究

第一节　研究问题的形成

一、问题的提出

从 Weiser（2001）研发的大学生互联网调查表（包括物质与信息获得动机和社会与情感调节动机）开始，研究者们对大学生网络交往动机进行了更加广泛深入的探索，从不同角度考察了大学生网络交往动机，但是，存在许多值得进一步深入讨论问题：首先，在大学生网络交往动机的评估方面，缺乏动机理论或需要理论的支持，多从现象学层面收集数据，依靠分析方法产生问卷结构，导致问卷结构层次不够清晰明确；其次，缺乏与大学生发展阶段核心需求相对应的网络交往动机结构和测查工具的研究；第三，缺乏对具有抽样代表性的大学生群体网络交往动机特点的全面深入的分析。

大学生正处于青春后期的心理发展阶段，特别是在我国目前高强度的升学压力下，许多青春期的课题，如自我同一性的基本达成或者建立和发展友谊和亲密关系等都被延迟到大学阶段，大学生具有强烈的通过网络交往认识和建构自我、建立和维持人际关系甚至亲密关系的愿望。同时，高强度的学习压力和突然从家长老师“抱养”的状态变为完全依靠自己处理各种生活问题的“散养”状态，环境适应的困难、人际环境的突变，加之情绪管理能力以及应对压力能力不足，大学生很容易将各种内心需求诉诸网络来实现，因此，大学生人群网络交往动机应该具有独特的内容结构和群体特点。

本研究希望探索一种既有动机理论支持，又与大学生发展阶段核心需要相对应的网络交往动机的测查工具，为后续研究大学生人格发展与网络交往动机的相关研究以及干预研究打下基础。本研究将聚焦于大学生发展阶段核心心理需求（关系建立和自我认同），在依恋理论和自我同一性理论指导下，通过理论建构，开发新的大学生网络交往动机问卷，并考察问卷的稳定性和可推广性。同时借助新开发的测查工具考察当代中国大学生的网络交往动机特点和群体差异。

二、研究问题和研究假设

研究问题一：基于我国当代大学生发展阶段核心心理需求的网络交往动机结构包括哪些维度？其评估工具是否有效可靠？

研究假设：我国当代大学生网络交往动机存在与发展阶段核心心理需求（发展自我同一性和建立与维持亲密关系）相一致的动机结构，在依恋与自我同一性理论的指导下建构的大学生网络交往动机问卷，具有较好的测量学指标。

研究问题二，大学生网络交往动机是否存在有甄别意义的类型？

研究假设：大学生网络交往动机可能存在不同的类型，这些类型的分析和确定可以进一步理解大学生不同人群网络交往动机的心理结构。

研究问题三，当代大学生网络交往动机具有什么样的群体差异和类型分布特点？

研究假设：当代大学生网络交往动机具有不同的群体特点，可能存在性别、专业背景、年级、生源地和是否独生等方面的差异。

第二节 研究方法

一、被试

团体访谈被试（20 名）：采取方便取样法在北京航空航天大学抽取不同专业和年级的 20 名本科生和研究生，年龄范围为 17～27 岁，其中，男生 12 名。

开放式问卷调查被试（276 名）：采取方便取样法，在北京航空航天大学机械学院、宇航学院、计算机学院、法学院、经济管理学院、新媒体艺术学院、人文学院等院系 1～4 年级本科生以及硕士博士研究生中选取 300 名大学生进行开放式问卷（详见附件 1）调查。共回收有效问卷 276 份，其中男生 143 人（51.8%）；大一学生 74 人（26.8%），大二学生 69 人（25.0%），大三学生 48 人（17.4%），大四学生 23 人（8.3%），硕士生 35 人（12.7%），博士生 27 人（9.8%）。

预测被试（1042 名）：选取全国各类高校 29 所（分别位于中国大陆北京、华东、华南、华中、西南等地区，一本、二本、三本、专科不同级别的院校，理工、人文、农林医科、艺术等不同专业，从 1～4 年级本科、硕士博士不同年级的城市、县镇和农村地区的大学生）共计 1185 名学生进行预试，共回收有效问卷 1042 份，其中男生 323 人（31.0%）；来自城市的学生 134 人（12.9%）、县镇的学生 404 人（38.8%）、农村的学生 504 人（48.4%）；本科生共 786 人（75.4）、硕士生 184 人（17.7%）、博士生 72 人（6.9%）。

初测被试（2130 名）：选取全国各类高校（分别在中国大陆西南、西北、华南、华北、华中、东北等地区，一本、二本、三本、专科不同级别的院校，理工、人文、农林医科、艺术等不同专业，从 1～4 年级本科、硕士博士不同年级的城市、县镇和农村地区的大学生）进行问卷施测，共收集有效问卷 2130 份。被试的基本情况见表 3。

表 3　初始问卷调查被试组成情况

		人数	百分比
性别	男	881	41.4%
	女	1249	58.6%
年龄	小于 20 岁	825	38.8%
	20～25 岁	1271	59.7%
	大于 25 岁	32	1.5%
年级	本科	1390	65.3%
	硕士	377	17.7%
	博士	362	17.0%
专业	人文社科	674	31.7%
	理工科	881	41.5%
	农林	4	0.2%
	医	265	12.5%
	商	43	2.0%
	艺体	257	12.1%
生源地	城市	554	26.0%
	县镇	810	38.0%
	农村	766	36.0%
是否独生	独生	1125	52.8%
	非独生	1005	47.2%
合计		2130	

正式测试被试（2049 名）：选取全国各类高校 29 所（分别位于中国大陆北京、华东、华南、华中、西南等地区，一本、二本、三本、专科不同级别的

院校，理工、人文、农林医科、艺术等不同专业，从1-4年级本科、硕士博士不同年级的城市、县镇和农村地区的大学生）进行问卷施测。共收集有效问卷2049份，该部分被试进行验证性因素分析和网络交往动机问卷特点的分析。被试的基本情况见表4。

表4　正式测试问卷调查被试组成情况

		人数	百分比
性别	男	933	45.6%
	女	1112	54.4%
年龄	小于20岁	884	43.2%
	20～25岁	1147	56.1%
	大于25岁	14	0.7%
年级	本科	1197	58.4%
	硕士	393	19.2%
	博士	459	22.4%
专业	人文社科	493	24.1%
	理工科	877	42.9%
	农林	4	0.2%
	医	199	9.7%
	商	84	4.1%
	艺体	387	18.9%
生源地	城市	580	28.4%
	县镇	791	38.7%
	农村	672	32.9%
是否独生	独生	1143	55.9%
	非独生	902	44.1%
		2049	

二、研究工具

（一）团体访谈提纲

在团体访谈中包括下面八个问题：（1）请问你上网的主要目的是什么？（2）请问你会经常使用网络与他人交往吗？（3）请问你在网上与人交往的主

要目的是什么？（4）你在网上交流的内容主要包括哪些？（5）你交往的对象主要是个体还是群体？（6）你网络交往的方式有哪些？（7）网上交往和网下交往的利弊有哪些？（8）你如何看待“网恋”？

（二）开放式调查问卷

借鉴以往研究者对网络交往动机概念的界定，本研究中采用广义的网络交往定义，认为“网络交往动机”是指个体通过互联网的各种形式满足内心需求的愿望和内驱力。围绕这一概念，在开放式问卷中，设计了以下题目：请结合您的亲身经历，尽可能多地列出网络交往的内在动机——**“网络交往能满足你的哪些内心需求？”**（例如：能够满足我与亲朋好友联系的需要，可以排解孤独感，可以让我更自由的表达自己，可以以不同的自我形象展示自己，可以更好地表达自己的情感，可以比较彻底地宣泄情绪，可以有更多亲密交往的体验，等等）。

（三）预试问卷

根据网络交往动机的概念和以往研究结果，参考国内外关于动机、网络交往动机的测查工具，结合开放式问卷调查的结果，构建了网络交往动机问卷的结构和题目，包括社会交往动机（获取和维持社会关系）、自我认同动机（认识、肯定、展示和塑造自己）、情绪调节动机三个维度，各维度下有5～6个子维度，共85道题目。

（四）初试问卷

在预试问卷结果分析基础上编制了初试问卷，包括4个维度，34个题目。其中，“社会交往动机”10题，分别代表维持和发展已有的社会关系、结交新朋友、新的交流形式可以更好地满足交流的愿望；“自我认同动机”10题，分别代表增强自我认识、展示自我、自我发现和塑造；“情绪调节动机”9题，分别代表发泄内心情绪和感受新异体验。“亲密依恋动机”5题，分别代表希望与通过网络建立和发展亲密关系的愿望。

（五）正式测试问卷（附录1）

对初试问卷修订后，正式测试问卷包括“沟通交流、情绪调节、自我认同和亲密依恋”四个维度。共有18个题目，采用5点计分（1=很不符合，2=不太符合，3=不确定，4=比较符合，5=非常符合）。

（六）效标工具

选择国内近年编制相关问卷作为本问卷编制的效标。

（1）谭文芳（2005）编制的“大学生网络使用动机问卷”

该问卷包括“社会交往动机、自我肯定动机、逃避归属动机和工具性动机”4个维度，共20个题项。问卷信度系数为0.7347。

（2）迟新丽、张大均（2009）编制的“大学生网络交往动机”问卷

该问卷共有39个题项，结构为二阶二因素一阶五因素模型（见表5）。问卷内部一致性系数在0.786～0.897之间，分半信度在0.755～0.828之间，重测信度在 0.533～0.706 之间；总问卷的内部一致性系数为 0.809，其分半信度为0.889，重测信度为0.603。而且各因素、分量表与总问卷的相关系数全部在0.50以上，说明该问卷具有良好的信度。

表5　迟新丽等编制的“大学生网络交往动机问卷”的结构

二阶因子	一阶因子
工具性交往动机	获取信息
	辅助学业
	便利生活
社会性交往动机	表达情感
	缓解压力
	确证自我

该问卷各二阶因素与其组成一阶因素之间的相关在 0.675～0.818之间，而与另一维度组成因素之间相关在0.085～0.315之间，各因素与问卷总均分的相关较高，相关系数在0.521～0.825之间。

三、研究过程

（一）文献检索

检索国内外关于网络成瘾、网络使用、网络交往和网络交往动机的相关研究，深入分析网络交往的内在含义和网络交往动机量表的内容和结构，了解问卷形成的理论背景和思想脉络。

（二）团体访谈

对 20 名本科生和研究生进行团体访谈，初步了解大学生网络交往动机。

（三）开放式问卷调查

对 300 名（男女比例 3∶2）大学生进行开放式问卷（详见附件 1）调查。共回收有效问卷 276 份。向被试提供本研究中关于“网络交往动机”的定义和举例，请被试结合自己的经历，尽可能多的列出符合定义的网络交往动机条目。大多数大学生回答包含 10 条以上网络交往动机。

（四）形成预试问卷并进行测查

选取 29 名本科生和 29 名研究生对预试问卷进行评定和提出修改意见（附件 2——学生评定版）。同时请 9 位应用心理学专业教师和博士生（教授/副教授 3 人、讲师 2 人、博士生 5 人）对问卷的结构和题项进行审阅，就题目内容和表述、维度划分等方面提出疑问和修改建议（附件 3——专家评定版）。经过学生评定和专家评点后，删减和修改了一些题项，最后形成“大学生网络交往动机”的预试问卷，共 73 题。然后运用预试问卷通过问卷星在线问卷调查平台对预测被试进行了预试。

（五）形成初试问卷并进行测试

对预试问卷回收数据进行分析，首先，通过对数据进行题总均分析，删去一些相关较低的题目；其次，通过探索性因素分析，提取出 4 个维度，删除多重载荷以及载荷不足 0.4 的题目，保留了 34 个题目，形成初试问卷。

采用方便取样法，选取全国各类高校（分别在中国大陆西南、西北、华南、华北、华中、东北等地区，一本、二本、三本、专科不同级别的院校，理工、人文、农林医科、艺术等不同专业，从 1～4 年级本科、硕士博士不同年级的城市、县镇和农村地区的大学生）进行初试问卷（纸质）的施测。共收集有效问卷 4179 份。

（六）形成正式问卷并进行测试和分析

首先，对初始问卷进行数据分析。首先，随机选择其中 2130 份问卷数据进行探索性因素分析，建构大学生网络交往动机问卷的结构，形成正式问卷；其次，对剩下的 2049 份问卷数据验证性因素分析，对问卷结构的合理性、以及问卷的信度和效度等进行检验。

其次，采用方便取样法，对全国范围部分高校大学生进行问卷测试，获得有效问卷2045份。对大学生网络交往动机的群体特点和潜在类别进行分析检验。

四、数据分析程序

本研究所有统计均使用SPSS18.0和Mplus7.0对数据进行统计处理，对量表进行项目分析、信效度评价。具体而言，采用SPSS18.0进行项目分析、探索性因素分析（exploratory factor analysis，EFA）以及信度检验；用Mplus7.0进行验证性因素分析（confirmatory factor analysis，CFA）。

第三节 大学生网络交往动机问卷的形成

一、项目分析

项目区分度（Item Discrimination）是指测验项目对被试所测量心理特征的区分能力，也叫鉴别力，是反映项目优劣的一个重要指标。

表6 初始问卷各题目的区分度（N=2130）

题目	题总相关	题目	题总相关	题目	题总相关
T1	0.451	T12	0.435	T23	0.540
T2	0.463	T13	0.578	T24	0.398
T3	0.475	T14	0.563	T25	0.529
T4	0.355	T15	0.342	T26	0.404
T5	0.403	T16	0.578	T27	0.561
T6	0.489	T17	0.433	T28	0.541
T 7	0.560	T18	0.566	T29	0.549
T8	0.349	T19	0.433	T30	0.500
T9	0.459	T20	0.479	T31	0.544
T10	0.517	T21	0.289	T32	0.587
T11	0.542	T22	0.558	T33	0.544
				T34	0.571

本研究采用题总相关法判断区分度。题总相关法是用相关法计算每个题目与总均分的相关系数，如果题目与总均分相关系数不大或者不显著，说明该题

目鉴别力较差。美国测量学家伊贝尔提出，相关系数大于 0.4 则题目较好，在 0.2～0.4 之间题目一般，而小于 0.2 则应予以删除。检验结果表明，所有题目的题总相关均大于 0.2，故在项目分析步骤时未删题。具体结果见表 6。

二、探索性因素分析

对 34 题进行第一次探索性因素分析。本研究选取 KMO 和 Bartlett 球形检验对采样充足度及是否适宜因素分析进行检验。结果显示 KMO 采样充足度等于 0.938，表明采样充足度高，变量间的偏相关很小；Bartlett 球形检验值为 27 030.776，自由度为 561，$p<0.001$，说明数据适合进行因素分析。探索性因素分析采用主成分分析法，经方差极大正交旋转确定因素负荷，得到 6 个因子，总解释率为 54.832%。

表 7　大学生网络交往动机问卷探索性因素分析结果（N=2130）

维度	题目	载荷	共同度	区分度
沟通交流动机	增进朋友交流与朋友分享情感体验	0.657	0.515	0.371
	了解自己关心的人的动态和情况	0.614	0.464	0.234
	可以在朋友需要时帮助对方排忧解难	0.616	0.502	0.334
	分享自己的生活和内心	0.745	0.608	0.450
	更真实地表达自己的情感	0.731	0.618	0.481
	以更好地表达自己内心的想法和感受以便让朋友更深地理解自己的内心	0.707	0.563	0.475
亲密依恋动机	在网上寻找男/女朋友交往	0.768	0.614	0.385
	可以不需要承担任何责任地与人交往	0.589	0.424	0.358
	可以获得更多恋爱的体验	0.809	0.686	0.462
	可以认识一些异性朋友倾述和交往	0.651	0.569	0.580
	和异性培养感情	0.691	0.554	0.513
自我认同动机	可以发现自身的不足	0.769	0.633	0.376
	在团队合作中或群里的交流中增强归属感	0.683	0.532	0.461
	吸取经验教训完善自我	0.777	0.638	0.423
	一起完成工作可以满足相互协作的愿望	0.737	0.621	0.484
情绪调节动机	在网络游戏中获得成就感	0.777	0.686	0.377
	跟网友聊天打发无聊时间	0.785	0.457	0.406
	通过玩儿游戏排解孤独感	0.558	0.689	0.424

本研究因素数目的确定采用以下标准：（1）因素的特征值大于 1；（2）每个因素至少包含 3 各项目。删除的标准是：（1）因素负荷小于 0.4；（2）有多重负荷。基于以上标准，对探索性因素分析结果进行删减，结合理论构想，选取载荷值高而不存在多重载荷的因子题目，最后确定 18 个题目，4 个因子，总解释率为 57.620%。每个因子最少 3 个项目，最多 6 个项目。根据因素包含的项目意义及问卷设计的初始理论基础，对相应因素分别命名：沟通交流动机、自我认同动机、情绪调节动机和亲密依恋动机，各因素包含 3～6 个题目。结果见表 7。

由表 7 可见，各维度范围内对每个项目的共同性的统计分析表明：各项目共同性在之间 0.424～0.689。项目共同性越大，说明该项目测得被试个别差异的功能越好，项目的鉴别力越高。由此可见，该问卷各项目有较好的鉴别力。除 21 题（了解自己关心的人的动态和情况）外，其他题目的区分度均在 0.30 以上，说明各题目的区分度可以接受。

根据因素包含的项目意义及问卷设计的初始理论基础，对相应因素分别进行命名。第一个因素包括 6 个项目，分别是“增进朋友交流与朋友分享情感体验”；“了解自己关心的人的动态和情况”；“可以在朋友需要时帮助对方排忧解难”；“分享自己的生活和内心”；“更真实地表达自己的情感”；“可以更好地表达自己内心的想法和感受以便让朋友更深地理解自己的内心”，将该因子命名为“沟通交流动机”。

第二个因素包括 5 个项目，分别是“在网上寻找男/女朋友交往”、“可以不需要承担任何责任地与人交往”、“可以获得更多恋爱的体验”、“可以认识一些异性朋友倾述和交往”、“和异性培养感情”，将该因子命名为“亲密依恋动机”。

第三个因素包括 4 个项目，分别是“可以发现自身的不足”、“在团队合作中或群里的交流中增强归属感”、“吸取经验教训完善自我”、“一起完成工作可以满足相互协作的愿望”，将该因子命名为“自我认同动机”。

第四个因素包括 3 个项目，分别是“在网络游戏中获得成就感”、“跟网友聊天打发无聊时间”、“通过玩儿游戏排解孤独感”，将该因子命名为“情绪调节动机”。根据探索性因素分析，大学生网络交往动机问卷包括四个维度，分别为“沟通交流动机”、“亲密依恋动机”、“自我认同动机”和“情绪调节动机”。

三、信度分析

问卷信度分析主要采用内部一致性系数（Cronbach's Alpha，即 α 系数）、分半系数。利用全部被试数据，计算总问卷和 4 个分量表的内部一致性系数和分半系数，结果见表 8。问卷总体的内部一致性系数为 0.832，分半系数为 0.656；4 个维度的内部一致性系数在 0.677～0.809，分半系数在 0.678～0.767。系数均在 0.60 以上，说明大学生网络交往动机问卷及各因素的内部一致性较好、稳定性良好。

表 8　大学生网络交往动机问卷的信度分析

	总量表	沟通交流	自我认同	情绪调控	亲密依恋
内部一致性系数	0.832	0.793	0.773	0.677	0.809
分半系数	0.656	0.678	0.758	0.763	0.767

四、验证性因素分析

采用 Mplus7.0 对被试 2 数据进行验证性因素分析，以确定模型对实际数据的拟合程度，从而检验模型的正确性。根据探索性因素分析结果，设置了 4 个潜变量，即沟通交流、自我认同、亲密依恋和情绪调节 4 个因子。据此构成样本的协方差矩阵，作为检验模型的基础。经验证性分析得到该模型的各项拟合指数（见表 9）。

表 9　大学生网络交往动机问卷结构模型的拟合度指标

拟合指数	χ^2	df	χ^2/ df	CFI	TLI	RMSEA
	1242.260	129	9.63	0.911	0.900	0.065

表 9 结果显示：模型的拟合指数 RMSEA 为 0.065，CFI、TLI 等拟合指数均在 0.9 以上。这说明模型的设置合理，模型拟合较好，可以接受，也说明大学生网络交往动机是由 4 个一阶因素组成的多维模型。

如图 3 所示，“自我认同”维度 4 个题目的载荷分别为 0.624～0.743，“沟通交流”维度 6 个题目的载荷分别为 0.480～0.746，“亲密依恋”维度 5 个题目的载荷分别为 0.499～0.752，“情感调节”维度 3 个题目的载荷分别为 0.485～0.777。四个维度之间的相关系数在 0.224～0.663 之间，维度之间存在中等偏下程度的相关，结构效度较好。

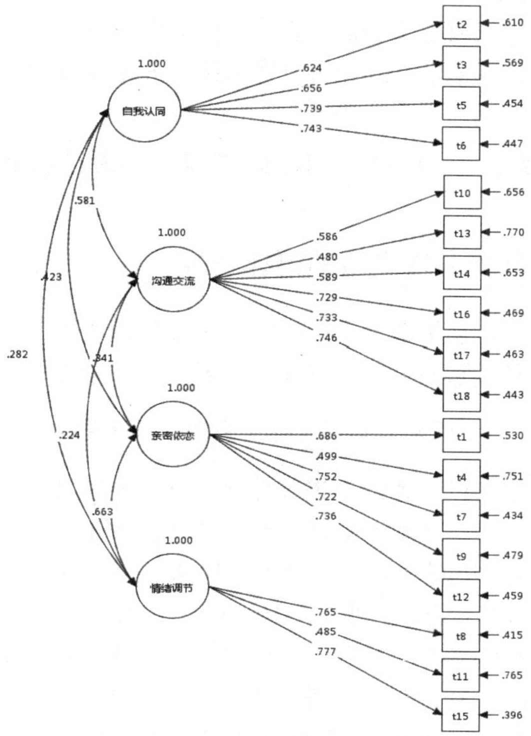

图 3　网络交往动机一阶模型的验证性因素分析

五、效标关联效度分析

本研究选用国内近期关于大学生网络交往动机的研究工具作为本问卷的效标效度，分别是谭文芳（2005）编制的“大学生网络使用动机问卷”（效标 1）和迟新丽、张大均（2009）编制的“大学生网络交往动机”（效标 2），对本研究开发的网络交往动机问卷的校标关联效度进行分析结果见表 10。从表 10 看，网络交往动机总均分以及各维度得分与两份作为效标的网络交往动机问卷均达到显著相关。

表 10　大学生网络交往动机问卷的校标关联效度检验结果

	网络交往动机	沟通交流	自我认同	情绪调节	亲密依恋
网络使用动机_（效标 1）	0.485**	0.320**	0.304**	0.368**	0.324**
网络交往动机_（效标 2）	0.477**	0.299**	0.297**	0.324**	0.368**

综上，本研究以依恋理论为基础，通过因素分析共同建构并验证模型，按

照心理测量的程序，完成了“基于依恋理论的大学生网络交往动机问卷”的编制。各项指标均符合测量学标准，可以在后续研究中加以使用。

第四节 大学生网络交往动机的特点

一、大学生网络交往动机的群体差异

对大学生网络交往动机四个维度的结果进行分析比较，考察性别、年级、专业以及来源地和是否独生口学变量在总量表以及四个维度上的差异情况。

（一）不同性别、年级和专业的大学生网络交往动机特点

分别对网络交往动机及各维度进行性别（男、女）*年级（大一大二、大三大四、硕博士）*专业（人文社科、理工科、医科、商科、艺体）多元方差分析。多元方差结果显示，性别的主效应显著（F=13.928，p<0.001）；年级（F=1.937，p=0.05）的主效应边缘显著，专业（F=1.410，p=0.127）的主效应不显著；在交互作用方面，只有年级与专业（F=1.826，p=0.003<0.01）的交互作用显著，性别与年级（F=0.581，p=0.794）、性别与专业（F=1.411，p=0.126）、以及性别、年级和专业（F=1.454，p=0.070）的交互作用均不显著。

进一步的单因子方差分析检验结果见表 11。亲密依恋（F=28.032，p=<0.001）、情绪调节（F=27.835，p=<0.001）和总量表（F=10.495，p=<0.001）在性别上主效应显著，男生的亲密依恋动机、情绪调节动机和网络交往动机总量表的得分均高于女生。在沟通交流（F=2.013，p=<0.05）、亲密依恋（F=3.108，p=<0.01）、自我认同（F=2.707，p=<0.01）和总量表（F=3.186，p=<0.001）上年级和专业专业的交互作用均显著（F=27.835，p=<0.05）。

事后检验结果显示，在亲密依恋动机维度，人文社科、理工科、医科均分别显著低于商科（p<0.05），人文社科、理工科均分别显著低于艺体（p<0.05）、医科显著高于艺体（p<0.05），艺体和商科专业学生差异不显著，人文社科、理工科和医科学生比商科学生和艺体学生亲密依恋动机更强；在自我认同动机维度，理工科、医科分别显著低于商科（p<0.05），人文社科、理工科、医科分别显著低于艺体（p<0.05），人文社科、理工科与医科学生比艺体专业学生自我认同动机更强，而艺体和商科专业差异不显著；理工科和医科专业学生比商科专业学生自我认同动机更强。

表 11　网络交往动机的性别、年级、专业差异检验结果

分类		N	沟通交流 M（S）	亲密依恋 M（S）	自我认同 M（S）	情绪调节 M（S）	总量表 M（S）
性别	男生	933	3.50（0.73）	2.66（0.78）	3.29（0.87）	2.75（.98）	3.10（0.57）
	女生	1112	3.67（0.68）	2.51（0.85）	3.16（0.85）	2.34（1.03）	3.00（0.57）
年级	大一大二	1239	3.66（0.74）	2.22（0.86）	3.26（0.87）	2.68（1.01）	3.01（0.61）
	大三大四	598	3.59（0.76）	2.21（0.84）	3.19（0.86）	2.70（1.00）	2.97（0.60）
	硕士博士	206	3.52（0.73）	2.45（0.98）	3.11（0.82）	2.67（1.05）	2.99（0.65）
专业	人文社科	493	3.71（0.77）	2.17（0.86）	3.24（0.85）	2.53（1.01）	2.98（0.60）
	理工科	877	3.57（0.74）	2.21（0.84）	3.16（0.84）	2.73（0.98）	2.96（0.59）
	医科	199	3.68（0.69）	2.11（0.75）	3.11（0.90）	2.69（1.05）	2.95（0.58）
	商科	84	3.74（0.69）	2.57（0.98）	3.36（0.72）	2.94（1.00）	3.20（0.55）
	艺体	387	3.58（0.78）	2.38（0.93）	3.36（0.91）	2.73（1.04）	3.05（0.67）
F	性别		3.555	28.032***	3.102	27.835***	10.495***
	年级		2.376	.804	1.677	1.365	1.017
	专业		2.240	2.950*	2.388*	0.760	3.530**
	年级*专业		2.013*	3.108**	2.707**	1.690	3.186***

（1）“年级”和“专业”在网络交往动机问卷总均分的简单效应分析

在“网络交往动机”总均分上，年级和专业的交互作用显著，对其进行简单效应分析，结果显示，医科学生中，年级的简单效应显著，大三大四学生总均分显著高于大一大二，大一大二总均分显著高于硕士博士（F=3.64，p<0.05）；在商科学生中，年级的简单效应显著，硕士博士显著高于大一大二，大一大二显著高于大三大四（F=8.18，p<0.001）；艺体专业学生表现出显著的年级简单效应，大一大二显著高于大三大四，大三大四显著高于硕士博士（F=6.93，p<0.001）。但在人文社科及理工科学生中，年级效应不显著。具体结果见表12和图4。

表 12 “年级”和“专业”变量在网络交往动机问卷总均分的简单效应分析

变异来源	SS	df	MS	F
年级				
人文社科	0.05	2	0.02	0.07
理工科	0.27	2	0.14	0.37
医科	2.65	2	1.32	3.64*
商科	5.95	2	2.98	8.18***
艺体	5.04	2	2.52	6.93***

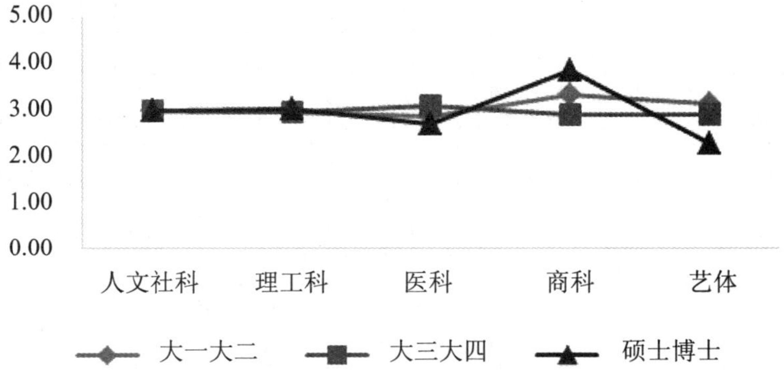

图 4 “年级”和“专业”变量在网络交往动机问卷总均分的简单效应分析

（2）“年级”和“专业”变量在“沟通交流”维度的简单效应分析

在“沟通交流”维度上，年级和专业的交互作用显著，对其进行简单效应分析，结果显示，在医科学生中，年级的简单效应显著，大三大四、大一大二沟通交流得分显著高于硕士博士（$F=3.35$，$p<0.05$）；在艺体学生中，年级的简单效应显著，大一大二显著高于硕士博士和大三大四（$F=8.26$，$p<0.001$）。具体结果见表 13 和图 5。

表 13 “年级”和“专业”变量在“沟通交流”维度的简单效应分析

变异来源	SS	df	MS	F
年级				
人文社科	1.09	2	0.54	0.98
理工科	1.81	2	0.90	1.63
医科	3.72	2	1.86	3.35*
商科	1.45	2	0.73	1.31
艺体	9.15	2	4.58	8.26***

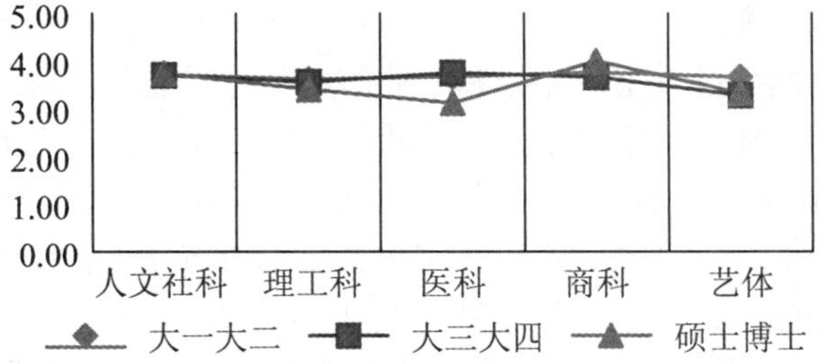

图 5 “年级”和“专业”变量在“沟通交流”维度的简单效应分析

（3）“年级”和“专业”变量在“亲密依恋”维度的简单效应分析

在“亲密依恋”维度上，年级和专业的交互作用显著，对其进行简单效应分析，结果显示，在理工科学生中，年级的简单效应显著，硕士博士亲密依恋得分显著高于大三大四和大一大二（F=13.35，p<0.001），在医科学生中，年级的简单效应显著，大三大四和硕士博士显著高于大一大二（F=4.10，p<0.01）；在商科学生中，年级的简单效应显著，硕士博士显著高于大一大二，大一大二显著高于大三大四（F=12.12，p<0.001）；在艺体学生中，年级的简单效应显著，大一大二、大三大四显著高于硕士博士（F= 4.28，p<0.01）。具体结果见表 14 和图 6。

表 14 “年级”和“专业”变量在“亲密依恋”维度的简单效应分析

变异来源	SS	df	MS	F
年级				
人文社科	1.58	2	0.79	1.10
理工科	19.23	2	9.61	13.35***
医科	5.90	2	2.95	4.10**
商科	17.46	2	8.73	12.12***
艺体	6.16	2	3.08	4.28**

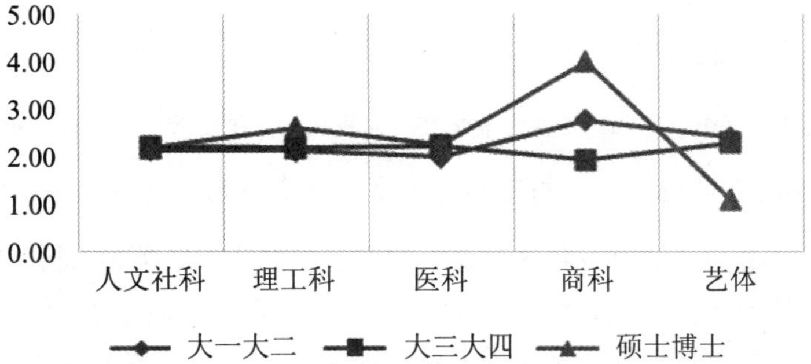

图 6 “年级”和“专业”变量在“亲密依恋”维度的简单效应分析

（4）“年级”和“专业”变量在“自我认同”维度的简单效应分析

在“自我认同”维度上，年级和专业的交互作用显著，对其进行简单效应分析，结果显示，在医科学生中，年级的简单效应显著，大三大四学生自我认同的动机显著高于大一大二，而大一大二自我认同动机显著高于硕士博士（F=2.67，p<0.05）；在商科学生中，年级的简单效应显著，硕士博士、大一大二的认同动机彼此接近，两者都显著高于大三大四的认同动机（F=3.74，p<0.01）；在艺体学生中，年级的简单效应显著，大一大二显著高于大三大四、大三大四又显著高于硕士博士（F= 12.56，p<0.001）。具体结果见表 15 和图 7。

表 15　“年级”和“专业”变量在“自我认同”维度的简单效应分析

变异来源	SS	df	MS	F
年级				
人文社科	0.50	2	0.25	0.34
理工科	1.83	2	0.92	1.26
医科	3.88	2	1.94	2.67*
商科	5.44	2	2.72	3.74**
艺体	18.28	2	9.14	12.56***

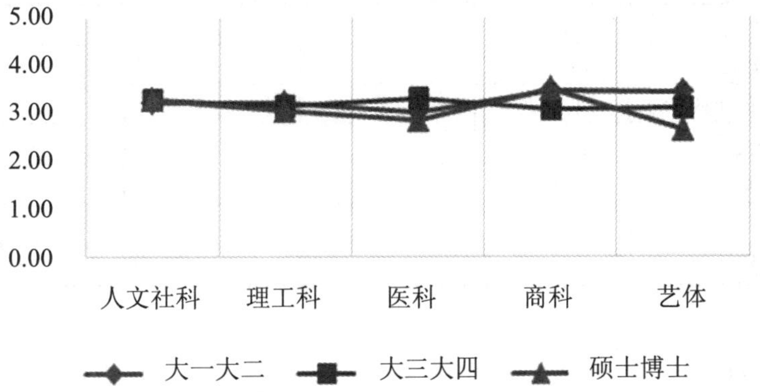

图 7　“年级”和“专业”变量在“自我认同”维度的简单效应分析

（二）不同来源地和独生与否的大学生网络交往动机的特点

分别对网络交往动机及各维度进行来源地（城市、城镇、农村）*独生与否（独生、非独生）的多元方差分析。多元方差结果见表 16 显示，根据 Pillai's Trace 判别结果，“是否独生”在总量表上、沟通交流维度的主效应显著（F=3.605，p<0.05；F=5.172，p<0.01），非独生子女大学生网络交往动机更强；在自我认

同维度上，来源地主效应显著（F=5.522，p<0.001），来自城市、城镇和农村的大学生的网络交往动机依次递减；在亲密依恋和情绪调节维度上，来源地和是否独生的交互作用显著（F=4.172，p<0.05；F=3.858，p<0.05）。

表 16 “来源地”、“是否独生”变量方差分析结果

分类		N	沟通交流	亲密依恋	自我认同	情绪调节	总量表
来源地	城市	557	3.58（0.75）	2.65（0.85）	3.52（0.86）	2.65（1.03）	3.10（0.60）
	城镇	761	3.55（0.70）	2.56（0.80）	3.46（0.84）	2.57（1.03）	3.03（0.57）
	农村	647	3.60（0.67）	2.59（0.80）	3.45（0.81）	2.52（1.00）	3.04（0.54）
是否独生	独生	1096	3.55（0.74）	2.61（0.84）	3.49（0.87）	2.64（1.03）	3.07（0.60）
	非独生	871	3.61（0.67）	2.58（0.77）	3.45（0.79）	2.50（1.00）	3.03（0.53）
F	来源地		0.390	4.330**	5.522***	0.247	2.989
	是否独生		5.172**	2.789*	1.935	0.222	3.605*
	来源地*是否独生		0.471	4.172*	0.739	3.858*	1.681

事后检验结果显示，在自我认同维度，城镇、农村分别显著低于城市（p<0.05），城镇和农村差异不显著，说明来自县镇和农村的大学生比生长在城市大学生自我认同动机更强；在亲密依恋维度，农村显著高于城市（p<0.05），城市和城镇差异不显著。说明来自农村的大学生比生长在城市的学生亲密依恋动机更强。

（1）“来源地”和“是否独生”变量在“亲密依恋”维度的简单效应分析

如表 17 和图 8 所示，城镇和农村的独生与非独生大学生的亲密依恋动机差异显著。来自城镇的非独生子女大学生的亲密依恋动机显著高于独生子女大学生（F=4.09，p<0.05）；来自农村的独生子女大学生的亲密依恋动机显著高于非独生子女大学生（F=5.86，p<0.05）。城市的独生与非独生大学生在亲密依恋动机上差异不显著。

表 17 “来源地”和“是否独生”变量在“亲密依恋”维度的简单效应分析

变异来源	SS	df	MS	F
是否独生				
城市	0.77	1	0.77	1.03
县镇	3.05	1	3.05	4.09*
农村	4.39	1	4.39	5.86*

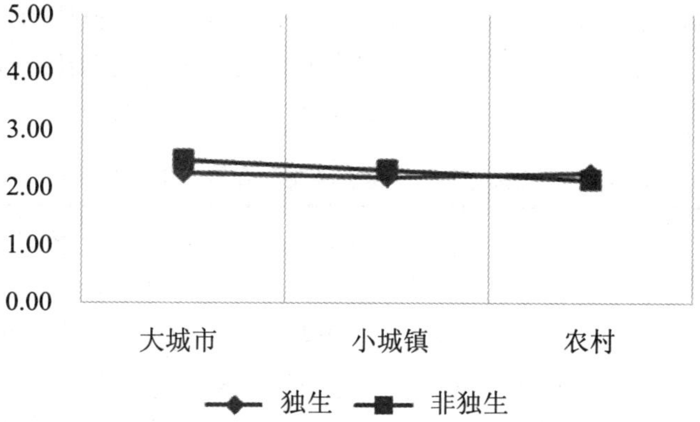

图 8 “来源地”和“是否独生”变量在“亲密依恋”维度的简单效应分析

（2）“来源地”和“是否独生”变量在“情绪调节”维度上的简单效应分析

如表 18 和图 9 所示，来自农村的独生与非独生大学生的情绪调节动机差异显著，农村独生子女大学生的情绪调节动机显著高于非独生子女（F=6.52，p<0.05）。来自城市和城镇的独生与非独生大学生在情绪调节动机上差异不显著。

表 18 “来源地”和“是否独生”变量在“情绪调节”维度的简单效应分析

变异来源	SS	df	MS	F
是否独生				
城市	1.18	1	1.18	1.16
县镇	0.29	1	0.29	0.28
农村	6.63	1	6.63	6.52*

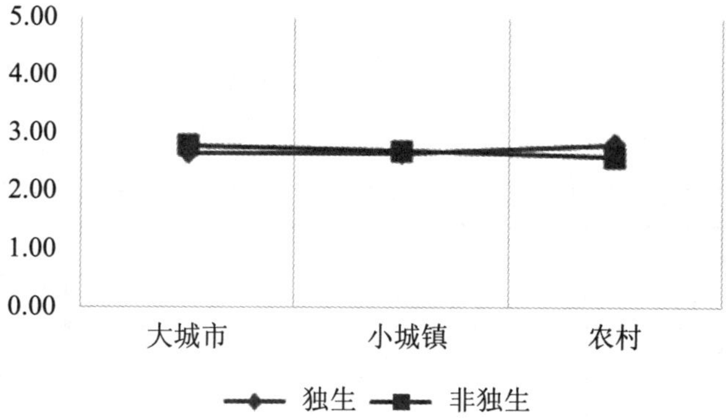

图 9 “来源地”和“是否独生”变量在“情绪调节”维度的简单效应分析

二、大学生网络交往动机的类型及其特点

（一）大学生网络交往动机的类型

个体之间某些心理特征差异可能并不是或不仅是量的差异，也可能体现某些群体之间质的差异。本研究根据被试网络交往动机四个维度的得分情况，采用潜在类别分析（latent structure analysis，LCA）方法（张洁婷，2010；邱皓政，2008），对被试的网络交往动机类型进行深入的分析。

根据被试在每个维度上的得分情况，将其划分为高中低三个组。网络交往动机量表各维度得分范围为 1～5 分，2 分及以下为低分组，2～4 分为中分组，4 分及以上为高分组，分别计分为 0、1、2。然后将这四个维度作为外在指标来探索被试的网络交往动机类型。

采用 Mplus7.0 进行潜在类别分析。从初始模型开始（假定所有样本只存在一个类别），逐步增加模型中的类别数目，直到找到拟合数据最好的模型。模型的适配的检验指标主要有似然比 Log likelihood 检验，以及信息评价指标 Akaike information criterion（AIC），Bayesian information criterion（BIC）和样本校正的 BIC（aBIC），这几个数值越小表示模型拟合得越好（Muthén & Muthén，2010）。在潜在类别分析中还经常使用 Entropy 指数来评估分类的精确程度，Entropy 的取值范围在 0～1 之间，当 Entropy= 0.6 时，表明约有 20% 的个体存在分类的错误，Entropy 约等于 0.8 时表明分类的准确率超过了 90%（Carragher，Adamson，Bunting，&McCann，2009）。此外 Mplus 还提供了似然比检验指标 Lo-Mendell-Rubin（LMR）和基于 Bootstrap 的似然比检验（BLRT）两个指标来比较潜在类别模型的拟合差异，如果这两个值的 p 值达到显著水平，则表明 k 个类别的模型显著的优于（k-1）个类别的模型（Muthén & Muthén，2010）。

本研究分别抽取了 1～6 个潜在类别模型，拟合指数汇总见表 19。以单类别基线模型为起点，每次增加 1 个类别，探索能够充分解释网络交往动机维度之间关系的最小潜类别数。

表 19 列出了从 C=1 到 C=6 六种不同类别数目的模型适配估计结果，可以看出，当 C=6 时模型拟合较好，具有最低的艾凯克信息标准（Akaike information criteria，AIC）、贝叶斯信息标准（Bayesian information criteria，BIC）和经过矫正的贝叶斯信息标准（ABIC），$\chi 2=12.60$（$P>0.05$），似然比卡方 $G2=7.74$（$P>0.05$）。六类别模型能够解释 4 个外显行为指标变异的 97.0%[1–(27.88/926.52)=0.9699]。

表 19　大学生网络交往动机潜在类别分析模型适配指标摘要表

模型	AIC	BIC	ABIC	df	χ^2（p）	G^2（P）	Entropy
C=1	12592.98	12637.12	12611.7	72	2566.46（p<0.000）	926.52（p<0.000）	
C=2	12218.61	12312.42	12258.41	63	748.89（p<0.000）	534.15（p<0.000）	0.69
C=3	11915.51	12058.98	11976.38	54	231.07（p<0.000）	213.05（p<0.000）	0.59
C=4	11849.4	12042.54	11931.34	45	126.67（p<0.000）	128.94（p<0.000）	0.64
C=5	11826.07	12068.87	11929.08	36	87.02（p<0.000）	87.61（p<0.000）	0.66
C=6	11784.34	12076.8	11908.42	27	24.84（=0.5837）	27.88（=0.4169）	0.72

表 20 列出了潜在类别分析的两类参数估计值：潜在类别概率和条件概率。

“潜在类别 1”的个体在亲密依恋高分组、沟通交流高分组、自我认同高分组、情绪调节高分组发生的概率分别为 0.56、1.00、0.85、0.60，因此将该类别命名为“网络交往高强度动机类型”（简称“高强度型”），占整个群体的 4.7%；

“潜在类别 2”的个体在亲密依恋中分组、沟通交流中分组、自我认同中分组、情绪调节高分组的概率分别为 0.72、0.77、0.60、1.00；所以这组个体的突出表现是情绪调节动机很强烈，故将该类别命名为“网络交往高情绪调节动机类型”（简称“高情绪调节型”），占整个群体的 8.4%；

“潜在类别 3”的个体在亲密依恋中分组、沟通交流中分组、自我认同中分组、情绪调节中分组的发生概率分别 0.88、0.87、0.81、0.95，故将该类别命名为“网络交往中强度动机类型”（简称“中强度型”），占整个群体的 33.8%；

“潜在类别 4”的个体在亲密依恋中分组、沟通交流高分组、自我认同高分组、情绪调节低分组的发生概率分别为 0.92、0.82、0.88、0.52，将该类别命名为“网络交往高沟通交流动机并高自我认同动机类型”（简称“双高型”），占整个群体的 13.0%；

“潜在类别 5”的个体在亲密依恋低分组、沟通交流低分组、自我认同低分组、情绪调节低分组、的发生概率分别为 0.85、0.56、0.76、0.78，故将该类别命名为“网络交往低强度动机”（简称“低强度型”），占整个群体的 6.2%；

“潜在类别 6”的个体在亲密依恋低分组、情绪调节低分组的发生概率分别为 0.60、0.70，在沟通交流中分组、自我认同中分组的概率分别为 0.66、0.67，故将该类别命名为“网络交往低依恋动机并低情绪调节动机类型”（简称“双低型”），占整个群体的 33.8%。

表 20　大学生网络交往动机四个维度在 C6 时的条件概率及潜在类别概率

维度		潜在类别1	潜在类别2	潜在类别3	潜在类别4	潜在类别5	潜在类别6
潜在类别概率	百分比	4.7%	8.4%	33.8%	13.0%	6.2%	33.8%
	人数	87	155	622	239	115	623
亲密依恋	低	0.04	0.13	0.08	0.08	0.85	0.60
	中	0.40	0.72	0.88	0.92	0.14	0.40
	高	0.56	0.16	0.05	0.00	0.01	0.00
沟通交流	低	0.00	0.00	0.01	0.00	0.33	0.01
	中	0.00	0.77	0.87	0.18	0.56	0.67
	高	1.00	0.23	0.12	0.82	0.12	0.33
自我认同	低	0.02	0.00	0.04	0.00	0.76	0.01
	中	0.13	0.60	0.81	0.12	0.25	0.66
	高	0.85	0.40	0.16	0.88	0.00	0.33
情绪调节	低	0.13	0.00	0.05	0.52	0.78	0.70
	中	0.27	0.00	0.95	0.48	0.19	0.30
	高	0.60	1.00	0.00	0.00	0.03	0.00

从不同网络交往动机类型的个体分布比例来看，中强度型和双低型的人数比例最高，均为 33.8%；其次为双高型，为 13.0%，高强度型的人数比例最低，为 4.7%

（二）大学生网络交往动机类型的特点

为了进一步考察不同群体大学生网络交往动机类型的分布情况，分别对不同性别、年级、专业大学生的网络交往动机类别比例进行卡方分析。具体结果见表 21。

表 21　性别、年级、学科、来源地、是否独生等变量的卡方分析结果

		高强度型	中强度型	低强度型	高情绪调节型	双高型	双低型	χ2
性别	男	60（5.6%）	417（39.2%）	61（5.7%）	102（9.6%）	111(10.4%)	313（29.4%）	58.695***
	女	27（3.5%）	203（26.3%）	53（6.9%）	53（6.9%）	127(16.5%)	308（39.9%）	
年级	大一大二	61（5.5%）	348（31.4%）	81（7.3%）	73（6.6%）	150(13.6%)	394（35.6%）	39.495***
	大三大四	7（2.5%）	98（34.8%）	14（5.0%）	39（13.8%）	44（15.6%）	80（28.4%）	
	硕博士	19（4.3%）	175（39.1%）	19（4.3%）	43（9.6%）	44（9.8%）	147（32.9%）	
专业	人文社科	7（3.1%）	62（27.3%）	19（8.4%）	19（8.4%）	34（15.0%）	86（37.9%）	39.986*
	理工科	63（5.2%）	445（37.1%）	65（5.4%）	104（8.7%）	147(12.2%)	377（31.4%）	
	农林	4（3.6%）	25（22.5%）	9（8.1%）	6（5.4%）	18（16.2%）	49（44.1%）	
	医	3（5.0%）	18（30.0%）	7（11.7%）	1（1.7%）	6（10.0%）	25（41.7%）	
	商	6（4.5%）	39（29.1%）	8（6.0%）	16（11.9%）	18（13.4%）	47（35.1%）	
	艺体	4（4.0%）	30（30.0%）	6（6.0%）	8（8.0%）	15（15.0%）	37（37.0%）	
来源地	城市	33（6.6%）	172（34.5%）	31（6.2%）	46（9.2%）	71（14.3%）	145（29.1%）	15.776（p=0.106）
	县镇	32（3.9%）	264（32.3%）	53（6.5%）	73（8.9%）	96（11.8%）	299（36.6%）	
	农村	22（4.2%）	185（35.5%）	30（5.8%）	35（6.7%）	71（13.6%）	178（34.2%）	
是否独生	是	60（5.5%）	364（33.6%）	70（6.5%）	101（9.3%）	131(12.1%)	358（33.0%）	8.542（p=0.129）
	否	27（3.6%）	257（34.1%）	44（5.8%）	54（7.2%）	107(14.2%)	264（35.1%）	

由表 21 可见：

（1）男女大学生的网络交往动机类型的比例存在显著差异（χ^2=58.695，p<0.001）。进一步的百分比同质性检验结果发现：在“高强度型”、“中强度型”和“高情绪调节型”，男生比例显著高于女生；在“双高型”、“双低型”，女生比例显著高于男生；在“低强度型”，男女生比例没有显著差异。

（2）不同年级大学生的网络交往动机类型比例存在显著差异（χ^2=39.495，p<0.001）。进一步的百分比同质性检验结果发现：在“高情绪调节型”，大三大四学生的比例显著高于大一大二学生；在“中强度型”，硕博士的比例显著

高于大一大二学生；在“双低型”，大一大二学生的比例显著高于大三大四学生；在“低强度型”，大一大二学生的比例显著高于硕博士学生。

（3）不同专业大学生的网络交往动机类型比例存在显著差异（χ^2=39.986，$p<0.05$）。进一步的百分比同质性检验结果发现：在“中强度型”，理工科专业学生的比例显著高于人文社科专业学生和农林专业学生；在“双低型”，农林专业学生的比例显著高于理工科学生。

（4）不同地域来源大学生及独生与非独生大学生在网络交往动机类型比例没有显著差异（χ^2=15.776，p=0.106；χ^2=8.542，p=0.129）。

第五节　讨　　论

一、问卷结构的合理性

本研究以依恋理论为基础，通过因素分析共同建构并验证问卷模型。经过探索性因素分析，发现大学生网络交往动机存在 4 个主要的潜变量，经过验证性因素分析确定为问卷的 4 个维度：沟通交流动机、亲密依恋动机、自我认同动机、情绪调节动机。问卷结构具有明确的理论基础和相关研究的支持，并能更加深入地反映当代大学生网络交往动机的时代特点。

问卷结构具有明确的理论基础。首先，从依恋理论和相关研究结果看，依恋关系假设提供一个“安全基地”，使个体能够由此投入地探索外界，发展和获得独立（Ainsworth，Blehar，Blehar，Waters，& Wall，1978）。依恋风格是一种概念化的持久的情感表征，与接近依恋对象的渴望和被迫分离的痛苦密切相关。依恋需求是一种存在和发展的基本动机，依恋安全感是安全需要是否满足的重要标志。在网络交往成为社会交往的重要平台的今天，通过网络交往满足依恋需求，建立和发展亲密关系，已经成为人们的自然选择。因此，本研究从依恋理论出发，认为大学生网络交往动机主要体现在沟通交流、自我认同、情绪调节和亲密关系等方面。其次，从自我同一性发展理论来看，大学生正处于青春后期的心理发展阶段，特别是在我国目前高强度的升学压力下，许多青春期的课题，如自我同一性的基本达成或者建立和发展友谊和亲密关系等都被延迟到大学阶段，因此大学生具有强烈的通过网络交往认识和建构自我、建立和维持人际关系甚至亲密关系的愿望。同时，高强度的学习压力和突然从家长老师“抱养”的状态变为完全依靠自己处理各种生活问题的“散养”状态，环境的适应的困难、人际环境的突变，加之情绪管理能力以及应对压力的能力不足，大学生很容易将各种内心需求诉诸网络来实现，因此，大学生人群网络交往动机应该具有独特的内容结构和群体特点，与其特定阶段的建构自我、建立和发展人际关系与亲密关系的阶段性需求密切相关。

问卷结构具有实证研究的支持。本研究根据理论建构和测量学检验形成的稳定可靠的大学生网络交往动机问卷，18 个题目，4 个维度。探索性因素分析得到 4 因子的总解释率为 57.620%。验证性因素分析中模型的拟合指数 RMSEA 为 0.065，CFI 等拟合指数均在 0.9 以上，表明模型设置合理，拟合度好，结构效度高。问卷的 18 个题目题总相关在 0.289～0.597 之间，都可接受。问卷总均分和各维度得分的 Cronbach′sα 系数均在 0.60 以上，表明问卷及各因素的内部一致性较好、稳定性良好。网络交往动机总均分以及各维度得分与两份作为校标的网络交往动机问卷的相关均达到 0.485 和 0.477 的显著相关。网络交往动机总均分以及各维度得分与两份作为校标的网络交往动机问卷的相关均达到 0.485 和 0.477 的显著相关，校标效度较高。由此可见，问卷各项参数均达到良好的测量学指标，可以作为大学生网络交往动机的测查工具。本研究通过问卷调查，从因素分析数据结果发现和验证了“亲密依恋动机”维度的存在，而这个动机维度一方面可以反映大学生网络交往行为的实际情况（比如网恋），也与文献中关于大学生网络使用的研究和网络成瘾（网络交往成瘾）等研究内容相一致。因此，本研究探索到的网络交往的“亲密依恋动机”维度恰好反应了人类的基本需求在这一时代的特殊体现。其他三个维度——沟通交流动机、自我认同动机、情绪调节动机，可以看到依恋需求在网络交往方面的不同体现。

综上所述，本研究聚焦于大学生发展阶段核心心理需求（关系建立和自我认同），在相关的人格心理学和发展心理学理论（依恋理论和自我同一性理论）指导下，通过理论建构和调查分析所研制的大学生网络交往动机问卷能够体现大学生网络交往中人格基础和发展任务带来的内在动力，更加清晰地理解大学生网络交往的基本动机，能够从人格心理学和发展心理学的视角更加深入地研究大学生网络交往的行为动力和相关现象。该问卷的各项测量学指标都达到了较高的水平，是一个稳定可靠的测查工具，为后续研究打下了基础。

二、当代大学生网络交往动机具有明显的群体特点

当代大学生网络交往动机具有明显的群体特点。大学生的性别、专业、来源地和独生与否都在网络交往动机方面表现出显著差异，不同的群体网络交往动机类型的比例差别较大。

专业差异和来源地差异都体现在亲密依恋动机和自我认同动机方面，说明

大学生通过网络交往满足自我同一性发展和亲密关系需求的动机方面群体差异明显，而来源地所代表的成长经历，以及专业选择背后的个性差异，反应了大学生的亲密关系经历，也与自我同一性发展相关。大三大四学生中“高情绪调节型”的比例显著高于大一大二学生，许多高年级大学生过了大学的“缓冲期”，面临工作择业与学业发展的压力，而往往自我同一性发展水平不高，还没有确定发展方向，目标不明确，动力不足，内心焦虑情绪高，诉诸网络交往调节情绪的动机就更强。

大学生中的独生子女比非独生子女有更强烈的网络交往动机，除了沟通交流动机以外，在亲密依恋动机方面更强，这可能因为独生子女喜欢独处，交往需求更多地依靠网络来满足有关，但是其情绪调节动机和自我认同动机并不强，说明其内心并不担心被抛弃，同时在也没有表现出自我认同的强烈需求，这与临床工作中发现的好多独生子女得到比较多的关注，但是又缺乏与人相处的机会，比较喜欢独处的情况相符合，从依恋模式的角度评估，独生子女比较多属于冷漠型的依恋，现实交往不多，但交往需求诉诸网络比较多。

本研究还发现，大学生在网络交往动机和类型方面存在明显的性别差异。在网络交往动机总均分、亲密依恋维度、情绪调节维度、潜在类别方面差异非常显著；男生的亲密依恋动机、情绪调节动机和网络交往动机总量表的得分均高于女生。在“高强度型”、“中强度型”和“高情绪调节型”，男生比例显著高于女生；在“双高型”、“双低型”，女生比例显著高于男生；在“低强度型”，男女生比例没有显著差异。说明男生运用网络的需求更强烈，且更多属于中高强度的类型，男生更喜欢用网络满足亲密依恋和情绪调节动机。而女生更喜欢运用网络进行沟通交流和自我发展。这与国内外相关研究的发现也是接近的。已有研究证明，男性比女性更多使用互联网（Griffiths，1996；Whitty，2002）。女性比男性更可能建立网上人际关系（Whitty，2002；Koch，2004）。李秀敏（2004）的研究也表明，在网络活动中，我国男大学生显著高于女大学生的是游戏类内容，女大学生显著高于男大学生的是聊天类内容。而以往研究中发现网络交往对男性造成的消极后果大于女性，病理性互联网使用者也以男性居多（Whitty，2002）。而人格影响网络交往的研究表明，宜人性、外向性均可以通过客观社会支持、主观社会支持和对社会支持的利用间接地影响互联网娱乐服务的使用偏好。此外，自我认同完成与网络成瘾有显著负相关，与互联网信息服务使用偏好显著正相关。结合本研究结果，男生具有更强烈的网络交往动机，更多地利用网络满足情绪调节和亲密依恋需求，是否意味着过高的情绪调节动机和亲密依恋动机可能是网络交往消极后果的内在因素，而男生的哪些人格特征会导致其产生更强烈的网络交往动机，并且主要用于满足情绪调节动机和亲密依恋动机呢？有可能与男生的社会化发展水平较女生慢有关。

依恋理论认为，依恋不安全是导致情绪困扰和依恋动机不能正常满足的重要因素，自我同一性研究也发现，同一性发展水平低的个体更容易出现情绪困扰，而且缺乏为自身发展进行规划和投入的能力。而依恋安全感和自我同一性发展状况代表了人格功能的发展水平，由此可见，有可能是人格发展水平的差异导致的男女生在网络交往动机强度和内容方面的差异。

综上，大学生网络交往动机的这些群体差异主要反映在亲密依恋和自我认同动机以及情绪调节动机方面的差异，受到部分重要的与成长背景相关的因素（性别、出生地、独生与否）和与发展过程相关的因素（年级、专业）的影响。性别、来源地和是否独生一定程度上代表着大学生的人格发展基础的不同，而这一人格基础，特别是早期的依恋模式，对亲密依恋动机和情绪调节动机有相当的影响；此外，专业差异和年级差异主要表现在亲密依恋与自我认同方面，且高沟通交流并高自我认同动机人群比例在大三大四年级比例最高，本科生中的比例远高于研究生，的确反应了依恋需求和自我认同的发展阶段需要在网络交往动机方面有了明显的表现。以往研究表明，不同类型的个体会根据自己的偏好，以不同的方式使用互联网提供的各种不同的服务。那么依恋和自我同一性这两个重要的人格基础可能是导致大学生网络交往动机差异的主要因素。

第六节　小　　结

（1）本研究根据理论建构和测量学检验形成的稳定可靠的大学生网络交往动机问卷，包括 4 各维度（沟通交流、亲密依恋、情绪调节、自我认同），18 个题目，问卷各项参数均达到良好的测量学指标，可以作为大学生网络交往动机的测查工具。

（2）大学生网络交往动机存在 6 种类型，分别是：“网络交往高强度动机类型”（简称高强度型，4.7%）、“网络交往高情绪调节动机类型”（简称高情绪调节型，8.4%）、“网络交往中强度动机类型”（简称中强度型，33.8%）、“网络交往高沟通交流动机并高自我认同动机类型”（简称双高型，13%）、“网络交往低强度动机类型”（简称低强度型，6.2%）、“网络交往低依恋动机并低情绪调节动机类型”（简称双低型，33.8%）。

（3）当代大学生网络交往动机存在明显的性别差异。男生的亲密依恋动机、情绪调节动机和网络交往动机总量表的得分均高于女生。网络交往动机类型的

“高强度型”、“中强度型”和“高情绪调节型”，男生比例显著高于女生；而“双高型”、“双低型”，女生比例显著高于男生。

（4）当代大学生网络交往动机存在专业和年级差异。人文社科、理工科和医科学生比商科学生和艺体学生亲密依恋动机更强，比艺体专业学生自我认同动机更强；理工科和医科专业学生比商科专业学生自我认同动机更强。高年级大学生更容易出现情绪调节动机，并且年级与专业在沟通交流、亲密依恋、自我认同和总量表上具有显著的交互作用。

（5）当代大学生网络交往动机存在来源地和是否独生子女的差异。来自县镇和农村的大学生比生长在城市大学生自我认同动机更强；来自农村的大学生比生长在城市的学生亲密依恋动机更强。独生子女比非独生子女的网络交往动机特别是沟通交流动机与亲密依恋动机更强。同时独生与否和来源地，在亲密依恋和情绪调节维度具有显著的交互作用。

第七章　大学生依恋和自我同一性与其网络交往动机的关系研究

第一节　研 究 问 题

一、问题的提出

已有研究表明，交往者人格对网络交往行为具有预测作用（Peris，2002；Hamburger，2000），并且揭示了互联网用户的人格特征可以显著预测病理性互联网使用，个体心理健康与网络交往行为具有双向作用机制，并不是网络交往导致了交往主体心理健康水平的下降，而是被试的心理健康状况发生在先，同时个体在选择自己需要的互联网服务的同时，其人格也受到了互联网的影响（柳铭心，雷雳，2006）。可见，互联网自身的一些特性与用户的心理行为发展之间的交互作用决定着互联网对用户的生活所产生的影响。网络交往对发展中的青少年和大学生人格成长和社会适应会有较大的影响。

但以往研究还存在一些可以深入探索的空间：第一，大学生网络交往动机中既有临时性的动机，又有稳定持久的动机，持久稳定的动机必然导致反复出现的行为，人格特质导致的内在动机相对稳定持久，那么，哪些人格因素导致稳定持久的网络交往动机，进而可能导致反复出现的网络交往行为？在以往的研究中还未见深入探索；第二，已有研究表明，个体的人格对其网络交往行为具有预测作用，个体心理健康与网络交往行为具有双向作用机制，网络交往动机是交往者与网络交往行为的中介因素，但在大学生群体中，这些因素之间存在怎样的相互影响还不够清楚；第三，随着互联网社会交往功能的迅速提升，健康的、适应性的网络交往动机和行为标准有待进行新的探索。

依恋模式作为内在工作模式会长期影响个体建立和维持当前人际关系的方式（Bowlby，1982）。发展自我同一性和依恋需求是大学生的核心心理需求，研究一关于当代大学生的网络交往动机结构的研究表明，“亲密依恋”和“自我认同”的确是大学生网络交往行为背后的两种重要的动机。因此，本研究将通过两个分项研究对大学生网络交往动机的影响机制以及适应性的网络交往动机结构进行探索。

由于依恋作为个体发展初期就形成的人格特质，相对稳定，而自我同一性的发展是个终生建构的过程，受后天环境的影响相对更大，因此，研究二将考察依恋和自我同一性对网络交往动机的预测作用，同时考察自我同一性对依恋预测网络交往动机的调节效应，探索依恋和自我同一性对网络交往动机的共同影响机制，为后续的干预研究打下基础。此外，由于安全型依恋模式和自我同一性达成状态大学生代表着心理健康和适应良好的群体，因此，本研究准备参考安全型依恋模式或同一性达成状态大学生群体的网络交往动机状况，来考察健康的适应良好的网络交往动机结构和类型特点。

二、研究问题与研究假设

研究问题一，大学生依恋和自我同一性与其网络交往动机存在怎样的相互关系？

研究假设：依恋和自我同一性是大学生网络交往动机的重要人格基础，与大学生网络交往动机存在高度相关；依恋和自我同一性可以预测大学生网络交往动机，并且自我同一性可以调节依恋对网络交往动机的预测作用。

研究问题二，大学生网络交往动机及类型与依恋模式和自我同一性状态的相互关系如何？如何确定健康的网络交往动机标准？

研究假设：不同的依恋模式和自我同一性状态与不同的网络交往动机及类型高度相关。安全型大学生和自我同一性达成状态的大学生具有健康的（适应良好的）网络交往动机，可以作为大学生适应性网络交往动机标准，而非安全型大学生和自我同一性状态发展水平低的大学生具有非健康的（适应困难的）网络交往动机，可以作为网络交往动机偏差状况进行研究和矫治。

第二节　研究方法

通过问卷调查法对全国各级各类大学的学生进行随机抽样调查，分别运用“成人依恋量表（ECR）”测验大学生成人依恋，用“自我同一性状态测定量表”测验自我同一性，运用研究一开发的“大学生网络交往动机问卷”测验大学生网络交往动机，考察成人依恋和自我同一性对大学生网络交往动机及各维度的预测作用。

一、被试

选取全国各类高校 29 所（分别位于中国大陆北京、华东、华南、华中、西南等地区，一本、二本、三本、专科不同级别的院校，理工、人文、农林医科、艺术等不同专业，从 1～4 年级本科、硕士博士不同年级的城市、县镇和农村地区的大学生）进行正式问卷施测。共收集有效问卷 2045 份，如表 22 所示。其中，一本院校学生 1057 人（51.7%）、二本院校 486 人（23.8%）、三本院校 298 人（14.6%）、专科 204 人（10.0%）。

表 22　大学生网络交往动机调查被试分布情况

类别		性别		合计
		男生	女生	
年龄	小于 20 岁	450（50.9%）	434（49.1%）	884（43.2%）
	20 岁以上	482（41.6%）	678（58.4%）	1160（56.8%）
年级	大一大二	610（49.3%）	628（50.7%）	1238（60.6%）
	大三大四	219（36.6%）	379（63.4%）	598（29.3%）
	硕博士	101（49.0%）	105（51.0%）	206（10.1%）
专业	人文社科	81（16.4%）	412（83.6%）	493（24.2%）
	理工科	521（59.5%）	355（40.5%）	876（43.0%）
	医	89（44.7%）	110（55.3%）	199（9.8%）
	商	43（51.2%）	41（48.8%）	84（4.1%）
	艺体	197（50.9%）	190（49.1%）	387（19.0%）
来源地	城市	274（47.2%）	306（52.8%）	580（28.4%）
	县镇	338（42.7%）	453（57.3%）	791（38.7%）
	农村	320（47.7%）	351（52.3%）	671（32.9%）
是否独生	是	580（50.7%）	563（49.3%）	1143（55.9%）
	否	353（39.2%）	548（60.8%）	901（44.1%）
合计		933（45.6%）	1112（54.4%）	2045（100%）

二、研究工具

（一）成人依恋量表（李同归修订的亲密关系经历表（ECR）中文版）

共 36 个题目，采用 7 级评分制，从非常不赞成到非常赞成。该量表有依恋

（焦虑）和依恋（回避）两个维度。每个维度由18个项目构成，得分越高，说明依恋（焦虑）和依恋（回避）的程度越高。通过依恋（焦虑）和依恋恐惧的得分，可将依恋模式分为安全型（低焦虑，低回避），恐惧型（高焦虑、高回避），专注型（高焦虑、低回避），冷漠型（低焦虑、高回避）。根据李同归的研究，该量表具有良好的信度和效度。本研究中依恋（焦虑）分量表一致性信度（α=0.89）和结构效度（RMSEA =0.07，CFI =0.90、TLI=0.88）、依恋（回避）分量表的一致性信度（α=0.85）和结构效度（RMSEA =0.10，CFI =0.87、TLI=0.84）均较好。

（二）自我同一性状态测定量表

该量表由日本心理学家加藤厚（1983）开发，张日昇（1989）修订。量表有危机、自我投入、现在自我投入的愿望三个维度，共12个题目，采用6级评分制，从“完全是”到“完全不是”。本研究中该量表也具有良好的信度（α=0.72）和结构效度（RMSEA =0.09，CFI =0.87、TLI=0.80）。

（三）大学生网络交往动机问卷（自编）

采用研究一中自主开发的“大学生网络交往动机问卷”。量表有四个维度（沟通交流、自我认同、情绪调节和亲密依恋），共18个题目，采用5点计分，从“非常不符合”到“非常符合”。本研究数据检验结果表明该量表具有良好的信效度（α=0.679～0.807）和结构效度（RMSEA=0.065，CFI=0.911、TLI=0.900）。

三、数据分析工具

本研究所有统计均使用SPSS18.0进行数据录入和处理。

第三节 研究结果

一、大学生的依恋、自我同一性与网络交往动机的相关

对大学生的依恋（逃避、焦虑）、自我同一性发展（现在的自我投入、过去的危机、将来自我投入的愿望）与网络交往动机总均分及各维度得分进行相关分析，结果见表23。结果发现，除了依恋（逃避）和网络交往动机总均分、依恋（焦虑）和沟通交流动机之间以及现在的自我投入与网络交往动机总均分

相关不显著外，自我同一性发展、成人依恋各维度与网络交往动机总均分和各维度都有显著相关。

表 23　大学生成人依恋、自我同一性发展与网络交往动机及各维度之间的相关分析

		1	2	3	4	5	6	7	8	9	10
1	亲密依恋	1									
2	沟通交流	0.21**	1								
3	自我认同	0.28**	0.51**	1							
4	情绪调节	0.52**	0.02	0.11**	1						
5	网络交往动机	0.76**	0.58**	0.67**	0.68**	1					
6	依恋（逃避）	0.19**	−0.41**	−0.19**	0.29**	0.00	1				
7	依恋（焦虑）	0.34**	0.02	0.07**	0.37**	0.31**	0.31**	1			
8	现在的自我投入	−0.16**	0.32**	0.20**	−0.29**	−0.01	−0.39**	−0.27**	1		
9	过去的危机	−0.22**	0.19**	−0.13**	−0.20**	−0.06*	−0.27**	−0.18**	0.43**	1	
10	将来自我投入的愿望	−0.29**	0.32**	0.18**	−0.34**	−0.10**	−0.47*	−0.28**	0.61**	0.47**	1
M		2.59	3.57	3.47	2.58	3.05	3.18	3.65	16.68	16.15	17.28
SD		0.81	0.71	0.84	1.02	0.57	0.85	0.97	3.55	2.86	3.47

二、大学生成人依恋和自我同一性对网络交往动机的预测作用和调节效应

为了考察大学生成人依恋及自我同一性对网络交往动机的影响机制，在相关分析的基础上，继续考察大学生成人依恋和自我同一性对网络交往动机的预测作用，并进一步考察自我同一性对依恋预测网络交往动机的调节效应。应用调节效应的检验程序（Marsh，Wen，& Hau，2004），将自变量和调节变量中心化，并将自变量和调节变量各维度分别相乘产生交互作用项，进行调节效应分析，即将依恋（逃避）、依恋（焦虑）、自我同一性（现在的自我投入）、自我同一性（过去的危机）、自我同一性（将来自我投入的愿望）中心化，分别将依恋（逃避）与自我同一性（现在的自我投入）、依恋（逃避）与自我同一性（过去的危机）、依恋（逃避）与自我同一性（将来自我投入的愿望）；依恋（焦虑）与自我同一性（现在的自我投入）、依恋（焦虑）与自我同一性（过去的危机）、依恋（焦虑）与自我同一性（将来自我投入的愿望）两两相乘

作为交互项，第一层放入性别、年级、专业、来源地、是否独生作为控制变量，第二层放入依恋和自我同一性两个变量，第三层放入乘积项，对网络交往动机总均分及其各维度分别进行分层回归分析。

(一)大学生成人依恋和自我同一性对网络交往动机总均分的预测作用和调节效应

首先进行自我同一性的三个维度和依恋的两个维度对网络交往动机总均分的分层回归分析，结果见表 24。

表 24 自我同一性在成人依恋对网络交往动机总均分预测作用中的调节效应分析

		β	t	ΔR^2	ΔF
第一层	性别	−0.10	−3.99***	1.6%	5.654***
	年级	0.07	2.98**		
	学科	−0.03	−1.11		
	来源地	−0.04	−1.46		
	是否独生	−0.04	−1.36		
第二层	依恋（逃避）	−0.13	−5.12***	11.7%	48.184***
	依恋（焦虑）	0.34	14.52***		
	现在的自我投入	0.10	3.53***		
	过去的危机	−0.02	−0.94		
	将来自我投入的愿望	−0.10	−3.43***		
第三层	依恋（逃避）*现在的自我投入	−0.04	−1.40	3.7%	13.115***
	依恋（逃避）*过去的危机	−0.05	−1.95*		
	依恋（逃避）*将来自我投入的愿望	0.05	1.59		
	依恋（焦虑）*现在的自我投入	−0.06	−2.21*		
	依恋（焦虑）*过去的危机	0.02	0.62		
	依恋（焦虑）*将来自我投入的愿望	−0.15	−4.84***		

（1）大学生自我同一性和成人依恋对网络交往动机总均分的预测作用

由表 24 可见，成人依恋对网络交往动机总均分预测作用显著。依恋（逃避）对网络交往动机具有显著的负向预测作用，依恋（焦虑）对网络交往动机具有显著的正向预测作用。自我同一性对网络交往动机总均分预测作用显著。自我同一性（现在的自我投入）对网络交往动机具有显著的正向预测作用，自我同一性（将来自我投入的愿望）对网络交往动机具有显著的负向预测作用，

（2）大学生自我同一性在成人依恋对网络交往动机总均分预测作用中的调节效应

表 24 结果显示，依恋（逃避）与自我同一性（过去的危机）的乘积项、依恋（焦虑）与自我同一性（现在的自我投入）的乘积项、依恋（焦虑）与自我同一性（将来自我投入的愿望）的乘积项均显著。说明自我同一性对依恋预测网络交往动机总均分具有调节效应。进一步采用采用简单斜率法（Simple Slope Analysis）（Aiken & West，1991）分别对自我同一性各维度在大学生成人依恋（逃避和焦虑）对网络交往动机总均分预测作用中的调节效应进行分析。按照平均分加减一个标准差对调节变量（自我同一性）分为高分组和低分组，分别分析高分组和低分组调节变量中，自变量对因变量的预测作用，结果如下。

自我同一性（过去的危机）在依恋（逃避）对网络交往动机总均分预测作用中的调节效应表现在，自我同一性（过去的危机）高分组中依恋（逃避）对网络交往动机总均分具有显著的负向预测作用（simple slope= –2.05，t= –4.062，p<0.001），而自我同一性（过去的危机）低分组中依恋（逃避）对网络交往动机总均分具有显著的正向预测作用（simple slope=0.171，t=2.846，p<0.01），见图 10。

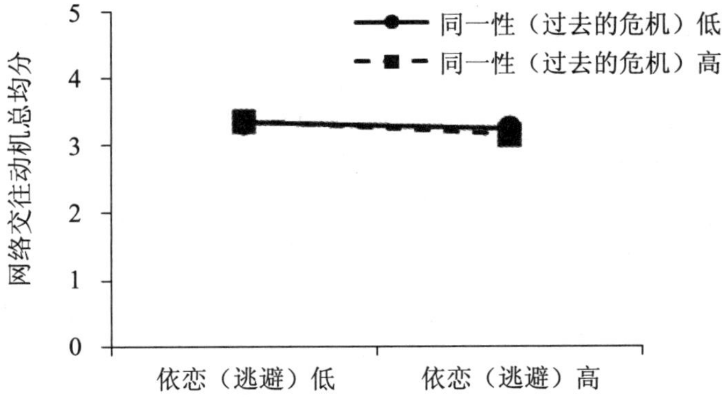

图 10　自我同一性（过去的危机）在依恋（逃避）对网络交往动机总均分预测作用中的调节效应

自我同一性（现在的自我投入）在依恋（焦虑）对网络交往动机总均分预测作用中的调节效应表现在，自我同一性（现在的自我投入）高分组中依恋（焦虑）对网络交往动机总均分没有显著的预测作用（simple slope= –0.034，t=0.113， p>.05），自我同一性（现在的自我投入）低分组中依恋（焦虑）对网络交往动机总均分具有显著的正向预测作用（simple slope=0.032，t=0.491，p<0.001），见图 11。

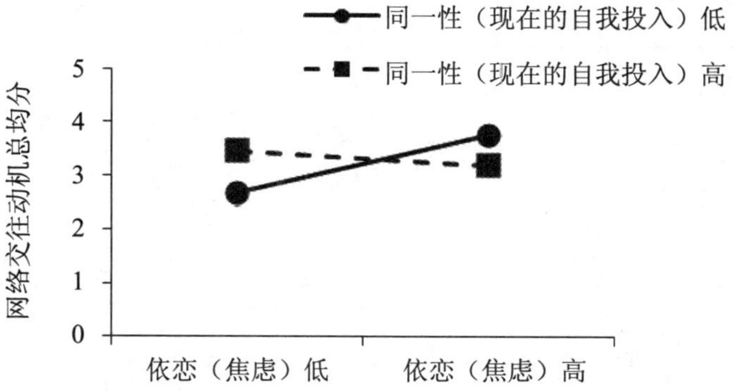

图 11　自我同一性（现在的自我投入）在依恋（焦虑）对网络交往动机总均分预测作用中的调节效应

自我同一性（将来自我投入愿望）在依恋（焦虑）对网络交往动机总均分的调节效应表现在，将来自我投入的愿望高分组中，依恋（焦虑维度）对网络交往动机总均分具有显著的正向预测作用（simple slope=0.041，t=0.562，p<0.001），将来自我投入的愿望低分组中，依恋（焦虑）对网络交往动机总均分具有显著的正向预测作用（simple slope=0.028，t=0.138，p<0.01），低分组的正向预测作用更显著，见图 12。

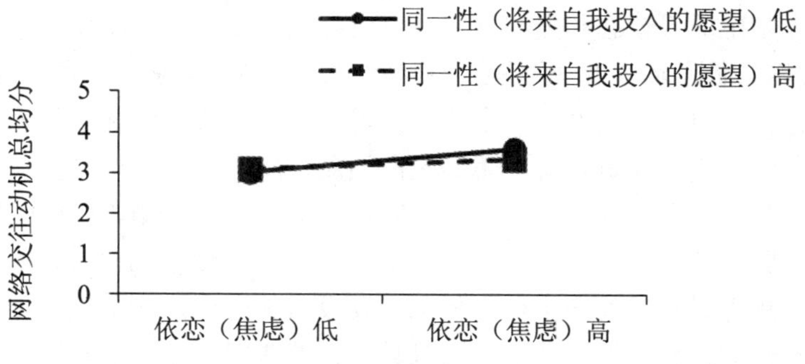

图 12　自我同一性（将来自我投入愿望）在依恋（焦虑）对网络交往动机总均分的调节效应

（二）大学生成人依恋和自我同一性对沟通交流动机的预测作用和调节效应

表 25　自我同一性在成人依恋对沟通交流动机预测作用中的调节效应分析

		β	t	ΔR^2	ΔF
第一层	性别	0.124	5.257***	1.7%	6.545***
	年级	–0.036	–1.522		
	专业	–0.032	–1.347		
	来源地	–0.007	–.277		
	是否独生	0.050	1.907		
第二层	逃避	–0.336	–14.187***	22.8%	112.249***
	焦虑	0.202	9.347***		
	现在的自我投入	0.178	6.739***		
	过去的危机	0.009	0.382		
	将来自我投入的愿望	0.107	3.844***		
第三层	逃避*现在的自我投入	0.014	0.524	1.6%	6.587***
	逃避*过去的危机	0.000	–0.011		
	逃避*将来自我投入的愿望	0.043	1.594		
	焦虑*现在的自我投入	–0.055	–2.018*		
	焦虑*过去的危机	0.015	0.613		
	焦虑*将来自我投入的愿望	–0.096	–3.390**		

（1）大学生成人依恋和自我同一性对沟通交流动机的预测作用

表 25 结果显示，依恋（逃避）对沟通交流动机具有显著的负向预测作用；依恋（焦虑）、自我同一性（现在的自我投入）、自我同一性（将来自我投入的愿望）对沟通交流动机具有显著的正向预测作用。

（2）大学生自我同一性在成人依恋对沟通交流动机预测作用中的调节效应

表 25 结果还表明，依恋（焦虑）与自我同一性（现在的自我投入）的乘积项、依恋（焦虑）与自我同一性（将来自我投入的愿望）的乘积项均显著，说明自我同一性对依恋预测沟通交流动机具有调节效应。进一步采用简单斜率法分析调节效应，结果如下。

自我同一性（现在的自我投入）在依恋（焦虑）对沟通交流动机预测作用的调节效应表现在，现在的自我投入高分组中，依恋（焦虑）对沟通交流动机具有正向预测作用（simple slope=0.120，t=4.720，p<0.001），现在的自我投入

低分组中，依恋（焦虑）对沟通交流动机具有显著的正向预测作用（simple slope=0.198，t=8.035，p<0.001），具体见图 13。

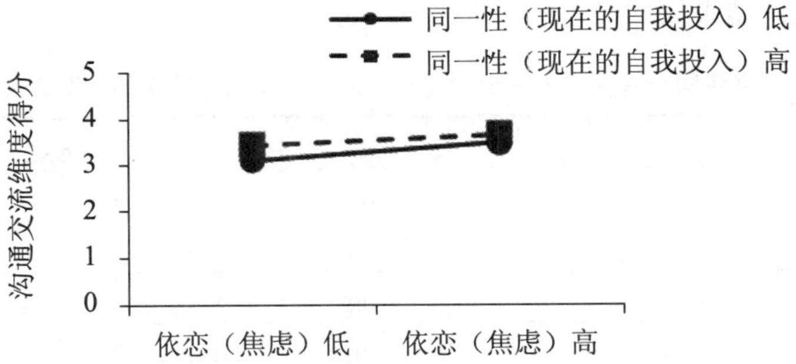

图 13　自我同一性（现在的自我投入）对依恋（焦虑）预测沟通交流动机的调节效应

自我同一性（将来自我投入的愿望）在依恋（焦虑）对沟通交流预测作用中的调节效应表现在，将来自我投入的愿望高分组中，依恋（焦虑）对沟通交流动机具有显著的正向预测作用（simple slope=0.090，t=3.614，p<0.001），将来自我投入的愿望低分组中，依恋（焦虑）对沟通交流动机具有显著的正向预测作用（simple slope=0.228，t=8.505，p<0.001），具体见图 14。

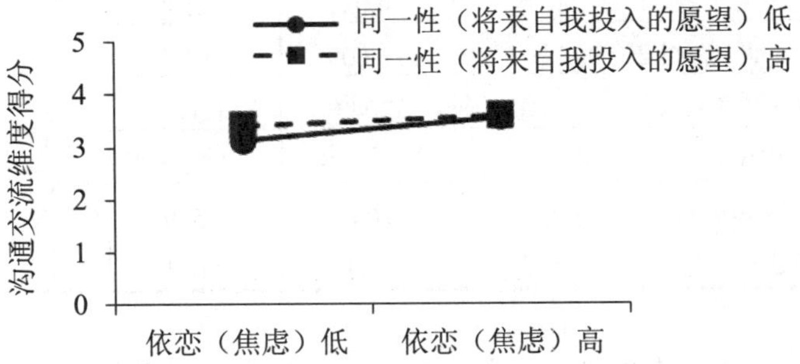

图 14　自我同一性（将来自我投入愿望）对依恋（焦虑）预测沟通交流动机的调节效应

（三）大学生成人依恋和自我同一性对自我认同动机的预测作用和调节效应

（1）大学生成人依恋和自我同一性对自我认同动机的预测作用

表 26 结果显示，依恋（逃避）对自我认同动机具有显著的负向预测作用；依恋（焦虑）、自我同一性（现在的自我投入）、自我同一性（将来自我投入的愿望）对自我认同动机具有显著的正向预测作用。

（2）大学生自我同一性在成人依恋对自我认同动机预测作用中的调节效应

表 26 结果还显示，依恋（焦虑）与自我同一性（现在的自我投入）的乘积

项、依恋（焦虑）与自我同一性（将来自我投入的愿望）的乘积项显著，说明自我同一性对依恋预测自我认同动机具有调节效应。进一步采用简单斜率法分析调节效应，结果如下。

表 26　自我同一性在成人依恋对自我认同动机预测作用中的调节效应分析

		β	t	ΔR2	ΔF
第一层	性别	0.002	0.071	0.1%	0.491
	年级	–0.005	–0.202		
	专业	0.007	0.289		
	来源地	–0.028	–1.056		
	是否独生	–0.011	–0.432		
第二层	逃避	–0.157	–6.021***	8.4%	34.495***
	焦虑	0.179	7.517***		
	现在的自我投入	0.132	4.547***		
	过去的危机	0.028	1.109		
	将来自我投入的愿望	0.070	2.304*		
第三层	逃避*现在的自我投入	–0.032	–1.108	2.6%	9.091***
	逃避*过去的危机	–0.009	–0.337		
	逃避*将来自我投入的愿望	0.042	1.398		
	焦虑*现在的自我投入	–0.083	–2.829**		
	焦虑*过去的危机	0.041	1.519		
	焦虑*将来自我投入的愿望	–0.118	–3.807***		

自我同一性（现在的自我投入）在依恋（焦虑）对自我认同动机预测作用的调节效应表现在，现在的自我投入高分组中，依恋（焦虑）对自我认同动机具有正向预测作用（simple slope=0.096，t=2.939，p<0.01），现在的自我投入低分组中，依恋（焦虑）对自我认同动机具有显著的正向预测作用（simple slope=0.236，t=7.520，p<0.001），具体见图 15。

自我同一性（将来自我投入的愿望）在依恋（焦虑）对自我认同动机预测作用的调节效应表现在，将来自我投入的愿望高分组中，依恋（焦虑）对自我认同动机具有显著的正向预测作用（simple slope=0.068，t=2.330，p<0.05），将来自我投入的愿望低分组中，依恋（焦虑）对自我认同动机具有显著的正向预测作用（simple slope=0.265，t=8.338，p<0.001），具体见图 16。

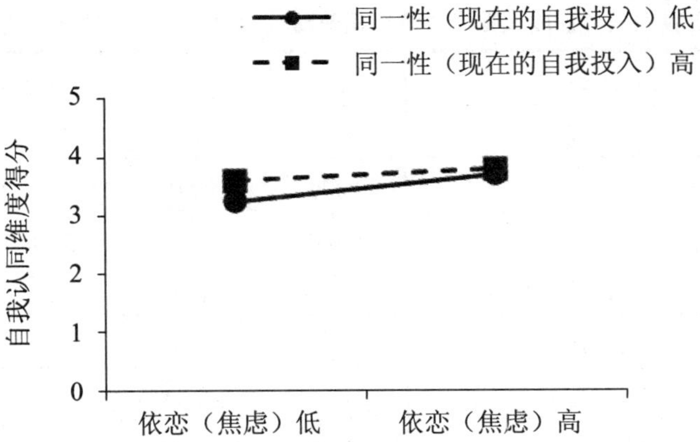

图 15　自我同一性（现在的自我投入）对依恋（焦虑）预测自我认同动机的调节效应

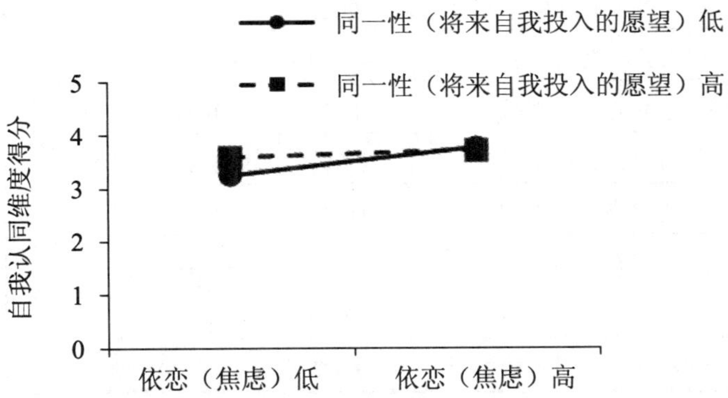

图 16　自我同一性（将来自我投入的愿望）对依恋（焦虑）预测自我认同动机的调节效应

（四）大学生成人依恋和自我同一性对情绪调节动机的预测作用和调节效应

（1）大学生成人依恋和自我同一性对情绪调节动机的预测作用

表 27 结果显示，依恋（逃避）、依恋（焦虑）对情绪调节动机具有显著的正向预测作用；自我同一性（现在的自我投入）、自我同一性（将来自我投入的愿望）对情绪调节动机具有显著的负向预测作用。

（2）大学生自我同一性在成人依恋对情绪调节动机预测作用中的调节效应

依恋（逃避）与自我同一性（过去的危机）的乘积项、依恋（焦虑）与自我同一性（将来自我投入的愿望）的乘积项显著，说明自我同一性对成人依恋预测情绪调节动机具有调节效应。进一步采用简单斜率法分析调节效应，结果如下。

表 27　自我同一性在成人依恋对情绪调节动机的预测作用中的调节效应分析

		β	t	ΔR2	ΔF
第一层	性别	–0.208	–9.046***	5.4%	21.471***
	年级	0.090	3.909***		
	专业	–0.042	–1.846		
	来源地	–0.043	–1.702		
	是否独生	–0.067	–2.650**		
第二层	逃避	0.063	2.691**	19.7%	98.576***
	焦虑	0.270	12.600***		
	现在的自我投入	–0.082	–3.130**		
	过去的危机	–0.021	–0.895		
	将来自我投入的愿望	–0.170	–6.166***		
第三层	逃避*现在的自我投入	–0.007	–0.275	1.3%	5.676***
	逃避*过去的危机	–0.053	–2.262*		
	逃避*将来自我投入的愿望	0.020	0.737		
	焦虑*现在的自我投入	–0.011	–0.416		
	焦虑*过去的危机	–0.008	–0.332		
	焦虑*将来自我投入的愿望	–0.092	–3.291***		

自我同一性（过去的危机）在依恋（逃避）对情绪调节动机预测作用的调节效应表现在，过去的危机高分组中，依恋（逃避）对情绪调节动机预测作用不显著（simple slope=0.018，t=0.485，p=0.628），过去的危机低分组依恋（逃避）对情绪调节动机具有显著的正向预测作用（simple slope=0.144，t=3.407，p<0.001），具体见图 17。

自我同一性（将来自我投入的愿望）在依恋（焦虑）对情绪调节动机预测作用的调节效应表现在，将来自我投入的愿望高分组中，依恋（焦虑）对情绪调节动机具有显著的正向预测作用（simple slope=0.197，t=5.650，p<0.001），将来自我投入的愿望低分组中，依恋（焦虑）对情绪调节动机具有显著的正向预测作用（simple slope=0.386，t=10.124，p<0.001），具体见图 18。

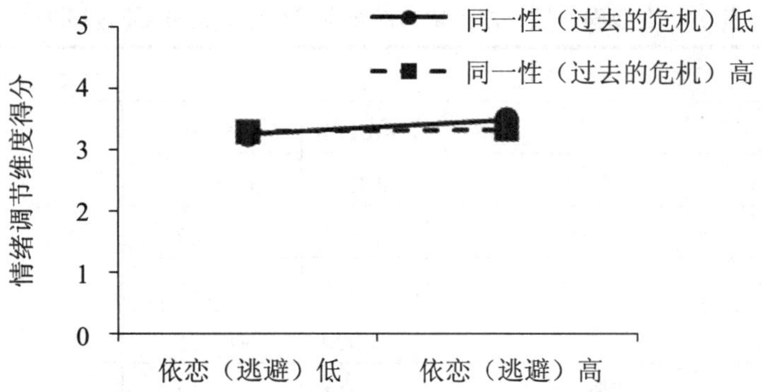

图 17　自我同一性（过去的危机）对依恋（逃避）预测情绪调节动机的调节效应

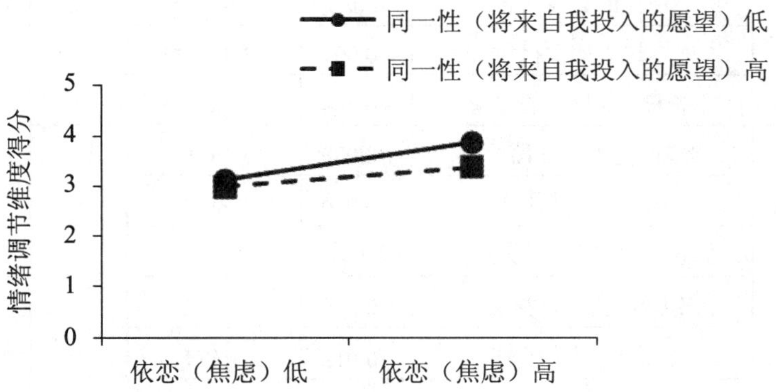

图 18　自我同一性（将来自我投入的愿望）对依恋（焦虑）预测情绪调节动机的调节效应

（五）大学生成人依恋和自我同一性对亲密依恋动机的预测作用和调节效应

（1）大学生成人依恋和自我同一性对亲密依恋动机的预测作用

表 28 数据显示，依恋（焦虑）、自我同一性（现在的自我投入）对亲密依恋动机具有显著的正向预测作用，自我同一性（过去的危机）、自我同一性（将来自我投入的愿望）对亲密依恋动机具有显著的负向预测作用。

（2）大学生自我同一性在成人依恋对亲密依恋动机预测作用中的调节效应

表 28 结果显示，依恋（逃避）与自我同一性（现在的自我投入）乘积项、依恋（逃避）与自我同一性（过去的危机）的乘积项、依恋（焦虑）与自我同一性（将来自我投入的愿望）的乘积项显著，说明自我同一性对依恋预测亲密依恋动机具有调节效应。进一步采用简单斜率法分析调节效应，结果如下。

表 28 自我同一性、成人依恋对亲密依恋动机的分层回归分析

		β	t	ΔR^2	ΔF
第一层	性别	−0.114	−4.852***	2.4%	9.129***
	年级	0.121	5.141***		
	专业	−0.010	−0.407		
	来源地	−0.037	−1.410		
	是否独生	−0.020	−0.776		
第二层	逃避	−0.013	−0.523	15.6%	70.587***
	焦虑	0.287	12.676***		
	现在的自我投入	0.083	2.997**		
	过去的危机	−0.097	−3.961***		
	将来自我投入的愿望	−0.204	−7.027***		
第三层	逃避*现在的自我投入	−0.088	−3.262***	3.9%	15.487***
	逃避*过去的危机	−0.070	−2.893**		
	逃避*将来自我投入的愿望	0.041	1.463		
	焦虑*现在的自我投入	−0.045	−1.638		
	焦虑*过去的危机	−0.012	−.474		
	焦虑*将来自我投入的愿望	−0.116	−4.021***		

自我同一性（现在的自我投入）在依恋（逃避）对亲密依恋动机的调节效应表现在，现在的自我投入高分组中，依恋（逃避）对亲密依恋动机具有负向预测作用（simple slope= −0.079，t= −01.952，p=0.05），现在的自我投入低分组中，依恋（逃避）对亲密依恋动机具有显著的正向预测作用（simple slope= 0.084，t=2.116，p<0.05），具体见图 19。

自我同一性（过去的危机）在依恋（逃避）对亲密依恋动机预测作用的调节效应表现在，过去的危机高分组中，依恋（逃避）对亲密依恋动机具有显著的负向预测作用（simple slope= −0.064，t= −2.056，p<0.05），过去的危机低分组中，依恋（逃避）对亲密依恋动机具有显著的正向预测作用（simple slope= 0.068，t=1.963，p=005），具体见图 20。

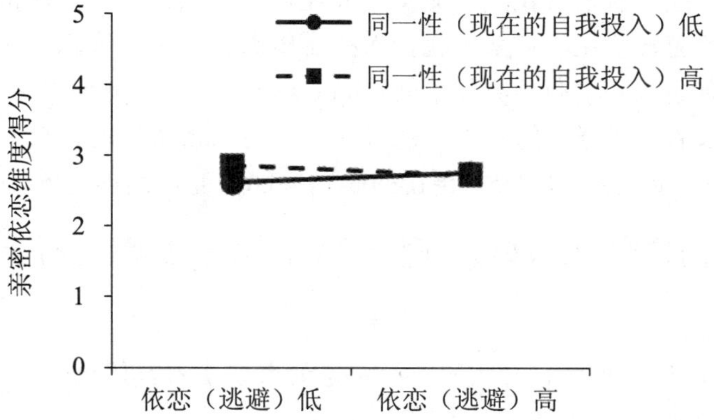

图 19　自我同一性（现在的自我投入）对依恋（逃避）预测亲密依恋动机的调节效应

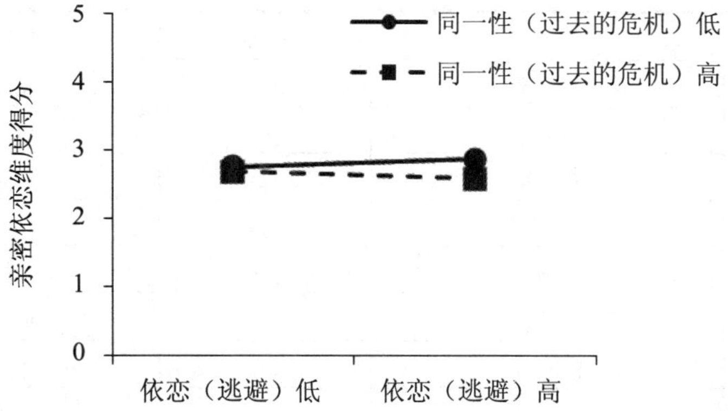

图 20　自我同一性（过去的危机）对依恋（逃避）预测亲密依恋动机的调节效应

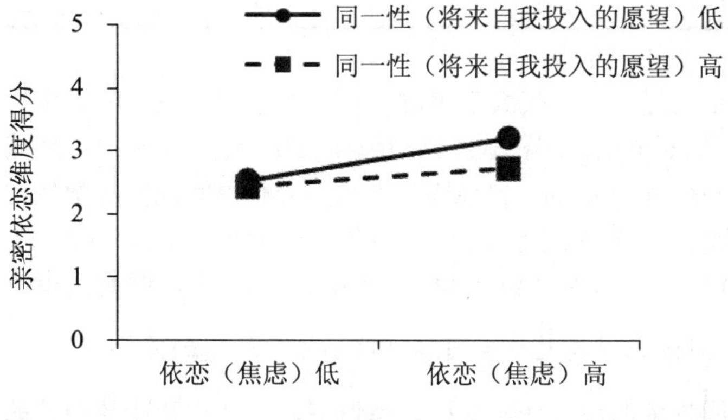

图 21　自我同一性（将来自我投入的愿望）对依恋（焦虑）预测亲密依恋动机的调节效应

自我同一性（将来自我投入的愿望）在依恋（焦虑）对亲密依恋动机预测作用的调节效应表现在，将来自我投入的愿望高分组中，依恋（焦虑）对亲密依恋动机具有显著的正向预测作用（simple slope=0.155，t=5.373，p<0.001），将来自我投入的愿望低分组中，依恋（焦虑）对亲密依恋动机具有显著的正向预测作用（simple slope=0.345，t=10.963，p<0.001），具体见图 21。

三、不同依恋模式和自我同一性状态大学生网络交往动机各维度的差异

（一）不同依恋模式、自我同一性状态的大学生人数比例

对参与调查的大学生依恋模式和自我同一性状态进行分析，结果见表 29。

表 29　大学生依恋、自我同一性状态的描述性统计结果

		频率	百分比
依恋模式	安全型	488	24.8%
	恐惧型	860	43.8%
	专注型	345	17.6%
	冷漠型	271	13.8%
自我同一性状态	A 地位	129	6.6%
	A-F 中间地位	278	14.3%
	F 地位	40	2.1%
	M 地位	257	13.2%
	D-M 中间地位	1147	59.0%
	D 地位	94	4.8%

表 29 数据显示，当代大学生群体中恐惧型依恋模式的学生比例最高，为 43.8%；其次是安全型依恋模式，比例为 24.8%；专注型和冷漠型依恋的学生比例分别为 17.6%和 13.8%。自我同一性为 D-M 中间地位的学生比例最高，为 59.0%，其次为 A～F 中间地位和 M 地位，比例分别为 14.3%和 13.2%，F 地位（2.1%），D 地位（4.8%）和 A 地位（6.6%）的学生比例均很少。

（二）不同依恋模式大学生网络交往动机各维度的差异

分别对四种依恋模式（安全型、恐惧型、专注型和冷淡型）的大学生在网络交往动机总均分及各维度得分进行差异检验，结果见表 30。分析发现，在网

络交往动机总均分和各维度得分上，四种依恋模式之间都显示差异显著。

表 30 四种依恋模式的大学生网络交往动机及各维度分数的差异检验

依恋模式	亲密依恋		沟通交流		自我认同		情绪调节		网络交往动机	
	M	SD	M	SD	M	SD	M	SD	M	SD
安全型	2.36	0.77	3.90	0.62	3.67	0.83	2.12	0.94	3.01	0.54
恐惧型	2.82	0.78	3.38	0.62	3.40	0.75	2.94	0.92	3.14	0.54
专注型	2.63	0.78	3.84	0.61	3.63	0.78	2.57	1.07	3.16	0.54
冷淡型	2.25	0.79	3.25	0.86	3.15	1.03	2.29	0.99	2.74	0.63
F	55.664***		101.586***		29.178***		82.981***		38.366***	

为了考察不同依恋模式对网络交往动机各维度的预测情况，以网络交往动机维度得分作为因变量，依恋模式作为自变量进行简单线性回归分析。因为自变量是分类变量，需要设置 n-1 个哑变量。在四种依恋模式中，以安全型依恋模式作为基线，其他的类型分别依次设为 1，其他情况设为 0，共设置了 3 个哑变量；然后采用强迫进入变量法考察每一种依恋模式对网络交往动机各维度的主效应，简单线性回归分析的结果见表 31。

表 31 大学生依恋模式对网络交往动机各维度的预测作用

	沟通交流		自我认同		情绪调节		亲密依恋	
	β	t	β	t	β	t	β	t
恐惧型	–0.508	–13.283***	–0.276	–5.803***	0.759	13.940***	0.434	9.681***
专注型	–0.067	–1.431	–0.031	–0.523	0.435	6.489***	0.272	4.909***
冷漠型	–0.638	–12.552***	–0.520	–8.225***	0.113	1.568	–0.120	–2.002**
F	95.152		29.608		76.383		50.941	
R^2	0.143		0.041		0.153		0.093	
ΔR^2	0.129		0.045		0.101		0.073	

表 31 数据显示，依恋模式对大学生网络交往动机具有显著的预测作用，分别与安全型相比，恐惧型依恋模式大学生的沟通交流动机和自我认同动机均较弱，而情绪调节动机和亲密依恋动机均较强；专注型依恋模式大学生的情绪调节动机和亲密依恋动机较强，沟通交流动机和自我认同动机无显著差异；冷漠型依恋模式大学生的沟通交流动机、自我认同动机和亲密依恋动机均较弱，在情绪调节动机上无差异。

（三）不同自我同一性状态大学生网络交往动机各维度的差异

分别对六种同一性地位的大学生在网络交往动机总均分及各维度得分进行差异检验，结果见表 32。结果可见，在网络交往动机总均分和各维度得分方面，六种自我同一性地位都显示差异显著。

表 32　六种自我同一性地位的大学生在网络交往动机及各维度得分的差异检验

	亲密依恋		沟通交流		自我认同		情绪调节		网络交往动机	
	M	SD	M	SD	M	SD	M	SD	M	SD
A 地位	2.46	0.81	3.90	0.67	3.76	0.88	2.28	0.98	3.10	0.57
F 地位	2.42	0.83	3.75	0.82	3.82	0.69	2.18	1.06	3.04	0.52
A-F 中间地位	2.43	0.79	3.96	0.65	3.68	0.90	2.17	0.96	3.06	0.56
M 地位	2.31	0.76	3.71	0.64	3.52	0.97	2.15	0.97	2.93	0.55
D-M 中间地位	2.69	0.81	3.45	0.69	3.39	0.78	2.77	0.99	3.07	0.59
D 地位	2.92	0.74	3.08	0.58	3.16	0.73	3.20	0.79	3.11	0.46
F	16.040***		43.827***		12.796***		38.661***		2.841*	

为了进一步考察不同自我同一性状态预测网络交往动机各维度的情况，本研究以网络交往动机维度作为因变量，自我同一性状态作为自变量进行简单线性回归分析。因为自变量是分类变量，需要设置 n-1 个哑变量。在六种自我同一性状态中，以 A（形成）地位作为基线，其他的自我同一性状态分别依次设为 1，其他情况设为 0（Agresti，2007），共设置了 5 个哑变量。然后采用强迫进入变量法考察每一种自我同一性状态对网络交往动机各维度的主效应，简单线性回归分析的结果见表 33。

表 33　大学生自我同一性状态对网络交往动机各维度的预测作用

	沟通交流		自我认同		情绪调节		亲密依恋	
	β	t	β	t	β	t	β	t
F 地位	−0.183	−0.183	0.041	0.263	−0.049	−0.278	−0.022	−0.150
A-F 地位	0.067	0.067	−.078	−0.872	−0.131	−1.276	−0.035	−0.411
M 地位	−0.198	−0.198***	−0.221	−2.427***	−0.124	−1.189	−0.152	−1.741
D-M 地位	−0.454	−0.454***	−0.368	−4.689***	0.466	5.211***	0.214	2.858***
D 地位	−0.816	−0.816***	−0.604	−5.254***	0.878	6.753***	0.432	3.973***
F	44.119		12.590		37.825		14.559	
R^2	0.116		0.028		0.136		0.054	
ΔR^2	0.104		0.032		0.086		0.037	

表 33 数据表明，自我同一性对大学生网络交往动机具有显著的预测作用，与 A 地位相比，F 地位和 A-F 地位大学生在网络交往动机各个维度上都没有显著差异，M 地位大学生在亲密依恋维度和情绪调节维度无显著差异，但沟通交流动机和自我认同动机均较弱。D-M 地位和 D 地位大学生在四个维度上都有显著差异，其中，亲密依恋动机和情绪调节动机均更强，而沟通交流动机和自我认同动机均更弱。

四、不同依恋模式和自我同一性状态大学生网络交往动机类型的分布情况

为了进一步分析大学生依恋、自我同一性与其网络交往动机类型的关系，我们大学生在不同依恋模式、自我同一性状态的比例进行了分析，并考察了不同依恋模式和自我同一性状态的大学生在网络交往动机类型上的差异。

（一）不同依恋模式的大学生网络交往动机类型的差异情况

对不同的依恋模式和同一性地位的大学生在不同的交往动机类型中所占比例进行了卡方检验，结果见表 34。结果表明，不同依恋模式和不同同一性地位的大学生其网络交往动机类型存在差异。

表 34　不同依恋模式的大学生在网络交往动机类型分布的差异检验

		网络交往动机类型												差异检验
		高强度型		高情绪调节型		中强度型		双高型		双低型		低强度型		
		计数	百分比	计数	百分比	计数	百分比	计数	百分比	计数	百分比	计数	百分比	
依恋模式	安全型	21	4.5%	18	3.9%	78	16.8%	115	24.8%	207	44.6%	25	5.4%	$\chi^2=23.70^{***}$
	恐惧型	43	5.5%	91	11.6%	398	50.7%	43	5.5%	175	22.3%	35	4.5%	
	专注型	17	5.1%	28	8.5%	84	25.4%	64	19.3%	127	38.4%	11	3.3%	
	冷漠型	6	2.3%	18	7.0%	61	23.6%	16	6.2%	113	43.8%	44	17.1%	

从表 34 可见，总的来说，各种依恋模式的大学生“双低型”所占比例最高，“中强度型”人数比例其次，再次是“双高型”。“高情绪调节型”和“低强度型”比例较低，“高强度型”比例最低。具体到各依恋模式来看，也有一些不同的特点，结果见图 22。

安全性依恋模式的大学生中，接近半数的大学生属于双低型（44.6%），而差不多有 1/4 的大学生属于双高型（24.8%），排在第三位的是中强度型

（16.8%），高强度型和低强度型都很少（4.5%和 5.4%），而高情绪调节型占比最少（3.9%）。

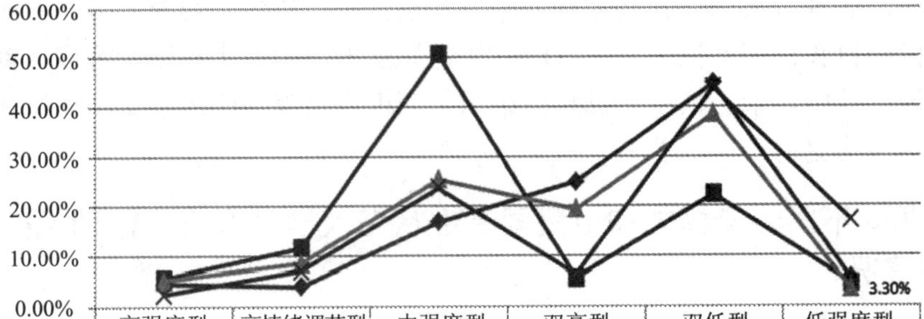

	高强度型	高情绪调节型	中强度型	双高型	双低型	低强度型
安全型	4.50%	3.90%	16.80%	24.80%	44.60%	5.40%
恐惧型	5.50%	11.60%	50.70%	5.50%	22.30%	4.50%
专注型	5.10%	8.50%	25.40%	19.30%	38.40%	3.30%
冷漠型	2.30%	7.00%	23.60%	6.20%	43.80%	17.10%

图 22　不同依恋模式的大学生网络交往动机类型的分布（%）

与安全型依恋模式大学生群体相比，其他依恋模式的大学生群体中表现出一些突出特点。**恐惧型**依恋模式的大学生中，有一半的人属于中强度型（50.7%），高情绪调节型的比例（11.6%）显著高于安全型学生，双高型比例仅为 5.5%，是四个依恋模式中比例最低的；**专注型**依恋模式大学生群体网络交往动机类型分布接近安全型模式的大学生群体，但是双高型比例（19.3%）更低，中强度型比例（25.4%）更高，且低强度型比例（3.3%）在四种依恋模式群体中最低。**冷漠型**依恋模式的大学生群体中，低强度型比例（17.10%）在四种依恋模式群体中最高。

（二）不同自我同一性地位大学生网络交往动机类型的差异情况

我们考察了六种自我同一性状态的大学生在六种网络交往动机类型上的人数分布，并进行了卡方检验，结果见表 35。

结果发现，总体而言，六种同一性地位的大学生群体中“高强度型”和“低强度型”比例相对本群其他类型的比例都较少；“双低型”、“中强度性”和“双高型”比例相对本群其他类型的比例都更高。具体到各种同一性状态的大学生群体中其网络交往动机类型也有不同的特点，结果见图 23。A 地位（达成状态）大学生群体中双低型比例最高（39.3%），双高型其次（26.2%），然后是中强度型（16.4%），高强度型（6.60%）、低强度型（5.70%）和高情绪调节型（5.70%）都很低。

表 35　不同同一性地位的大学生在网络交往动机类型分布的差异检验

自我同一性地位	网络交往动机类型												差异检验
	高强度型		高情绪调节型		中强度型		双高型		双低型		低强度型		
	计数	百分比	计数	百分比	计数	百分比	计数	百分比	计数	百分比	计数	百分比	
A地位	8	6.6%	7	5.7%	20	16.4%	32	26.2%	48	39.3%	7	5.7%	
F地位	3	7.9%	1	2.6%	6	15.8%	10	26.3%	17	44.7%	1	2.6%	
A-F地位	12	4.5%	12	4.5%	52	19.7%	62	23.5%	113	42.8%	13	4.9%	
M地位	6	2.5%	12	5.0%	40	16.5%	39	16.1%	120	49.6%	25	10.3%	χ^2=10.12***
D-M地位	57	5.3%	103	9.6%	444	41.5%	94	8.8%	308	28.8%	65	6.1%	
D地位	1	1.2%	18	21.2%	51	60.0%	1	1.2%	10	11.8%	4	4.7%	

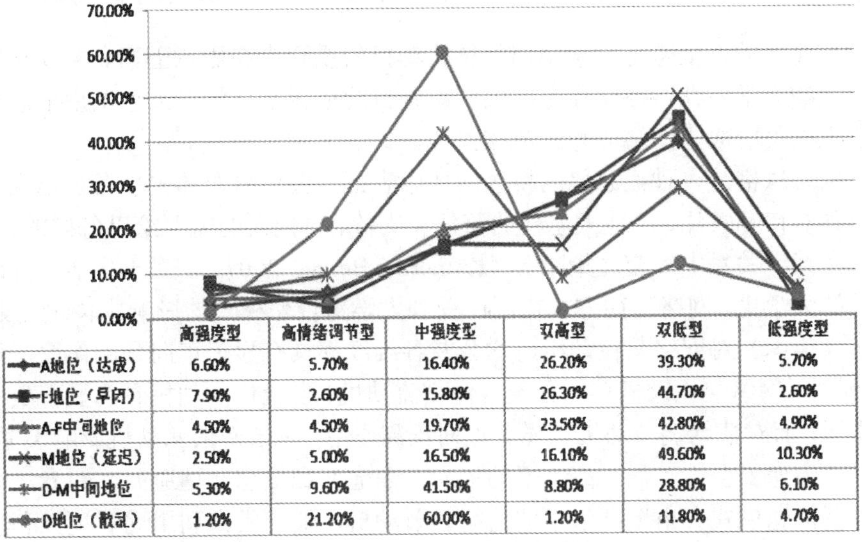

图 23　不同自我同一性状态的大学生网络交往动机类型的分布（%）

网络交往动机类型的分布情况呈现出一定的与整合水平相关的规律来：整合水平较高的几种自我同一性状态（A-F 中间地位、F 地位和 A 地位）的大学生中，均为双低型比例最高，双高型比例次之，高强度型、高情绪调节型和低强度型的比例都非常低。整合水平较低（D-M 中间地位和 D 地位）的大学生中，中强度型比例最高；D-M 中间地位大学生的双低型比例第二高；处于 D 地位（扩散状态）的大学生群体中，双高型和高强度型以及双低型的比例在各中同一性发展状态中都最低；高情绪调节型和中强度型的比例最高。整合水平居中（M地位）的大学生群体中双低型和低强度型比其它发展状态的群体都高，而双高型的比例则低于高整合水平而高于低整合水平。

第四节 讨 论

研究二考察了大学生成人依恋（焦虑和逃避）、自我同一性（过去的危机、现在的自我投入、将来自我投入的愿望）对大学生网络交往动机及各维度的预测作用，探索了大学生不同依恋模式和自我同一性状态下的网络交往动机结构差异和类型分布状况，了解其人格基础对网络交往动机的影响，以及由此带来的网络交往行为之间的相互关系及变化规律，得出了一些有意义的结果。

一、大学生依恋和自我同一性对其网络交往动机的影响机制

首先，成人依恋是大学生网络交往动机的重要内在影响因素。非安全型依恋模式的大学生在网络交往方面表现出各自的适应不良状况，恐惧型依恋模式大学生很可能成为网络成瘾的潜在人群。

依恋风格是一种概念化的持久的情感表征，会引导个体去思考自己应该得到何种对待和关注、给他人怎样的信任和支持、对他人的需要给以怎样的关注，以及在亲密关系中的交往策略等（Katherine Berry，2007）。对于生活在互联网时代的大学生，网络交往方式也同样受到大学生依恋模式的影响。本研究发现，依恋（焦虑）对网络交往动机总均分及各维度都具有显著正向预测作用，依恋（逃避）对网络交往动机总均分及沟通交流动机、自我认同动机具有显著负向预测作用，而对情绪调节动机有显著正向预测作用，对亲密依恋动机影响不显著。大学生依恋安全性越低，高水平的依恋（焦虑）和依恋（逃避），即专注型和恐惧型依恋模式会出现高水平的情绪调节动机，他们常常利用观看视频和沉迷网络游戏来缓解负性情绪，这也是网络成瘾的重要诱因。同时，依恋（逃避）偏高（恐惧型和冷漠型），会导致亲密依恋动机过低，从而使得这类大学生难以建立和维持良好的亲密关系；而依恋（焦虑）过高，会导致亲密依恋动机过高，从而使得这类大学生过度沉溺于网络交往，特别是网络亲密关系交往，轻则影响正常学习生活，重则形成网络色情成瘾，或导致与不同的陌生人网恋，满足内心的依恋需求，也会影响正常的婚恋生活。

依恋理论认为依恋关系如同安全基地，拥有安全依恋才有更好的对世界和

内心的探索。相反，依恋（焦虑）高会导致个体对亲密关系的过度追求或强迫性的重复验证，导致网络社交依赖或网络色情成瘾等状况；依恋（逃避）高会带来对亲密关系的变相追求或因为无法有效建立亲密关系而诉诸网络游戏或信息搜集等类似物质滥用的成瘾状态。由此可见，成人依恋是当代大学生网络交往动机的重要决定因素，安全依恋促进健康的网络交往动机和行为；相反，不安全依恋导致不健康的偏差的网络交往动机和行为，并为各种网络成瘾埋下祸根。

其次，自我同一性是大学生网络交往动机的重要内在影响因素。早闭、延迟和扩散状态大学生在网络交往方面表现出各自的适应不良状况，扩散状态大学生很可能成为网络成瘾的潜在人群。

有研究发现，在心理幸福感方面表现出承诺水平越高，心理幸福感越强的趋势（Meeus，1996）。本研究发现，大学生自我同一性对其网络交往动机具有显著预测作用。经历了过去危机，承诺水平越高，越少具有利用网络寻求亲密依恋满足的愿望；积极地进行同一性探索的大学生会有较强动机利用网络满足沟通交流和自我认同以及亲密依恋需求，而较少需要借助网络进行情绪调节；大学生自我探索愿望越强烈，网络交往总均分、沟通交流动机和自我认同动机越强，情绪调节和亲密依恋动机越弱。

Meeus（1996）研究还发现，四种同一性状态（早闭、扩散、延迟和达成）分别与特定的人格特质和行为以及心理健康状况和社会适应相联系。与自我同一性达成状态相比，其他三种状态都或多或少表现出更差的心理健康状况和更加不适应的行为方式。在本研究中也发现其他三种状态的大学生在网络交往方面表现出的适应不良状况。**同一性早闭**状态与一定程度的封闭、自满和僵化特征相联系（Marcia，1980），早闭状态的人是最不焦虑的群体，对新经验的开放性最低（Stephen et al. 1992）。本研究结果发现，早闭型大学生中高情绪调节型比例最低，这的确符合他们“最不焦虑”的发展特点。**同一性延迟**状态最具开放性，但同时也与情绪波动和压力相联系（Luyckx，et. Al，2008a），延迟状态的个体有更加多样的依恋可能性（Kroger & Haslet，1988）。本次调查中，大学生危机感越强，投入正常发展的“沟通交流”和“自我认同”的愿望也越强，“有更加多样的依恋可能性”导致网络交往中的亲密依恋动机也强烈。网络交往会成为延迟状态大学生的重要的发展平台。**同一性扩散**状态的青少年有很多人不能做出承诺（Marcia，1994）。研究发现，他们不能卷入亲密关系并且缺乏对群体或人际关系的真实的自我感，低自尊，缺乏自主，低道德归因，低认知复杂性（Kroger，2004），并且同一性扩散状态的青少年与很多适应不良的行为相关，包括学业问题和药物滥用等问题；人际技能也较差（Schwartz，

2001），避免处理与自我同一性有关的问题与冲突（Berzonsky，1994）。本研究发现处于同一性扩散状态和延迟-扩散状态的大学生非常缺少运用网络进行广泛的社会交往和发展自我的动机（这点是与他们网下生活相一致的），却在网络交往中表现出强烈的情绪调节和亲密依恋的动机，这点符合“补偿理论”的假设。可见，偏差的网络交往可能成为扩散状态大学生更加逃避面对自身发展，更不能习得现实交往能力的“避难所”，而过强的诉诸网络的情绪调节动机和亲密依恋动机则可能变成网络成瘾的“温床”。

最后，大学生自我同一性对成人依恋预测其网络交往动机具有复杂的调节效应。第一，自我同一性（过去的危机）在依恋（逃避）对网络交往动机（特别是情绪调节动机和亲密依恋动机）预测作用中的调节效应显著。经过同一性危机，对自我发展有所承诺的大学生，其依恋（逃避）引发的高情绪调节动机会得到减缓，亲密依恋动机也会更弱。没有经过同一性危机，缺少承诺的大学生更多地会用网络来满足情绪调节和亲密依恋的需求。第二，自我同一性（现在的自我投入）分别在依恋（焦虑）和依恋（逃避）对网络交往动机预测作用中调节效应显著，现在的自我投入强化了依恋（焦虑）因素对沟通交流和自我认同方面的动机的影响，但是对于依恋（逃避）的预测亲密依恋动机具有削弱作用。第三，自我同一性（将来自我投入的愿望）在依恋（焦虑）预测作用中的调节效应显著。将来自我投入的愿望对依恋（焦虑）预测网络交往动机总均分、沟通交流动机、自我认同动机和情绪调节动机都具有显著的强化作用。

可见，没有经过同一性危机，对自我认同缺少自己的独立思考和承诺，当下也不积极投入自我同一性发展的大学生，更可能因为依恋（逃避）水平高而用网络交往来满足情绪调节和亲密依恋的需求；而现在的自我投入的愿望可以强化其依恋（焦虑）对沟通交流动机和自我认同动机的影响，增强网络交往对自我认同和社会交往能力的提升；现在的自我投入高的大学生，依恋（逃避）水平越高，利用网络满足亲密依恋动机越高，现在的自我投入低的大学生，依恋（逃避）水平越高利用网络满足亲密依恋动机越弱。将来自我投入的愿望对依恋（焦虑）引发的沟通交流动机、自我认同动机和情绪调节动机都有强化作用。由此可见，自我同一性承诺水平高会减弱依恋不安全感带来的不当的网络交往动机，同时，当下对自我同一性发展的投入有利于大学生更好地利用网络进行自我发展和社会适应。

综上所述，大学生的依恋安全性和自我同一性发展水平是影响网络交往动机的重要人格变量，依恋和自我同一性不仅可以分别单独预测大学生网络交往动机，自我同一性对依恋预测大学生网络交往动机还存在复杂的调节效应。

二、大学生适应性网络交往动机结构和类型特征及偏差状况分析

依恋安全性和自我同一性与心理健康和社会适应高度相关。不安全依恋与病理性心理关系密切。Mikulincer（2007）研究发现，迄今有超过 100 项的研究探索了成人依恋与焦虑和抑郁等精神障碍的关系。同样，处于不同的自我同一性状态的个体心理健康状况和社会适应存在显著差异。适应功能良好意味着整合多于混乱，而适应不良则表示混乱多于整合（Erikson，1950）。在“自我同一性状态”模型中，“扩散”状态似乎更接近于自我同一性“混乱”的情况，而“达成”状态更接近“整合”的情况（Luyckx，2005；Schwartz，2005a）。处于“达成”状态的个体的安全感与高自尊、低水平的内隐症状高度相关，他们能够避免危害健康的行为（Bishop et.al，2005；Luyckx et.al，2005）。可见，依恋安全性高和自我同一性水平高意味着心理健康水平高和社会适应性强。本研究发现，安全型依恋模式和自我同一性 A 地位大学生人群中各种网络交往动机类型的比例接近，可由此考察大学生适应性网络交往动机结构和类型，并以此为标准对偏差状况进行分析。

从网络交往动机结构看，**安全型依恋模式**大学生的网络交往动机结构（总均分及各维度平均分）是：总均分（3.01）、沟通交流动机（3.90）、自我认同动机（3.67）、情绪调节动机（2.12）、亲密依恋动机（2.36）。与其他依恋模式相比，安全型依恋模式大学生网络交往动机总均分最低，沟通交流动机和自我认同动机最强，情绪调节动机最弱，亲密依恋动机较弱。同样，**自我同一性达成状态（A 地位）**大学生的网络交往动机结构为：总均分（3.10）、沟通交流动机（3.90）、自我认同动机（3.76）、情绪调节动机（2.28）、亲密依恋动机（2.46）。与其他状态相比，达成状态（A 地位）大学生网络交往动机总均分较低，沟通交流动机和自我认同动机很强，情绪调节动机和亲密依恋动机较弱。

从网络交往动机类型分布看，安全性依恋模式的大学生双低型（44.6%），双高型（24.8%），中强度型（16.8%），高强度型 4.5%，低强度型（5.4%），高情绪调节型（3.9%）。A 地位（达成状态）大学生也有类似的类型结构：双低型（39.3%），双高型（26.2%），中强度型（16.4%），高强度型 6.6%、低强度型 5.7%、高情绪调节型（5.7%）。说明安全型依恋模式或自我同一性达成的大学生接近半数的人极少用网络满足情绪调节和亲密依恋的需求。与其他依恋模式相比，安全型依恋大学生更倾向于会有更多的人群利用网络进行广泛的社会交往和自我发展；只有少部分人在四个维度上动机都居中；而极少数安全依恋和达成状态的大学生属于高强度型、低强度型或高情绪调节型。

因此，安全型依恋模式和同一性达成状态大学生群体网络交往动机结构和类型分布特点可以视为心理健康和适应良好人群的标准，以此为基准，可以看到其他群体的网络交往动机结构和类型分布特点。

以安全型依恋模式为标准，不安全依恋模式大学生的网络交往动机表现出偏差状况。**冷漠型**依恋模式大学生的亲密依恋动机、沟通交流动机和自我认同动机显著低于安全型依恋模式大学生，但情绪调节动机没有显著差异。冷漠型依恋模式的个体，具有高回避和低焦虑的依恋得分。他们往往会努力回避情感（Wallin，2007）。本研究发现冷漠性依恋模式大学生在网络交往中也是不积极参与广泛的和亲密的社会交往，对于通过网络交往促进自我发展的探索也并不十分投入。**专注型**依恋模式大学生在沟通交流和自我认同两个维度上与安全型依恋模式大学生没有差异，但在亲密依恋动机和情绪调节动机上远高于安全型依恋模式大学生。专注型依恋模式的个体，具有高焦虑和低回避的依恋得分。在社会交往中表现出自尊较低，害怕被抛弃。研究表明他们的问题往往是曾经的依恋创伤，或当前生活中的现实关系无法满足其依恋需求（Tasca，et.al，2003；2006）。因此在网络交往过程中也表现出比安全型依恋模式大学生具有更加强烈的通过网络满足亲密依恋的需求，以及更多的利用网络交往调节情绪的动机。**恐惧型**依恋模式大学生亲密依恋动机和情绪调节动机远高于安全型依恋模式大学生，沟通交流动机和自我认同动机则显著低于安全型依恋模式大学生。恐惧型依恋模式的个体，同时具有高焦虑和高回避的依恋得分。由于早年创伤经验使他们因为恐惧而在高焦虑和高回避两级挣扎，很难找到协调一致的寻求安全的策略。这类大学生不能积极地投入社会交往，难以专注于自我发展，而更多地寻求网络交往调节情绪和满足亲密依恋的需求，是网络成瘾的潜在高危人群。

与自我同一性达成状态（A 地位）相比，F 地位和 A-F 地位大学生在网络交往动机各个维度上都没有显著差异，M 地位大学生在亲密依恋维度和情绪调节维度无显著差异，但沟通交流动机和自我认同动机均较弱。D-M 地位和 D 地位大学生在四个维度上都有显著差异，其中，亲密依恋动机和情绪调节动机均更强，而沟通交流动机和自我认同动机均更弱。由此可见，大学生的网络交往动机受自我同一性的承诺水平的影响较大，承诺水平越低，沟通交流和自我认同动机越低，与恐惧型依恋模式大学生的情况一致，D-M 地位和 D 地位大学生的沟通交流动机和自我认同动机较弱，但通过网络满足情绪调节需求和亲密依恋需求的动机更强。可见，经过承诺的大学生网络交往动机类似，而正在探索中的 M 地位大学生在沟通交流和自我认同动机更强，未经承诺也不愿探索的大学生群体缺乏正常的沟通交流和自我认同动机，反而有较高的情绪调节动机和亲密依恋动机，容易利用网络满足异常的情绪情感需要。

综上，安全依恋和同一性达成可以作为安全基地，促进自主发展的状态，促使大学生具有更高的动力投入与沟通交流和自我认同相关的网络交往活动中；而相反，过高和过低的网络交往动机都存在内在依恋问题和自我同一性困扰的问题的驱使，依恋不安全和自我同一性发展不足是网络交往高情绪调节动机、过高（或过低）亲密依恋动机、过低沟通交流与自我认同动机的内在人格因素。由此我们将心理健康人群（安全型依恋模式和自我同一性达成大学生群体）的网络交往动机结构及类型分布作为“健康的、适应性的网络交往动机结构和类型分布标准”，与之相比其他低安全性依恋模式或低自我同一性状态大学生的网络交往动机特点及类型分布特点则代表网络交往动机偏差状态。在后续的团体辅导干预研究中，将以安全型依恋模式和自我同一性达成状态大学生作为榜样被试，以冷漠型、专注型和恐惧型依恋模式和同一性整合水平低的大学生作为干预的主要对象。

三、当代大学生大部分缺乏依恋安全感，自我同一性发展滞后

当代大学生大部分缺乏依恋安全感，恐惧型依恋模式大学生超过四成，自我同一性发展滞后，自我同一性处于延迟与扩散之间的人数几近六成。

与相关领域研究者的研究结果相比较，较早期调查发现安全型依恋模式在人群中比例最高（Lopez，2001；李同归等，2008）；近期调查研究发现恐惧型依恋模式比例最高（金艳，2006；戴哲茹，2011），本研究结果与后一种情况相符。说明当代大学生依恋安全性不高，且恐惧型偏高说明早期抚养过程中经历寄养等依恋创伤的人数较多，可能与社会经济发展速度加快，父母亲亲自照顾婴幼儿的时间减少有关；也可能跟父母亲本身的心理健康状况和人格发展水平有关，具体原因有待进一步研究分析。

本研究结果显示，当代大学生自我同一性处于延迟与扩散之间的人数几近六成。与早期研究结果有所不同，张日昇（1991，1993，1997）研究表明大学生表现出比高中生更能积极地投入到现实生活中去的心理倾向，有更强烈的“危机”体验。王树青（2006）研究结果表明延迟状态占 67.15%，其余三种状态各占 10%左右。本研究采用加滕厚的自我同一性问卷进行测量，总的趋势与王树青（2006）研究结果相近，处于延迟和扩散与延迟中间状态的大学生比例很高，但因为加滕厚的自我同一性问卷对自我同一性发展状态的区分更细，因此，本研究测查出的处于扩散状态和延迟状态之间的大学生比例最高（D—M 中间地

位，59.0%），纯粹的延迟状态比例则比之前研究结果少很多（M 地位，13.2%），纯粹扩散状态（D 地位，6.6%），这也更符合案例研究中大学生自我评估中的情况。说明当代大学生的自我同一性发展水平较低，且投入到现在的生活中进行积极探索的学生（M 状态）也不多。当前社会经济发展加速发展，价值观体系多元化，基础教育阶段家庭和学校单纯追求考试高分的单一浮躁的教育理念，对青少年自我认同发展十分忽略，高等教育阶段也缺乏相应的措施协助大学生进行自我同一性的整合和发展。

当代大学生非安全型（恐惧型加专注型）依恋模式比例超过 60%，自我同一性扩散状态比例也超过 60%，从以上对大学生网络交往动机影响机制的分析，以及对健康群体网络交往动机结构和类型分布标准来看，大学生中出现网络偏差动机及行为的人数比例相应也会较多，这需要引起社会和教育界的充分重视。

第五节 小　结

（1）成人依恋对大学生网络交往动机具有显著预测作用。依恋（逃避）对网络交往动机总均分、沟通交流动机、自我认同动机具有显著的负向预测作用，对情绪调节动机具有显著的正向预测作用；依恋（焦虑）对网络交往动机总均分、沟通交流动机、自我认同动机、亲密依恋动机、情绪调节动机具有显著的正向预测作用。不同依恋模式大学生在网络交往动机维度方面表现出明显差异。与安全型相比，恐惧型依恋模式大学生的沟通交流动机和自我认同动机均较弱，而情绪调节动机和亲密依恋动机均较强；专注型依恋模式大学生的情绪调节动机和亲密依恋动机较强，沟通交流动机和自我认同动机无差异；冷漠型依恋模式大学生的沟通交流动机、自我认同动机和亲密依恋动机均较弱，在情绪调节动机无差异。

（2）自我同一性对大学生网络交往动机具有显著预测作用。“将来自我投入的愿望”对网络交往动机总均分、情绪调节动机、亲密依恋动机具有显著的负向预测作用，对沟通交流动机、自我认同动机具有显著的正向预测作用；“现在的自我投入”对网络交往动机总均分、沟通交流动机、自我认同动机、情绪调节动机、亲密依恋动机均具有显著的正向预测作用。“过去的危机”对情绪调节动机和亲密依恋动机具有显著的负向预测作用。不同自我同一性状态的大学生在网络交往动机维度方面表现出明显差异。与 A 地位相比，F 地位和 A—F 地位大学生在网络交往动机各个维度上都没有显著差异，M 地位大学生在亲密依恋维度和情绪调节维度无显著差异，但沟通交流动机和自我认同动机均较弱。D-M 地位和 D 地位大学生在四个维度上都有显著差异，其中，亲密依恋动机和情绪调节动机均更强，而沟通交流动机和自我认同动机均更弱。

（3）大学生自我同一性对依恋预测网络交往动机具有显著的调节效应。“过去的危机”对依恋（逃避）预测网络交往动机总均分、情绪调节动机、亲密依恋动机具有显著影响；“现在的自我投入”对依恋（焦虑）预测网络交往动机、沟通交流动机和自我认同动机具有显著影响，对依恋（逃避）预测亲密依恋动机具有显著影响；“将来自我投入的愿望”对依恋（焦虑）预测网络交往动机总均分及沟通交流动机、自我认同动机和情绪调节动机上都具有显著影响。

（4）参照安全型依恋模式大学生网络交往动机状况，可以得到大学生适应性网络交往动机结构和类型分布。结构为：总均分（3.01）、沟通交流动机（3.90）、自我认同动机（3.67）、情绪调节动机（2.12）、亲密依恋动机（2.36）。类型分布为：双低型（44.6%），双高型（24.8%），中强度型（16.8%），高强度型（4.5%）、低强度型（5.4%），高情绪调节型（3.9%）。以此为标准可以甄别大学生网络交往偏差动机和行为，为教育和干预提供依据。

（5）当代大学生大部分缺乏依恋安全感，自我同一性发展滞后。不安全依恋模式比例超过六成，属于恐惧型依恋模式的比例最高（43.8%），专注型（（17.6%），安全型（24.8%），冷漠型依恋模式比例最低（13.8%）。大部分大学生（超过六成）都处于自我同一性扩散状态，有超过 13%的人处于延迟状态，14.3%的大学生处于早闭-达成的中间状态，达成状态学生仅占（6.6%）。由此可能导致大学生群体较为普遍的网络交往偏差动机和行为。

第八章　大学生网络交往动机影响机制和干预效果的案例研究

目前对大学生网络交往动机和行为的研究主要采用调查研究的方法，取得了不少成果。但是，仅仅基于一种研究范式的研究对于形成研究结论是十分有限的。波普（Poper.K）等众多研究者强调“科学研究应当是多元化的，……研究者可以通过多种途径，从多种角度对社会现象进行研究。……可以根据问题的性质选用不同的研究范式，使得研究臻于完善。”因此，本研究希望探索运用案例研究方法，从质性研究的角度深入考察大学生依恋和自我同一性对其网络交往动机的影响，并探索相应的干预机制，进一步在干预研究中对大学生网络交往的干预方法、干预途径和干预效果进行深入研究。

已有研究表明，以往对网络行为的干预研究对象主要是网络成瘾症状和行为，干预机制从网络本身的“成瘾特质”（杨容，郑涌，阮昆良，2004）到关注使用者的个体因素，包括非适应性认知、性别差异、自我认同（自我发展）、神经质和内外倾等人格因素、低水平心理健康、态度和行为方式（Chien Chou & Linda Condron，2005；Martin，2000；Martin & Schumacher，2000；雷雳等，2004，2005，2006，2007；张国华、雷雳、邹泓，2008；），对网络成瘾的干预方法主要以对成瘾者个体的心理—行为干预最为普遍（King，2011），后来又发展出家庭治疗和团体治疗（Liddle，2004；樊富珉&白羽，2005；Peukert，2010；Han，Kim，Lee & Renshaw，2012）；近年向综合治疗模式发展（高文斌、陈祉妍，2006；张兰君，2009；方晓义，刘璐，2015）。随着互联网交往功能的迅速发展，目前的相关研究主要存在以下几个问题：首先，以往研究主要针对网络成瘾症状和行为进行干预，缺乏以网络交往动机为中介的干预机制的研究；其次，尽管有很多研究表明人格是网络交往行为的内在基础，但目前还未见基于人格基础对于个体网络交往特别是网络交往动机的干预研究报告；再次，尽管已经开发了很多针对网络使用不当行为和人群的干预方法，但还未见利用依恋治疗特别是团体依恋治疗和心智化教育团体训练技术进行网络交往干预研究的报告；最后，以往研究过于聚焦于问题矫治，缺乏对网络交往偏差的预防、引导等综合方法和途径的研究。当前网络成瘾干预领域的研究者倾向认为“绝对的戒除网络是不合理的，预防与干预的目标在于改变问题性的上网方式，形成健康、可控和平衡的网络使用模式”（Young，2010）。

本研究针对已有干预研究的空白，采用案例研究范式，在前期对大学生网络交往动机影响机制研究的基础上，探索大学生网络交往团体辅导干预机制和干预方案，并对干预效果进行考察。

第一节 研究问题与研究方案

一、研究问题和研究假设

研究问题 1，通过案例研究和质性分析，能否验证大学生的依恋和自我同一性是大学生网络交往动机的重要内在影响因素？

研究假设：通过案例研究和质性分析，可以“复现”大学生依恋与自我同一性对其网络交往动机的预测作用，以及自我同一性对依恋预测网络交往动机的调节效应。

研究问题 2，案例研究能否验证健康的网络交往动机结构标准，并由此对大学生网络交往动机和行为的偏差状况进行甄别？

研究假设：案例研究收集的安全型依恋模式大学生网络交往动机特点与调查结果一致，可以作为大学生适应性网络交往动机结构的标准，并由此甄别网络交往动机和行为的偏差状况。

研究问题 3，能否构建基于依恋和自我同一性的团体辅导方案用以干预大学生的网络交往动机和网络交往偏差行为？

研究假设：可以基于依恋治疗和自我同一性理论构建大学生网络交往动机的团体辅导方案；团体辅导方案可以对大学生网络交往动机进行靶向干预，在改变人格因素的基础上有效干预大学生网络交往动机；所构建的团体辅导方案具有较好的可复制性和可推广度。

二、研究思路与研究方法

首先，根据前期研究得出的“大学生网络交往心理健康效应的交互作用机制”初步设计半结构式团体辅导方案；其次，通过两次预实验逐渐确定团体辅导的核心内容和方法技术，优化方案设计并确定辅导方案；再次，通过前侧数据和入组访谈筛选各组重点干预的“靶成员”，确定干预目标；之后，依照团体辅导方案对四组正式实验的被试进行并行的团体辅导干预，为避免领导者因素的影响，四组领导者均为同一个人，每组设置观察员记录辅导过程；最后，对干预研究中收集到的各种数据进行共同编码和分析。研究范式仍然运用质性研究的嵌入式多案例研究方法，采取质性研究中自然取向进行参与式观察，并对各组数据进行案例内分析和跨案例分析。

三、研究设计

（一）准实验设计

除预实验以外，将招募成员分成实验组和对照组，对实验组进行正式方案的干预，对两组成员的成人依恋、自我同一性与网络交往动机前后测数据进行分析和比较。

（二）嵌入式多案例研究设计

近年来“嵌入式多案例研究设计”已逐渐发展成为非常适合团体咨询和治疗的研究范式。本研究采用“嵌入式多案例设计”，以每种依恋模式为一级分析单元，考察不同依恋模式成员的依恋、自我同一性与网络交往动机之间的变量关系。在干预研究中以每个小组作为一级分析单元，以成员（特别是“靶成员”）作为嵌入每个小组的二级分析单元，考察团体辅导对成员的依恋、自我同一性以及网络交往动机的干预效果。

四、干预方法

（一）干预对象

“靶行为”：不安全依恋、低水平自我同一性、偏差网络交往动机。

“靶成员”：一是在网络交往中有一定困扰的大学生，特别是有网络依赖行为（包括网络游戏依恋、网络交往依赖、网络阅读依赖等）的大学生；二是不安全依恋模式（专注型和恐惧型）的大学生。

（二）干预目的

根据研究二得到的大学生网络交往动机的影响机制，以“适应性网络交往动机结构”为标准，设计半结构化的团体辅导方案，通过对依恋安全感和自我同一性水平的提高，带动网络交往动机的改善，进而改变网络交往行为。

（三）干预方法和技术

本研究采取以精神动力学心理治疗为基础理念，针对大学生网络交往动机影响机制中的自变量——依恋和自我同一性两项人格变量，以团体依恋治疗和自我同一性发展辅导为核心，借鉴以往研究中网络成瘾行为的心理-行为干预方法（樊富珉等，2005；方晓义等，2015），形成多元化技术的团体辅导综合模式，具体方法如下。

（1）精神动力学心理治疗。将动力性心理治疗理念——改变内在动力以改变行为，渗透到结构式团体辅导中，在保持结构式团体辅导的时间成本低、针对性强、相对便于领导、短程起效等优势的同时，增加短程结构化团体辅导干预的深度与效果。

（2）团体依恋治疗。通过团体依恋治疗的原理和方法技术，提升组员的依恋安全感和心智化水平。在团体依恋治疗中，帮助成员识别在团体中被激发出来的内部依恋表征，修正焦虑或者回避的自我和他人的内部心理模型。协助团体成为一个安全基地，为成员提供安全感，以便在团体进程中探索其内在的各个方面以及与团体和他人的关系模式。通过领导者的共情，自我探索的进程会变得积极；情感的敏锐性可以促进情绪的理解和情感的管理，可以创造在情绪反应与思想、感受之间建立连接的空间，从而获得一种自我观察的感受性以及思考自己和他人在团体中的各种反应的能力，也就是获得心智化的能力。更重要的是，成员在团体里反复练习这些技能，就可以发展出更加复杂的方法来识别、表达和耐受自身和他人情绪。团体成员会变得更加勇于探索和突破自身建立和保持亲密关系的阻碍。

对于不同依恋风格的成员，团体治疗的目标和方法会有所不同。对于专注型依恋模式成员的团体治疗目标是提升其心智化。包括洞察内在感受，将情感言语化，促进成员相互间的反馈，规范和管理情绪，利用团体凝聚力和归属感降低其对丧失和被抛弃的恐惧，提升心智化。对于冷漠型依恋的成员，团体治疗需要帮助他们与团体中其他成员建立联系，促进他们内在工作模式在团体互动中通过行为呈现出来。团体领导者需要通过共情来体验其核心情感，一方面需要理解成员回避的行为，另一方面又要能够共情其内在的对羞耻的敏感；要促进对内在感受和防御的情感觉察。提升心智化，促进情绪管理，提高对感受的言语化和耐受力。对恐惧型依恋成员的治疗策略是运用共情提高情绪管理能力、提升心智化水平和促进情感的言语化、识别移情和扭曲的失调的情绪并提升对核心情感和创伤影响的洞察力、鼓励人际反馈。

（3）自我同一性发展辅导。通过各种自我成长的团体辅导联系和活动以及组员间的相互反馈和间接学习，促进组员的自我认识，学会更加真诚自然的自我表露，增强自我发展的意识，探索职业发展和生涯规划。

（4）认知行为疗法（CBT）。网络成瘾心理行为干预模式的 CBT 疗法，是在网络成瘾的预防与干预研究中，研究者通过要求被试察觉和监督管理自己的思维、感受及行为来避免成瘾问题的反复及获得新的应对技能，最终达到合理使用网络的目标。

（5）动机激发疗法（MI）。通过帮助来访者探索和解决内在冲突，将改变的责任和信任交给来访者，以一种直接的、来访者中心的方式激发成瘾者对靶行为做出改变（King etal.，2011）。

（6）认知领悟疗法。帮助成员对“依恋和自我同一性对网络交往动机的影响机制”进行“认知领悟”，通过心理教育使团体成员更加清楚地看到潜在的人格基础和人格发展对当下行为（包括网络交往行为和动机）的影响，进而有意识地调整网络交往动机，增加对网络交往动机和行为的主动控制。

（四）团体辅导方案设计

根据前期调查研究的结果，设计了十个单元的辅导方案，见表35。

表35　团体辅导方案设计和研究流程总表

单元名称	活动目标	活动内容	研究数据收集
预备阶段	筛选成员，研究准备	研究签约 成人依恋、自我同一性和网络交往动机问卷测试	问卷数据
第一单元 相识	形成团体，订立团体契约约定团体规则 交代团体辅导的目标：通过了解网络交往动机改善网络交往，进而提高社会交往能力，完善个性	滚雪球 五指山 组徽、组名、承诺书 总结与反馈	成员基本信息 入组动机
第二单元 相亲相爱一家人	增强团体凝聚力 促进团体动力 协助成员自我开放，初步了解自己的个性，稳定化技术 社会交往方式	暖身：解开千千结 回顾组徽、组名等 小小动物园 “我的交往优势和发展空间”	网络交往行为 成员基本个性 交往困扰
第三单元 我的朋友圈	进一步了解生活中的交往状态（朋友圈） 网络交往方式：讨论网络交往和网络交往动机的概念、与每个人社会交往的关系	暖身：突出重围 朋友圈、20个我是谁 网络转盘	网络交往动机百分比自我评估结果

（续表）

单元名称	活动目标	活动内容	研究数据收集
第四—第五单元 成长痕迹—依恋	通过时间维度了解性格和交往模式 探讨自己的家庭关系模式，意识到早期经历对社会交往和网络交往动机的影响 评估依恋模式，了解依恋模式的成因，认识到依恋模式对现在的影响 探讨自己的交往方式与依恋模式的关系 对不安全依恋模式成员进行干预	暖身：信任跌倒等 我的小时候 依恋模式及讨论 自我暴露 相互反馈	依恋模式的自我评估结果 成员依恋安全感变化情况
第六第七单元 成长痕迹-自我认同	讨论当前的自我认识、自我发展情况 评估自我同一性发展状态， 了解成员情绪状态和交往状态， 在相互学习中增强提高自我同一性的意识	我的五样、自尊的支柱 生涯规划讨论 自我同一性状态自我报告和讨论 自我暴露与相互反馈	自我同一性状态的自我评估结果 自我认同的变化情况
第八—第九单元 我与“网”的世界	帮助成员理解网络交往动机如何受到依恋模式的影响 促进网络交往动机的改变	分享讨论	记录靶成员感悟和重要对话
第十单元 笑迎未来	处理离别情绪，给予彼此祝福，鼓励成员将团体所学运用到生活中 回顾团体历程，分享收获、检视自我的成长和未来展望	分享生活 优点大轰炸 我的收获：未来网络交往动机的调整——新“网络转盘”	网络交往动机百分比评估
结束阶段		成人依恋、自我同一性和网络交往动机问卷测试	问卷数据 成员感想

第二节 研究过程

一、被试

被试 1（团体辅导干预预实验 1）：在北京航空航天大学生各院系招募学

生，按照性别、专业、来源地、年级等变量平均分组，逐一进行入组筛选。形成 1 个团体辅导小组进行预实验研究。成员共 5 人（3 名男生、2 名女生；2 名大二，3 名大一学生；1 名文科、1 名艺理科、3 名工科）。

被试 2（团体辅导干预预实验 2）：在北京航空航天大学生各院系招募学生，按照性别、专业、来源地、年级等变量平均分组，逐一进行入组筛选。形成 1 个团体辅导小组进行预实验研究。成员共 9 人（4 名男生、5 名女生；3 名大二，6 名大一学生；3 名文科、3 名艺术、3 名理工科）。

被试 3（团体辅导干预正式实验）：在北京航空航天大学生各院系招募学生 102 人，逐一进行入组筛选，团体辅导准入标准包括：有自我成长意愿，愿意在小组众人中开放自己内心进行自我探索，没有较重的人格障碍等。先按照性别、专业、来源地、年级等变量进行均衡分组，同时按照学生的时间要求，避开有现实关系（比如同班同学）的同学入选一个小组，尽量安排不同年级和不同性别的大学生进入一个小组。最后形成了 4 个干预小组（共 31 人，见表 36），中途退出一人，最后完成团体辅导成员共 30 人。另外未入组的 34 人作为对照组。

表 36　团体辅导干预正式实验被试

组别	成员	性别	年级	学科	组别	成员	性别	年级	学科
第 1 组	元	男	大二	工	第 3 组	泽	男	大二	工
	达	男	大二	文		喜	男	大二	工
	玲	女	大一	文		灰	男	大二	工
	萌	女	大二	工		大	男	大一	文
	丹	男	大一	理		胖	男	大一	文
	静（中途退出）	女	大一	理		壕	男	大一	文
						维	女	大二	理
第 2 组	木	男	大二	工	第 4 组	王	女	大二	工
	钢	男	大二	工		钊	男	大一	工
	葫	男	大二	工		艺	女	大一	工
	祥	男	大一	工		嘉	女	大一	文
	现	男	大二	文		喵	男	大一	文
	垦	女	大一	工		李	女	大一	理
	星	女	大一	工		俊	男	大二	工
	雨	男	大一	工		洋	男	大二	理
						白	男	大一	工
						蓝	男	大二	工

二、研究工具

评估依恋模式相关工具：非标准化测验：（1）命题绘画练习："小时候的家"（辅助考察早期依恋模式）；（2）填充绘画练习："社交圈"（考察当前人际关系）；（3）文字描述："依恋模式行为表现"（自我评估内在依恋模式）。标准化测验：ABC 自陈式问卷，亲密关系量表（同研究二）

评估自我同一性状态相关工具：非标准化测验：（1）图片选择："动物自诩"（测试和调整自我意象）；（2）文字描述："20 个我是谁"（测试和总结自我概念）；（3）文字描述："自我同一性状态描述"（评估当前自我同一性状态）。标准化测验：自我同一性状态测试量表（同研究二）。

网络交往动机相关工具：非标准化测验：（1）绘画练习："网络使用比例罗盘"（描述网络使用的时间和内容比例）；（2）绘画练习："网络交往动机比例罗盘"（描述研究一得到的大学生网络交往动机的四维度结构的百分比，四个维度的百分比相加为一）；（3）填充练习："网络交往动机比例矩阵表"四个维度描述（评估成员网络交往动机情况）。标准化测验："大学生网络交往动机问卷"（研究一自主开发）。

三、数据收集

案例研究的数据来源包括五种：第一，文件资料（团体成员团体辅导活动中的各种作品和文字资料）；第二，档案纪录（团体活动中的一些小测试），跟案例研究的其它资料来源相互联系和印证；第三，访谈，以开放式访谈为主，逐渐过渡到焦点式的访谈，配合问卷调查；第四，直接观察（领导者本人的观察和观察员的观察），研究者实地拜访个案研究的场所；第五，参与观察（在团体辅导过程中，领导者也作为团体动力的一部分，本研究中团体辅导领导者是主要研究者，因此，作为领导者的研究者也是参与团体互动过程中的观察者。

团体辅导前—后测都采用亲密关系量表和自我同一性地位量表测试量表测试团体成员的依恋模式和自我同一性状态，也在团体练习中加入团员自己通过文字描述评估自身依恋模式、自我同一性状态以及网络交往动机的环节，一方面考察每个成员在这几个变量上的状况，另一方面也是团体辅导干预的一个环节，即让成员明白自己网络交往行为的内在机制，从而对自己的网络交往动机有所调节。此外，还要求成员对自己的网络交往动机的几个维度在自己的实际生活中的比例进行评估，即总体动机为 100%，请成员自己评估各维度所占比例。

四、数据分析

案例研究部分：多案例研究的特点在于它包括了两个分析阶段——案例内分析和跨（交叉）案例分析。前者是把每一个案例看成独立的整体进行全面的分析，后者是在前者的基础上对所有的案例进行统一的抽象和归纳，进而得出更精辟的描述和更有力的解释。本研究正式实验部分的数据分析分两步进行：第一步以小组成员为分析单元，对成员的干预效果进行案例内分析，考察干预过程的疗效因子；第二步以小组为分析单元，先进行分小组的案例内分析，考察各小组靶成员的团体干预效果；进而对四个小组的干预效果进行跨案例分析，进行抽象和归纳，考察团体干预方案的有效性。

准实验设计部分：对实验组和对照组的前后测数据进行比较处理。

第三节 研究结果

本研究包括预实验和正式实验两大部分。预试验是运用“探索性多案例研究”的研究设计，在团体辅导过程中探索成员网络交往动机的情况和可能的影响因素；正式实验在预实验和调查研究的基础上确定团体辅导方案，对几个团体同时进行同一个方案的干预，结果采用“描述性和阐释性案例研究”的范式进行分析。

一、探索团体辅导过程中成员网络交往动机的情况和可能的影响因素

（一）预实验对影响因素的初步分析

对大学生网络交往动机的影响因素进行描述性案例研究（描述案例中的一些待考察的因素的情况和变化）和阐述性案例研究（阐述案例中的一些相互影响的因素及相互关系）。

1．案例内分析

预实验于 2014 年 3 月-6 月，由 9 位不同专业的同学组成团体辅导小组，每周一次，每次 2-2.5 小时，固定地点。较小结构化团体辅导的方式，8 次聚会。

采用“词类取向”（变量取向）（Maxwell，1992）和“语段取向”（过程取向）（Ragin，1987）相结合，以团体成员为分析单位进行案例内探索性分析，如表 37 所示。对团体辅导过程中成员原生家庭的经历与当下网络交往动机状况进行压缩、聚类、分类与连结（Gherardi & Turner，1987），对“原生家庭

和成长经历对依恋模式和自我同一性发展的影响，进而对网络交往的影响”进行初步探索。在这次团体辅导中，发现原生家庭和成长经历对依恋模式和自我同一性发展的影响，进而对网络交往的影响。

表 37　网络交往团体辅导过程与探索性案例内分析

<table>
<tr><th>次数</th><th>单元目标</th><th>内容</th><th>过程观察与简单聚类</th><th>探索性分析：分类与连结</th></tr>
<tr><td>1</td><td>组成团体</td><td>滚雪球，画组图</td><td>选蓝色的多，对“北航”的集体认同比较一致</td><td></td></tr>
<tr><td>2</td><td>增加团体凝聚力</td><td>画手指承诺取小名</td><td>有两个学生比较爱开玩笑（逗比）</td><td></td></tr>
<tr><td>3</td><td rowspan="3">深入了解和探索自己与他人的成长经历</td><td rowspan="3">我的原生家庭依恋模式和自我同一性发展状态的了解</td><td colspan="2">原生家庭和成长经历对依恋模式和自我同一性发展的影响，进而对网络交往影响的初步探索</td></tr>
<tr><td>4</td><td rowspan="4">（1）两个离异家庭（樱花、飞翔），只是进行功能性网络交往，依恋模式属于恐惧型。
（2）（学霸）从小一个人在家，姐姐帮忙做饭，思想“成熟”，感恩家庭，学习好，几乎不上网，觉得耽误时间。
（3）（银银）从小妈妈过度控制同时也有关心，让她很依赖妈妈。网络交往不太深入，不懂网下和网上交往的差异
（4）三个（帅帅、千千、盼盼）家庭情况比较正常，不缺关爱，社交圈比较集中，有好友，网络交往主要用于现实关系的维持，更多地是线下交往
（5）（冬冬）对大学生活目标和自身发展比较模糊，急于了解未来的发展。不知道如何在网上交往，很想学习。
（6）（包包）曾经非常内向，后来觉得自己要改变性格，进大学后经常“水网”，并且觉得控制不住地要“呆在群里”，该学习的时候也不能去学习</td><td rowspan="4">恐惧型交往的个体在网络交往方面同样表现出退缩的行为
同一性早闭和部分达成，对学习的过分认同造成交往的回避。
自主性发展受限，依恋不安全，自我同一性发展不成熟（扩散？）。
安全型依恋，线上交往不多，线上交往主要满足现实要求。
该生在自我同一性发展发明处于积极探索的阶段（延迟）。对网络交往也是处于积极探索的状态。
依恋（焦虑）水平较高，总是希望和他人“在一起”，哪怕是在“虚拟空间”中，甚至影响正常学习和生活</td></tr>
<tr><td>5</td></tr>
<tr><td>6</td><td>社会关系情况
网络交往情况</td><td>朋友圈
网络交往饼图</td></tr>
<tr><td>7</td><td>网络交往动机和方式</td><td>访谈、交流</td></tr>
</table>

（续表）

次数	单元目标	内容	过程观察与简单聚类	探索性分析：分类与连结
8	结束 回到此时此地的连接 处理分离	交流感想、收获和疑问“扇把”	经过团体辅导，对自己的状态有所觉察和理解后希望有所调整	团体辅导的观察发现：大学生依恋模式和自我同一性对网络交往行为有较大的影响。通过团体辅导可以有所调整

“樱花”和“飞翔”均来自离异家庭，其依恋模式属于恐惧型，只是进行功能性网络交往，即只运用网络接收和发送学习资料和开会等通知，除此之外基本不上网。在现实的人际交往中比较被动，大多数时间都埋头学习。经过团体辅导，“樱花”开始“认为网络交往不好”，后来发现团体中其他成员因为网络交往而获取很多知识，也通过网络交往维持和发展了友谊甚至爱情。“樱花”说“能够更多地理解别人的交往方式，希望自己突破封闭的观念，尝试网络交往增加自己的见识。”而“飞翔”因不希望触碰创伤回避谈论网络交往和自己成长经历的关系。

“学霸”从小一个人在家，不爱交往，姐姐帮忙做饭，思想“成熟”，感恩家庭，学习好，几乎不上网，觉得耽误时间。该学生因为从小有姐姐陪伴，在依恋方面比较安全，但因为过早接受了要努力学习才能改善生活的观念，所以一心一意只关注学习，不爱交往，更不喜欢网络交往。在小组中发现其他组员在网络交往中获得了很多有益的东西，包括知识面和交往面的扩展，发现这对于自己今后的生涯发展很有帮助，决定在未来生活中增加网络交往的时间投入。

“银银”从小妈妈过度控制同时也有关心，让她很依赖妈妈。网络交往不太深入，不懂网下和网上交往的差异，觉得网上交往和网下交往都不感兴趣，有点好奇网上交往的内容和方式，过度保护的亲子关系妨碍了“银银”自主性的发展，基本处于自我同一性扩散的状态。“银银”说未来“要多用点网络进行交往”，经过辅导从其他组员那里知道了很多关于网络交往的方式和内容，可以供自己未来运用。

“帅帅”、“千千”、“盼盼”家庭情况比较正常，不缺关爱，社交圈比较集中，有好友，网络交往主要用于现实关系的维持，更多地是线下交往。将继续坚持自己的交往方式。

“冬冬”不知道如何在网上交往，很想学习。自我同一性延迟，在团体辅导中非常积极地学习，希望扩大自己的交往面，通过其他组员的交流，学会了用网络交往来扩大自己的交往面。

“包包”曾经非常内向，后来觉得自己要改变性格，进大学后经常“水网”，并且觉得很难自控。在辅导中发现小时候的生长环境不是很稳定，有寄养经历，在依恋方面有“专注型”的特点，害怕被抛弃，过分在意与人交往的乐趣。在团体中受到学霸等同学的冲击，觉得自己应该为生涯发展做些思考，表示以后要收敛一些，觉得自己要有自己的目标，适当减少网络交往的频率和上午时间。

2．大学生依恋模式、同一性状态对网络交往动机影响的跨案例分析

以团体成员为分析单元对成员的依恋模式、自我同一性状态以及网络交往动机等变量的相互关系进行跨案例分析。此处网络交往行为与动机资料采取“语段”编码网络交往动机，用类型数据界定依恋模式和同一性状态，用“个案取向分析策略”与“变量取向分析策略”相结合的“混合分析策略”、“堆叠可比较的个案（stacking comparable cases）”，如表 38 所示。

表 38　依恋模式、自我同一性状态和网络交往动机的探索性因果关系分析

成员昵称	依恋模式	自我同一性状态	网络交往行为和动机	探索性因果关系分析
樱花	恐惧	扩散	基本不上网 认为网络交往不好	受恐惧型依恋模式影响，交往回避性高，导致网络交往动机不强
飞翔	恐惧	早闭	基本不上网 觉得网络交往会影响学习	受“早闭”的价值观影响，网络交往动机不强
学霸	安全	早闭	几乎不上网 不喜欢网络交往	
银银	专注	扩散	缺乏自我认同动机，觉得网上交往和网下交往都不感兴趣，有点好奇网上交往的内容和方式	受专注型依恋模式影响，有一定的网络交往动机；受扩散状态的自我同一性影响，自我认同动机不强
帅帅 千千 盼盼	安全	扩散	动机不强 更多地喜欢线下交往	安全型依恋和扩散的同一性状态使该生没有特别的网络交往动机，比如亲密依恋动机或者自我认同动机
冬冬	安全	延迟	不知道如何在群里发言，但有较强的动机学习网络交往	例外
包包	专注	扩散	常常“水群”，控制不住地与网友聊天，经讨论主要是希望与别人在一起，不喜欢独处	专注型依恋模式导致其网络交往动机较强且主要是寻求归属等依恋需求

从预实验中，发现了大学生网络交往行为的内在动机各不相同，且影响动机的因素主要受家庭背景和成长经历影响较大。跨案例研究进一步发现，依恋

模式和自我同一性状态的对大学生网络交往行为和动机的确存在较大的影响。不同依恋模式和自我同一性发展状态的大学生对网络交往的需求各不相同，他们是否需要网络交往，网络交往的时间、内容都各不相同。因此，预实验可以得出一个基本模式：大学生依恋和自我同一性状态对其网络交往动机有一定影响。

（二）依恋模式、自我同一性状态对大学生网络交往动机预测作用分析

在预实验基础上，根据已有理论和调查研究的研究结论以及预实验的结果，建构团体辅导的理论框架，改进团体辅导方案，采用“复制法则”，招募4个小组进行团体辅导，对大学生网络交往动机的影响因素及干预进行描述性案例研究（描述案例中的一些待考察的因素的情况和变化）和阐述性案例研究（阐述案例中的一些相互影响的因素及相互关系），从案例研究的角度考察前述调查研究的结论。

正式实验招募并选择了31个大学生（见正式实验被试），按照学生的时间要求，避开有现实关系（比如同班同学）的同学入选一个小组，尽量安排不同年级和不同性别的大学生进入一个小组。最后形成了四个小组。

正式实验在预实验的团体辅导方案基础上做了修改，增加了两次干预，总共10次聚会，重点历程放在网络交往动机的影响机制的觉察和认识上，通过对童年成长经历的回顾和讨论，引入了依恋模式和自我同一性状态的自我评估过程，团体辅导中对不同的依恋模式和自我同一性状态的大学生进行不同方式的干预，从而通过“认知领悟”的原理，更加清楚地看到潜在的人格基础和人格发展对当下行为（包括网络交往行为和动机）的影响机制，增加觉察性自我和反思性自我的功能，提升心智化水平，增强自主性，进而达到有意识地调整网络交往动机，增加对网络交往行为的主动控制和调整的能力。

数据分析中聚焦于依恋、自我同一性与网络交往动机三个变量进行考察。依恋、自我同一性用类别变量，网络交往动机分别用强度和内容百分比进行编码。以不同依恋模式进行聚类，建立部分排序的元矩阵表（是将多个案例中的每一个案例的描述性资料，以一种标准格式汇集起来的总表），如表38所示。

成人依恋是多重模式，因此，本研究中也发现，大学生组员在判定自身的依恋模式时总是会分不同的情况来考虑，比如在亲密关系中是恐惧型，在普通关系中是安全型等等。这给研究带来更多的信息，同时也带来相应的难度。本研究以亲密关系中的依恋模式为自变量进行变量分析。根据依恋的四种模式，以不同的依恋模式为一级分析单元，每个依恋模式和每个自我同一性状态内的成员（嵌入式多案例）作为第二级分析单元分别进行资料分析，考察依恋模式对大学生网络交往动机的预测作用，并同时考察自我同一性对这一预测关系的调节效应。

1．安全型依恋大学生网络交往动机状况分析

对安全型依恋模式大学生自我同一性状态、网络交往动机强度及各维度比例以及网络交往行为特点等因素进行案例内分析和跨案例分析，结果如表 39 所示。

表 39　安全型依恋模式的大学生网络交往动机状况分析

成员	同一性状态	强度	网络交往动机各维度比例		网络交往行为特点	初步因果解释（案例内分析）	跨案例分析	
齿	F	中等	沟通交流 自我认同 情绪调节 亲密依恋	60% 0% 30% 10%	用网络只是和他人沟通，比较喜欢游戏	专注型依恋模式使其沟通交流动机特别高，情绪调节动机也不低；早闭-达成的自我同一性使他完全没有运用网络进行自我认同	早闭—达成状态是自我认同动机低，情绪调节动机高	安全依恋大学生网络交往动机普遍处于中等强度。且普遍表现出沟通交流和自我认同动机都比较高。但不同的自我同一性状态对网络交往动机的内容具有一定的影响。扩散和延迟—扩散的同一性状态使安全型依恋成员在情绪调节动机维度稍高
钊	F	中等	沟通交流 自我认同 情绪调节 亲密依恋	35% 25% 30% 10%	比较喜欢玩儿游戏、看视频或随便浏览网页	安全型为主的依恋模式，是网络交往动机分布比较均衡，扩散的自我同一性状态，是该生喜欢通过网络娱乐来调节情绪“寻开心”		
蓝	D	中等	沟通交流 自我认同 情绪调节 亲密依恋	50% 10% 30% 10%	比较喜欢玩儿游戏、看视频或随便浏览网页	安全型为主的依恋模式，“沟通交流”动机较高，扩散和延迟的自我同一性状态导致情绪调节动机比较高，但相比恐惧型依恋的同学要低	扩散状态使情绪调节动机稍高	
俊	D	中等	沟通交流 自我认同 情绪调节 亲密依恋	25% 30% 30% 15%	比较喜欢玩儿游戏、看视频或随便浏览网页	部分专注的依恋模式和扩散的自我同一性状态，使其自我认同动机和情绪调节动机与其他成员相比稍高		
垦	D	低	沟通交流 自我认同 情绪调节 亲密依恋	40% 10% 30% 20%	比较喜欢看视频、购物等或随便浏览网页	安全型依恋，在沟通交流和与父母的亲密依恋方面的动机占着较大的比例扩散为主的自我同一性状态，使其在咨询前网络交往中满足情绪调节的动机较高，自我认同动机很低		
现	D	中等	沟通交流 自我认同 情绪调节 亲密依恋	40% 25% 15% 20%	各种方式都有，但都不会特别偏爱	依恋安全，自我同一性延迟，心态比较平和，网络交往中的各项动机比较均衡。不是太喜欢用网络进行交往		

结果表明，安全型（和安全型为主的）依恋模式的学生在组员中比较多（6人），而且纯粹安全的内在依恋模式很少，被试中只有一人（永）。这几位被试几乎都表现出中等强度的网络交往动机，只有一位网络交往动机强度低(垦)。对网络交往动机内容的影响，普遍表现出沟通交流和自我认同动机之和较高(某些出现双高），几位情绪调节动机偏高（30%）（但没有专注型大学生情绪调节动机高）。每种维度的动机都没有过高或过低的情况。

总的来说，本研究发现，安全型依恋模式的大学生网络交往动机强度居中，网络交往倾向于较多满足沟通交流和自我认同的需求，较少用于情绪调节和亲密依恋的需要。而部分突出的动机和行为，比如“齿”不关心自我认同的发展，其他不少同学的稍微偏高的情绪调节动机应该是自我同一性状态的调节效应。

2．专注型依恋大学生网络交往动机状况分析

对专注型依恋模式大学生自我同一性状态、网络交往动机强度及各维度比例以及网络交往行为特点等因素进行案例内分析和跨案例分析，结果如表 40 所示。

具有专注型和专注型为主依恋模式的大学生，在被试群体中有 10 人，其中有部分接近安全型依恋模式，有几位接近恐惧型依恋模式。专注型依恋模式大学生都是中等或高强度的网络交往动机。网络交往动机结构比例显示专注型依恋模式大学生表现出情绪调节动机单高或亲密依恋动机单高或情绪调节动机与亲密依恋动机双高的情况。自我同一性状态调节效应表现在对自我认同动机的调节效应，早闭和扩散状态的组员自我认同动机较弱，延迟-扩散状态的组员自我认同动机较强。

从观察、访谈等还可以看到成员的网络交往动机与交往行为有一定的内在相关。部分成员由于特殊的网络交往动机，进而产生特殊的网络交往行为。比如，“雨”因为亲密关系中的“创伤经历”，依恋受损，导致对沟通交流和自我成长的网络交往内容不关注，只是看动漫、玩游戏和与女友聊天。“元”也是早年被父母寄养的经验导致不安全的依恋，特别在意与人交流。“王”主要是通过网上“看片儿”来缓解现实交往中过度在意社交，但又难以维持亲密关系的困恼和焦虑。“木”是典型的专注型依恋模式，具有很高的亲密依恋和情绪调节动机，总是通过与陌生人“网恋”来寻找亲密关系的支撑，缓解孤独感。“灰”也是专注型依恋模式，常常感到孤独，除了总有“男友”相伴以外，也总是通过网络游戏或者视频来打发时间和缓解孤独感等负性情绪。

表 40 专注型依恋模式大学生网络交往动机状况分析

成员	自我同一性状态	强度	网络交往动机各维度比例		网络交往行为特点	初步因果解释（案例内分析）	跨案例分析	
雨	F	高	沟通交流	10%	除了看动漫、玩游戏就是和女友聊天	专注型为主的依恋模式，情绪调节和亲密依恋的动机很强，占 80%，早闭的自我同一性状态，使其网络交往中的自我认同动机也很弱	专注型依恋是中高强度网络交往动机以及高的沟通交流动机与亲密依恋的主要原因，同一性早闭或早闭达成状态是自我认同动机偏低的原因	专注型依恋模式具有中等偏高的网络交往动机，该组普遍表现亲密依恋和情绪调节两项动机偏高。自我同一性状态调节效应表现在对自我认同动机的调节效应，早闭和扩散状态的组员自我认同动机较弱，延迟-扩散状态的组员自我认同动机较强
			自我认同	10%				
			情绪调节	30%				
			亲密依恋	50%				
元	F	高	沟通交流	40%	网络就是用来和女友聊天和“水群”	专注型依恋使其沟通交流动机和亲密依恋动机很强；自我同一性早闭状态使其自我认同动机明显很低		
			自我认同	0%				
			情绪调节	20%				
			亲密依恋	40%				
嘉	F	中等	沟通交流	60%	主要是在工作上需要是进行沟通，偶尔也和他人聊天	专注型的依恋模式使其沟通交流动机很强，但早闭状态使其自我认同动机较低		
			自我认同	20%				
			情绪调节	10%				
			亲密依恋	10%				
王	F	中等	沟通交流	20%	看片儿	专注型依恋模式使她对网络交往有一定的依赖，寻求自我肯定，并常常通过网络交往来宣泄和调节情绪		
			自我认同	30%				
			情绪调节	40%				
			亲密依恋	10%				
灰	D	中等	沟通交流	10%	经常游戏、视频	专注（靠近恐惧）的依恋模式和扩散的自我同一性状态，产生了大量焦虑情绪促使他主要运用网络交往进行情绪调节，同时自我认同动机也比较高	专注+扩散=中等强度和高强度网络交往动机，网络交往动机内容偏向情绪调节偏高或亲密依恋动机偏高	
			自我认同	25%				
			情绪调节	55%				
			亲密依恋	10%				

（续表）

成员	自我同一性状态	强度	网络交往动机各维度比例		网络交往行为特点	初步因果解释（案例内分析）	跨案例分析	
壕	D	中等	沟通交流 自我认同 情绪调节 亲密依恋	30% 20% 30% 20%	偶尔玩儿游戏	安全为主的依恋模式使他在各维度的动机比较均衡。但部分专注型依恋和扩散状态造成情绪调节动机比较强。自我同一性扩散，没有强烈的自我认同的动机	专注+扩散=中等强度和高强度网络交往动机，网络交往动机内容偏向情绪调节偏高或亲密依恋动机偏高	专注型依恋模式具有中等偏高的网络交往动机，该组普遍表现亲密依恋和情绪调节两项动机偏高。自我同一性状态调节效应表现在对自我认同动机的调节效应，早闭和扩散状态的组员自我认同动机较弱，延迟-扩散状态的组员自我认同动机较强
星	D-M	中等	沟通交流 自我认同 情绪调节 亲密依恋	30% 10% 30% 30%	比较喜欢看视频调节情绪，然后就是和男友聊天	专注型依恋使其沟通交流和亲密依恋动机较强，扩散的同一性状态使其自我认同动机较弱		
木	D	高	沟通交流 自我认同 情绪调节 亲密依恋	20% 10% 30% 40%	经常与陌生人“网恋”	典型。专注、恐惧的依恋模式，会在网上与陌生人“谈恋爱”来满足亲密依恋的需求。情绪调节动机也比较高		
李	D	中等	沟通交流 自我认同 情绪调节 亲密依恋	58% 2% 10% 30%	和朋友家人聊天	专注型偏冷漠型依恋模式和扩散的自我同一性状态，使其网络交往极大地满足沟通交流和亲密依恋动机，极少源自自我认同动机和情绪调节动机		
泽	D-M	高	沟通交流 自我认同 情绪调节 亲密依恋	25% 50% 0% 25%	浏览网页、贴吧	专注（偏安全）型依恋使该生在亲密关系方面的诉求较高，亲密依恋动机也较强。自我同一性延迟-扩散，造成自我认同动机很强，属于延迟中积极应对危机的一种	专注型依恋+扩散延迟=自我认同动机高，亲密依恋动机较高	

3．恐惧型依恋大学生网络交往动机状况分析

对恐惧型依恋模式大学生自我同一性状态、网络交往动机强度及各维度比例以及网络交往行为特点等因素进行案例内分析和跨案例分析，结果如表 41 所示。

表 41　恐惧型依恋模式大学生网络交往动机状况分析

成员昵称	自我同一性	强度	网络交往动机各维度比例		网络交往行为特点	初步因果解释（案例内分析）	跨案例分析	
喵	F	中等	沟通交流	20%	较少上网，主要是看视频、玩游戏	早期寄养经历造成早闭的“假性自体”（好孩子）的自我认同，与爷爷奶奶安全的依恋，但与爸爸妈妈恐惧的依恋模式，使其在网络交往中的“情绪调节”动机很高。其他交往动机很低	早闭和早闭—达成状态加重了恐惧型依恋的回避性，故而亲密依恋动机低，同时内心的情绪困扰很多，故而用网络进行情绪调节的动机偏高	恐惧型依恋模式的大学生社交回避性高，网络交往动机强度中等偏低；亲密依恋动机普遍偏低，情绪调节动机普遍偏高。但延迟-扩散状态的组员自我认同动机相对高一些
			自我认同	10%				
			情绪调节	60%				
			亲密依恋	10%				
丹	F	中等	沟通交流	65%	比较喜欢上网，特别是与各种人沟通	偏向恐惧型的依恋模式使该生在网络交往动机中更多地是运用网络进行沟通交流。亲密依恋动机低		
			自我认同	20%				
			情绪调节	10%				
			亲密依恋	5%				
白	F	中等	沟通交流	50%	普通交往不错，但害怕亲密交往	介于恐惧型和专注型之间的依恋模式使他亲密依恋动机低。但沟通交流动机较高		
			自我认同	20				
			情绪调节	25%				
			亲密依恋	5%				
维	D	低	沟通交流	50%	线下交往害怕面对亲密关系，比较喜欢线上交往	在亲密关系方面表现出恐惧型的依恋模式，在恋爱方面比较被动和疏离。网络交往动机强度低，网络亲密依恋的满足主要是与父母	恐惧型依恋模式加上扩散的同一性状态使这部分组员不喜欢网络交往，交往动机低，即使上网也多用于调节情绪，亲密依恋动机偏低	
			自我认同	10%				
			情绪调节	20%				
			亲密依恋	20%				
玲	D	低	沟通交流	20%	不喜欢网络交往，主要看视频调节情绪	恐惧型的依恋模式带来的内在焦虑状态，表现在运用网络进行情绪调节的动机很高		
			自我认同	20%				
			情绪调节	60%				
			亲密依恋	0				

（续表）

<table>
<tr><th>成员昵称</th><th>自我同一性</th><th>强度</th><th colspan="2">网络交往动机各维度比例</th><th>网络交往行为特点</th><th>初步因果解释（案例内分析）</th><th colspan="2">跨案例分析</th></tr>
<tr><td rowspan="4">艺</td><td rowspan="4">D</td><td rowspan="4">低</td><td>沟通交流</td><td>20%</td><td rowspan="4">不喜欢网络交往，主要是看视频看小说等</td><td rowspan="4">恐惧型依恋模式和早闭与扩散的自我同一性状态，带来情绪调节动机很高，亲密依恋动机偏低</td><td rowspan="16">恐惧型依恋模式加上扩散的同一性状态使这部分组员不喜欢网络交往，交往动机低，即使上网也多用于调节情绪，亲密依恋动机偏低</td><td rowspan="16">恐惧型依恋模式的大学生社交回避性高,网络交往动机强度中等偏低;亲密依恋动机普遍偏低,情绪调节动机普遍偏高。但延迟-扩散状态的组员自我认同动机相对高一些</td></tr>
<tr><td>自我认同</td><td>25%</td></tr>
<tr><td>情绪调节</td><td>50%</td></tr>
<tr><td>亲密依恋</td><td>5%</td></tr>
<tr><td rowspan="4">喜</td><td rowspan="4">D</td><td rowspan="4">中等</td><td>沟通交流</td><td>10%</td><td rowspan="4">还比较喜欢上网，但有很多时候在玩游戏</td><td rowspan="4">恐惧型依恋，在情绪调节动机方面很强，不喜欢与人交流，无论线上还是线下。常常感到孤独、焦虑，所以网络基本用于调节情绪</td></tr>
<tr><td>自我认同</td><td>20%</td></tr>
<tr><td>情绪调节</td><td>45%</td></tr>
<tr><td>亲密依恋</td><td>25%</td></tr>
<tr><td rowspan="4">洋</td><td rowspan="4">D</td><td rowspan="4">中等</td><td>沟通交流</td><td>15%</td><td rowspan="4">玩游戏</td><td rowspan="4">恐惧型为主的依恋模式和延迟的自我同一性状态，使其在沟通交流和自我认同方面的动机均少于通常情况，情绪调节动机又非常地强烈。总的来说很少用网络进行交往</td></tr>
<tr><td>自我认同</td><td>15%</td></tr>
<tr><td>情绪调节</td><td>60%</td></tr>
<tr><td>亲密依恋</td><td>10%</td></tr>
<tr><td rowspan="4">萌</td><td rowspan="4">D</td><td rowspan="4">低</td><td>沟通交流</td><td>25%</td><td rowspan="4">喜欢看视频,看小说,玩游戏，不喜欢与人交往</td><td rowspan="4">很少与人聊天，只是关注自己内在，不想向外寻找安全感和依靠；放弃一段本来还好的恋爱关系，找了很多“客观理由”，与恐惧型依恋相关，情绪调节动机相当高</td></tr>
<tr><td>自我认同</td><td>10%</td></tr>
<tr><td>情绪调节</td><td>50%</td></tr>
<tr><td>亲密依恋</td><td>15%</td></tr>
</table>

（续表）

<table>
<tr><th>成员昵称</th><th>自我同一性</th><th>强度</th><th colspan="2">网络交往动机各维度比例</th><th>网络交往行为特点</th><th>初步因果解释（案例内分析）</th><th colspan="2">跨案例分析</th></tr>
<tr><td rowspan="4">胖</td><td rowspan="4">D-M</td><td rowspan="4">高</td><td>沟通交流</td><td>0%</td><td rowspan="4">喜欢通过网络来寻求自我认识和成长的信息</td><td rowspan="4">恐惧型依恋使其人际交往动机很弱（无论沟通交流还是亲密依恋）；延迟—扩散的自我同一性状态，使他投入大量精力在自我认同上</td><td rowspan="8">恐惧型依恋模式处于延迟—扩散状态的组员具有中等偏高的网络交往动机，且表现出较高的自我认同动机</td><td rowspan="16">恐惧型依恋模式的大学生社交回避性高，网络交往动机强度中等偏低；亲密依恋动机普遍偏低，情绪调节动机普遍偏高。但延迟-扩散状态的组员自我认同动机相对高一些</td></tr>
<tr><td>自我认同</td><td>70%</td></tr>
<tr><td>情绪调节</td><td>20%</td></tr>
<tr><td>亲密依恋</td><td>10%</td></tr>
<tr><td rowspan="4">达</td><td rowspan="4">D-M</td><td rowspan="4">中等</td><td>沟通交流</td><td>30%</td><td rowspan="4">喜欢了解别人的生活状况，在各种社交网站中自我暴露</td><td rowspan="4">恐惧型依恋模式使他在亲密依恋和情绪调节动机方面都不高。处于自我同一性延迟状态，也就是正好在当下积极关注自我同一性发展，因此，在自我认同方面的动机非常强烈。包括在游戏中认同有地位的朋友</td></tr>
<tr><td>自我认同</td><td>50%</td></tr>
<tr><td>情绪调节</td><td>10%</td></tr>
<tr><td>亲密依恋</td><td>10%</td></tr>
<tr><td rowspan="4">钢</td><td rowspan="4">M</td><td rowspan="4">中等</td><td>沟通交流</td><td>40%</td><td rowspan="4">也是稍微喜欢玩儿游戏来调节情绪</td><td rowspan="4">恐惧型为主但接近安全型的依恋模式，其网络交往动机分布比较均匀，但亲密依恋动机很低。同时由于自我同一性延迟，情绪调节动机稍高</td><td rowspan="8">两位恐惧型依恋模式处于延迟状态的组员也表现出较高的情绪调节动机和较低亲密依恋动机</td></tr>
<tr><td>自我认同</td><td>20%</td></tr>
<tr><td>情绪调节</td><td>35%</td></tr>
<tr><td>亲密依恋</td><td>5%</td></tr>
<tr><td rowspan="4">翔</td><td rowspan="4">M</td><td rowspan="4">低</td><td>沟通交流</td><td>30%</td><td rowspan="4">看网络小说、玩儿游戏</td><td rowspan="4">恐惧型依恋使该生平时交往时“很多时候交往中都不能放开自己，让双方的关系处在一个很微妙的关系，甚至有些尴尬。”网络交往动机也比较弱，内容上情绪调节动机偏高</td></tr>
<tr><td>自我认同</td><td>20%</td></tr>
<tr><td>情绪调节</td><td>40%</td></tr>
<tr><td>亲密依恋</td><td>10%</td></tr>
</table>

结果发现，具有恐惧型和恐惧型为主依恋模式的大学生，被试中人数最多（13 人），在网络交往动机强度方面中等强度和低强度为主。结合自我同一性发展状态看，两位早闭-达成和一位早闭状态的组员具有中等强度的网络交往动机，其中两位亲密依恋动机很低，一位情绪调节动机很高；处于扩散状态的 6 位组员普遍网络交往动机强度偏低，且普遍情绪调节动机偏高，亲密依恋动机偏低；延迟-扩散状态的组员则与前两者有所不同，具有中等强度的网络交往动机，且自我认同动机明显偏高。延迟状态的两位组员情绪调节动机也比较高但没有扩散状态和早闭状态的突出，但亲密依恋动机仍然很低。网络交往动机的分配比例显示恐惧型依恋模式大学生表现出情绪调节动机单高或亲密依恋动机特别低或情绪调节动机与亲密依恋动机双高的情况。

4．冷漠型依恋大学生网络交往动机状况分析

对恐惧型依恋模式大学生自我同一性状态、网络交往动机强度及各维度比例以及网络交往行为特点等因素进行案例内分析和跨案例分析，结果如表 42 所示。

表 42　冷漠型及冷漠型为主依恋模式大学生网络交往动机状况分析

<table>
<tr><th>成员昵称</th><th>自我同一性状态</th><th>强度</th><th colspan="2">各维度比例</th><th>网络交往行为特点</th><th>初步因果解释（案例内分析）</th><th>跨案例分析</th></tr>
<tr><td rowspan="4">大</td><td rowspan="4">F</td><td rowspan="4">低</td><td>沟通交流</td><td>70%</td><td rowspan="4">几乎不上网，最多进行沟通交流</td><td rowspan="4">冷漠型依恋和早闭—达成的自我同一性状态使他很少进行网络交往，在网络交往中更多运用网络进行现实的沟通交流，很少进行自我探索和情绪调节，亲密依恋动机也不是很强烈</td><td rowspan="8">冷漠型依恋的两位成员的自我同一性状态都比较低级，网络交往动机强度低，同一性状态的调节效应表现为早闭状态使自我认同动机低，扩散状态使情绪调节动机高</td></tr>
<tr><td>自我认同</td><td>5%</td></tr>
<tr><td>情绪调节</td><td>10%</td></tr>
<tr><td>亲密依恋</td><td>15%</td></tr>
<tr><td rowspan="4">萌</td><td rowspan="4">D</td><td rowspan="4">中等</td><td>沟通交流</td><td>15%</td><td rowspan="4">较少上网，主要看视频调节情绪</td><td rowspan="4">扩散的自我同一性状态和冷漠-恐惧型的依恋模式，使该生表现为在网络交往中情绪调节所占比例最高</td></tr>
<tr><td>自我认同</td><td>20%</td></tr>
<tr><td>情绪调节</td><td>45%</td></tr>
<tr><td>亲密依恋</td><td>20%</td></tr>
</table>

冷漠型为主依恋模式的大学生在整个被试群体中人数最少，自我同一性处于早闭、扩散状态。网络交往动机强度在中等水平和低水平。同一性状态的调节效应表现为早闭状态使自我认同动机低，扩散状态使情绪调节动机高。冷漠型依恋的两位组员不爱上网，受自我同一性的影响，在沟通交流动机或自我认同动机方面明显比安全型依恋模式的组员要少很多。

5．依恋模式和自我同一性状态对网络交往动机的影响机制：跨案例分析

根据上述对网络交往动机不同维度的数据分析，可以进一步概括出自我同一性状态和依恋模式对网络交往动机的强度和内容的影响机制，详见表 43。

从表 43 结果可见，大学生网络交往动机受到依恋模式和自我同一性状态的影响，与研究二的结果一致。依恋模式和自我同一性状态对于网络交往动机的影响作用机制复杂，但也表现出来一定的规律性。

表 43　不同依恋模式大学生网络交往动机跨案例分析

依恋模式	自我同一性状态	网络交往动机		变量关系分析
		强度	内容	
安全型 N=6	早闭 2 人 扩散 4 人	中等强度 5 人 低强度 1 人	沟通交流与自我认同两项之和偏高，其中大多数双高	安全型依恋：中等强度动机 安全+扩散=沟通交流与自我认同双高+情绪调节稍高
专注型 N=10	早闭 4 人 扩散 4 人 延迟—扩散 2 人	高强度 4 人 中等强度 6 人	情绪调节与亲密依恋两项之和偏高	专注型依恋：中高强度动机 专注+延迟=高强度动机 专注+延迟—扩散=中等强度动机 情绪调节动机高或亲密依恋动机高
恐惧型 N=13	早闭 3 人 扩散 6 人 延迟-扩散 2 人 延迟 2 人	高强度 1 人 中等强度 7 人 低强度 5 人	情绪调节单项偏高 亲密依恋单项偏低	恐惧+早闭=高情绪调节动机/低亲密依恋动机 恐惧+扩散=低强度动机为主 恐惧+延迟—扩散=中高强度动机 恐惧+延迟=中等强度为主 该组情绪调节动机偏高，亲密依恋动机偏低
冷漠型 N=2	早闭 1 人 扩散 1 人	中等强度 1 人 低强度 1 人	自我认同单项偏低 情绪调节动机偏高	冷漠+早闭-达成/扩散=中等偏低强度网络交往动机 冷漠+早闭=自我认同动机低 冷漠+扩散=情绪调节动机高

从网络交往动机强度看，自我同一性状态从扩散、早闭和延迟—扩散到延迟和达成状态，即，随着现在的自我投入和将来的自我投入水平的增加，大学生网络交往动机强度有逐渐增强的趋势；依恋模式方面，恐惧型依恋中低强度动机学生最多，冷漠型依恋中等偏低，安全型中等，专注型中等偏高。即，依恋（逃避）维度对强度的预测是负向的，依恋（焦虑）维度则是正向的预测。从网络交往动机内容看，自我同一性状态处于早闭和扩散两种情况时，都显示出情绪调节动机偏高（这一点与分项研究二有所不同）；延迟—扩散中间状态的显示出“沟通交流与自我认同动机双高”；延迟状态表现出“沟通交流与自我认同动机双高”和“情绪调节动机单高”（这两点与分项研究二一致）；早闭—达成之间状态则表现出自我认同动机和情绪调节动机都不高。依恋模式的效应，“安全型”依恋模式的组员表现出显著的“沟通交流与自我认同动机双高”；“专注型”依恋模式的组员则没有表现出“沟通交流与自我认同动机双高”现象，相反表现出极少“亲密依恋与情绪调节动机双低”的情况，即，他们要么情绪调节动机高，要么亲密依恋动机高；“恐惧型”依恋模式的组员沟通交流动机和自我认同动机都不高，情绪调节动机高，亲密依恋动机低；“冷漠型”依恋模式的组员则明显表现出自我认同动机低，部分表现出情绪调节动机略高。

依恋模式和自我同一性状态的交互作用表现在，扩散状态的恐惧型依恋模式大学生网络交往动机低，情绪调节动机强烈。处于自我同一性延迟状态的安全型或冷漠型依恋模式的组员多表现出“沟通交流与自我认同动机双高”，而延迟状态却是专注型依恋模式的组员则更容易表现出“情绪调节动机单高”；处于自我同一性早闭-达成状态的学生，依恋模式不同则网络交往动机内容各不相同，专注型表现出亲密依恋动机高，恐惧型表现出情绪调节动机高，冷漠型表现出沟通交流动机高。安全型依恋模式的大学生，如果处于延迟—扩散中间状态，情绪调节动机普遍偏高；恐惧型依恋大学生，处于延迟状态，表现出中等或高强度的网络交往动机，如果处于扩散或早闭状态，则表现出低强度的网络交往动机。

案例研究的结果与前期调查研究结果非常相似，“复现”了研究二调查研究的结果，安全型依恋模式大学生网络交往动机强度适中，倾向于投入更多的精力和时间运用网络进行沟通交流和自我认同，较少有通过网络交往调节情绪和满足亲密依恋的需求。而非安全型依恋模式大学生则表现出过低或过高强度的网络交往动机，且在正常的沟通交流和自我认同动机方面动机不足，而在情绪调节或亲密依恋方面则反映出过强的内在需求，而自我同一性发展水平不足则强化了这方面的问题。

第四节　团体辅导方案对大学生网络交往动机的靶向干预

以研究二所得到的变量关系作为大学生网络交往动机的影响机制，设计团体辅导干预方案，试图通过对自变量——依恋和自我同一性的

以团体辅导的方式干预大学生网络交往动机，本研究包括预实验和正式实验两大部分。预试验是运用"探索性多案例研究"的研究设计，在团体辅导过程中探索成员网络交往动机的情况和可能的影响因素；正式实验在预实验和调查研究的基础上确定团体辅导方案，对几个团体同时进行同一个方案的干预，结果采用"描述性和阐释性案例研究"的范式进行分析。

一、团体成员的自我描述与案例内分析：预实验 1

预实验 1 是最早的探索性案例研究，参与成员是被试 1 成员。以"自我成长和网络交往的关系"作为主题进行的较小结构化的团体辅导，团体成员自由讨论的空间比较大，目的是通过参与性观察和访谈得到一些开放性的讨论资料（见表 44），更加客观地了解大学生网络交往行为和动机的特点与可能的影响因素，并初步了解团体辅导的干预因素和干预效果，为后续正式实验做一些前期准备。

从预实验 1 中"**团体辅导过程及影响的自我描述**"的语段（见表 4 4 第三列）可以看到，大学生网络交往行为与动机与其个性特点和心理发展有一定的相关，案例内分析（见表 44 第四列）发现，依恋和自我同一性应该是主要的影响因素。

团体辅导的干预机制主要包括：（1）心智化干预（认知领悟和成员反馈）。通过提升元认知水平，促进成员对自身心理与行为之间的关系有所领悟，更清楚地感知、理解自己和他人的内心感受和想法，对网络交往行为和动机背后的心理动力有所了解，从而能够提升意识化水平，增强控制感；（2）建立团体安全氛围。促进依恋安全的提升和自我同一性的发展。团体的安全氛围可以帮助成员更多地探索和表达自己的内心世界，降低依恋（焦虑）和逃避，增强组员间的思想和情感交流，探索内在关系模式获得矫正性情感体验。同时，团体的开放性可以帮助成员练习新的交往方式，能够在现实交往中更加开放自己，满足情感归属和依恋等交往需求，减少网络交往依赖或逃避。

表 44　预实验 1 成员的自我描述与案例内分析

成员基本情况				网络交往行为自我描述	团体辅导过程及影响的自我描述	案例内分析	团体辅导影响机制（探索）
1	性别	女		大家也会觉得我很神秘，我会在网络上更多地显示自己的本来面目，以至于有一次跟一个同学在网络上聊天她甚至怀疑跟她聊天的是不是我。其实我觉得自己是一个很不成熟的人，没有关于未来的明确的目标，也没有自己的学习计划，就这样没有方向地度过了自己的大学两年。因此在网络交往上也是很盲目的，不知道哪种做法是对的，不知道自己应不应该跟某个人交流	其实在之前就认识到了自己的一些缺点，但在这次团体辅导中对自己的认识更加深刻了。……我渴望改变，决定从制定属于我的人生第一份计划开始规划自己的人生，改变自己的性格	该生网络交往中倾向于探索和表达真实的自我，并且发现了自己的“不成熟”与网络交往“盲目”之间的关系。通过团体辅导决心规划人生，改变个性	心智化教育（认知领悟）：对自身心理与行为之间的关系有所领悟，并期望尝试改变
	年级	大二					
	专业	工科					
2	性别	男		我也会在社交网络上发一些表情、图片和状态，但是我不会轻易和别人聊天，我认为那是没有必要的，会占用大量的时间。现在我对自己有明确的目标，我会一定程度上把社交网络当做我完成目标的工具，但是偶尔也会和自己最要好的几个朋友说一些心里话，这样的对话少之又少。……其实一个人的生活背景对他以后的人际交往方式有很大影响，包括网络交往，这是无形中形成的习惯和爱好	所以我们要让自己变的更强，就要清楚的认识自己的内心世界，激发潜能，释放自我。在这次学习中，我看到了其他人的坦荡和自由，我可以和他们进行自由的对话。……我决定增加网络用于学习的时间，减少浏览信息的时间和工作的时间，而基于网络交流的时间大致不变吧，原本的时间也不多。	该生目标明确，自我同一性早闭-达成状态，网络自我认同的动机不强；但交往回避性较强，在团体辅导中有新的发现和认识，但还不足以带来网络交往动机的改变	团体安全氛围促进依恋安全的提升，开放性增强。
	年级	大二					
	专业	工科					

（续表）

成员基本情况			网络交往行为自我描述	团体辅导过程及影响的自我描述	案例内分析	团体辅导影响机制（探索）
3	性别	男	网络交流是我认为网络最大的作用。通过小组讨论我发现了自己身上还是存在很多的问题，比如我可能太过注重于网络交往可能对现实的交往有些忽视，而且因为网络交往我上课的时候也没有认真地听课，课下也没有认真地写作业，导致期末成绩十分不理想。而且因为网络上的人各色各样，会发出不同的言论，有些会让你体会到一些温暖，但是也有一些会让你感受到社会的黑暗	在这次的网络交往团体辅导中，我很开心能够认识到这么多新的朋友，我感觉我从他们的话语中学到了很多，感受到了不同的人对于网络的看法竟然是如此的不一样，……在之前的对家庭情况进行交流的时候我对这种我以前从未尝试的交流感受很多，让我感到原来现实的交流也可以像网络交往一样毫无顾忌的说出自己的经历，这对我来说是一种进步	该生特别喜欢交往包括网络交往，过多的网络交往甚至影响学习，对网络交往的喜爱背后是强烈的真实自我呈现的动机。团体辅导过程中尝试了面对面开放自己的突破	团体的开放性可以帮助成员矫正以往的交往模式。能够在现实交往中更加开放自己，满足交往需求，减少网络交往依赖
	年级	大一				
	专业	文科				
4	性别	女	我的网络交往主要都是用来工作，接收邮件、通知，再向下发放通知，收集反馈之类的。……就是有时候通过网络交往，找好友吐吐槽，给自己打打气，补充一点正能量。网络交往只能调整心态，让自己保持一个积极的心态。……认识到自己对于情感比较淡薄，不是很会表达自己的感情，有时候略显得无情冷酷。我对自己的定位是外表看起来很热情，很开朗大方，但骨子里有一种冷淡	我想要做些调整。那就是更多的表达内心的情感，可以多和老同学聊聊天，多和父母沟通一下。有些感情可能真的是需要用心去维护的。……以后我会有意识地维系友情	冷漠型依恋模式导致社会交往（包括网络交往）的严重回避，网络交往只是被用于情绪调节（调整心态）使用	团体可以帮助成员表达自己的内心世界，多一些情感交流
	年级	大一				
	专业	理科				

（续表）

成员基本情况			网络交往行为自我描述	团体辅导过程及影响的自我描述	案例内分析	团体辅导影响机制（探索）
5	性别	男	在参加这个心理辅导小组之前，我的网络交往基本只限定于真实世界中认识的人，但是家里很多大人网络都不是用得很频繁，所以基本上都是同学交往比较多，其中包括和之前的同学们，主要是高中几个比较要好的同学，一起回顾之前的学习和生活，并且互相介绍一下现在的大学生活，但是由于下学期工作学习比较忙，所以这种交流就很少了。再就是和现在的大学同学之间的交流，主要就是学生工作和接收通知两方面	在这个小组里，我收获了很多，通过倾听别的同学的发言，我发现其实每个人都是不同的，他们从小的生活环境，学习环境，他们的亲人，老师，同学，都会在潜移默化中改变每一个人的品质，心理，性格。了解到其他同学的网络交往方式，……我这个人不是很愿意去和别的人说一些私密的话，即使是非常要好的朋友，不过通过这个心理辅导，我说了出来，感觉压抑在心中的好多话，好多情感都喷涌而出，感觉有些轻松呢	冷漠型依恋模式使该生在网络交往方面的范围非常有限，团体辅导后，开放性增强，回避性有所减弱	团体辅导可以帮助来访者冷漠型依恋模式的改善。但没有明确表示是否影响到网络交往
	年级	大一				
	专业	工科				

二、团体辅导干预前后成员网络交往动机的变化及原因分析：预实验 2

预实验 2 设计了初步包括依恋和自我同一性相关练习和活动的半结构化团体辅导方案，成员是被试 2 的大学生。以团体作为分析单元，考察团体辅导对大学生网络交往动机的干预效果。结果如表 45 所示。

从预实验 2 结果可以看到，经过聚焦于依恋和自我同一性的短程结构式团体辅导，可以增加成员对自己网络交往动机的了解和把控，但由于对成人依恋与自我同一性发展的相关知识缺乏明确了解，成员的改变略显被动。因此，准备在方案设计中加入对成人依恋和自我同一性状态的知识学习和自我评估部分。

表 45　预实验 2 团体辅导干预前后成员网络交往动机的变化及原因分析

个案昵称	依恋模式	自我同一性状态	网络交往动机（干预前）	网络交往动机（干预后）	团体辅导过程及影响因素
樱花	恐惧	扩散	基本不上网 认为网络交往不好	能够多理解别人的交往方式，希望自己突破封闭的观念，尝试网络交往增加自己的见识。	团体互动 他人的影响 自我同一性发展讨论
飞翔	恐惧	早闭	基本不上网 觉得网络交往会影响学习	但因近期丧失的经验放弃讨论网络交往与成长经历的关系	安全感和归宿感增加
学霸	安全	早闭	几乎不上网 不喜欢网络交往	决定在未来生活中增加网络交往的时间投入	团体互动 社会学习 生涯发展讨论
银银	专注	扩散	缺乏自我认同动机，觉得网上交往和网下交往都不感兴趣，有点好奇网上交往的内容和方式	未来要多用点网络进行交往	从其他组员那里知道了很多关于网络交往的方式和内容，可以供自己未来运用
帅帅 千千 盼盼	安全	扩散	动机不强 更多地喜欢线下交往	继续坚持自己的交往方式	社交圈比较集中于小范围的交往
冬冬	安全	延迟	不知道如何在群里发言	积极学习网络交往，扩大交往面	从喜欢网络交往的团体成员那里了解到很多方法
包包	专注	扩散	常常“水群”，控制不住地与网友聊天	适当减少网络交往的频率和上网时间	受到学霸等同学的冲击，觉得自己应该为生涯发展做些思考

三、大学生网络交往动机的干预效果：以小组和靶成员为分析单元的案例研究

正式实验在预实验的团体辅导方案的基础上做了修改，增加了两次干预，总共 10 次聚会，重点历程放在童年成长经历的回顾和讨论，在此基础上引入了

依恋模式和自我同一性状态的知识学习和自我评估过程，团体辅导中借鉴Kilmann（1999）研发的17小时聚焦于依恋的干预性团体，这个团体是以不安全依恋个体为“靶成员”进行重点干预。本研究小组靶成员选择标准是：第一，网络交往有一定困扰，特别是有网络依赖行为（包括网络游戏依恋、网络交往依赖、网络阅读依赖等）；第二，成员的依恋模式，以不安全依恋模式为重点干预对象。

小组成员的入组标准：排除精神疾病和人格功能水平低下的大学生。选择安全型依恋模式大学生作为“榜样成员”，人数占小组总数的一半左右；再选择专注型依恋模式和恐惧型依恋模式的大学生作为干预对象，人数占小组人数的三分之一到一半，冷模型依恋模式大学生随机入组。

数据分析单位：以小组为一级分析单位，以小组靶成员为二级分析单元，包括成员的重要考察变量的情况分析和每个成员团体辅导干预效果分析。对4个实验组靶成员进行跨案例分析（见表46），几乎每个成员在正式实验的团体辅导方案干预下，都得到了不同程度的改变。

4个团体辅导案例研究结果分析显示，从成员（特别是靶成员）的改变可以看到，各位靶成员的依恋安全性有所改善，且经过团体辅导，靶成员的网络交往动机都更加接近安全型依恋模式大学生的网络交往动机结构。基于依恋理论和自我同一性发展的半结构化团体辅导对大学生网络交往动机的改变具有以下影响机制：

第一，通过团体凝聚力，提升依恋安全感，降低内在焦虑

第二，通过真诚、接纳和开放的团体氛围，提升成员的自尊、自我开放和人际信任感

第三，通过自我认识的相关活动和练习，增强团体成员的自我认识和自我接纳，提升自我发展意识和责任感，加深自我发展的思考

第四，通过对依恋和自我同一性发展与网络交往关系（影响机制）的认知领悟，提升成员的元认知能力，改善成员的心智化水平

第五，在此基础上，改善大学生网络交往动机。对不安全依恋导致的过渡交往（“水群”“网恋”等）或回避交往（过低强度的交往、网络游戏依赖等）进行调节。对自我同一性发展状态引发的网络交往动机（自我认同动机）状态进行适当调节。

表 46 各小组靶成员干预效果跨案例分析

小组	靶成员	干预重点	核心干预技术	动机维度	干预前	干预后	成员的自我描述语段	干预效果（案例内分析）	干预效果（跨案例分析）
组1	元	专注型依恋，网络交往亲密依恋动机偏高	团体接纳、支持、开放的氛围； 创伤治疗； 提升自尊和自我确认； 提高心智化水平	沟通交流	40%	40%	能够再一次在交往方式上坚定了自己的立场，这是我在本次辅导中的最大收获，没有之一	在团体辅导中增进了自我认同，对早年的创伤经历进行了哀悼，故而更加明确自己的生活方式和态度。在网络交往动机方面也不准备改变	团体动力不是很活跃，但是随着团体进程和领导者的推动，小组凝聚力还是在不断提升，自我成长的动机得到一定程度的强化，各个成员都在一定程度上得到成长和改变
				自我认同	0%	0%			
				情绪调节	20%	20%			
				亲密依恋	40%	40%			
	达	恐惧型依恋，延迟状态，网络交往自我认同动机偏高	成员真诚反馈促进自我觉察 提高元认知水平 提升心智化水平	沟通交流	30%	40%	最有感触的一点：知道了正确认识自己的重要性，一下就明白了自己之前各种毛病的根源在哪儿了	辅导中在自我认识方面有了较大的发现，所以网络交往中自我认同动机减少了20%，在亲密依恋方面提高了10%，尝试主动建立亲密关系	
				自我认同	50%	30%			
				情绪调节	10%	10%			
				亲密依恋	10%	20%			

（续表）

小组	靶成员	干预重点	核心干预技术	动机维度	干预前	干预后	成员的自我描述语段	干预效果（案例内分析）	干预效果（跨案例分析）
组2	木	专注型依恋模式，亲密依恋动机偏高——网络交往成瘾（网恋）	借助主动改变的动机 组员真诚反馈促进自我觉察 促进网络交往内在机制的理解 提升心智化水平	沟通交流	20%	35%	这些都有助于我们更清晰的了解自己，认识自己，让我们可以向着积极、健康的方向发展	发现自己用网络与陌生人“谈恋爱”与不安全的依恋模式有关，减少了内在冲突，“网恋”动机大幅度下降	团体动力最为活跃，凝聚力很强，同时也非常安全和开放，小组探索最深刻，成长最迅速。三位靶成员因为不同的原因在小组里非常活跃，在研究时间内这几位得到更多的自我探索。网络交往动机改变也最为明显
				自我认同	10%	30%			
				情绪调节	30%	20%			
				亲密依恋	40%	15%			
	雨	恐惧型依恋；情绪调节动机偏高（网络游戏依赖）	小组团体凝聚力增强安全感 创伤治疗 促进网络交往内在机制的理解提升心智化	沟通交流	25%	10%	我也的确比以前要更加了解自己，对一些问题的看法也更全面更深刻。”“要是大一就上这门课就好了”（就不会那样去放弃那段感情了）	在小组中投入很多，当发现放弃恋爱关系与恐惧型依恋模式有很大的关系后，内心冲击很大。强烈地希望调整和改变自己	
				自我认同	10%	20%			
				情绪调节	50%	40%			
				亲密依恋	15%	20%			
	葫	恐惧型依恋模式，情绪调节动机偏高	团体凝聚力 心智化的提升是这个成员在团体辅导中得到了最大收获，	沟通交流	10%	23%	在这次团体辅导中，我最大的收获就是认清楚了自己的交往方式。能与大家分享自己的看法和见解，能通过别人的目光更清楚地认识自己，从而改变自己的不足，努力做好自己	通过团体辅导对创伤经历的再次暴露和处理，情绪调节动机减弱，沟通交流和自我认同动机有所增强。但与女友的亲密依恋动机仍然占有整个网络交往动机的一半	
				自我认同	10%	15%			
				情绪调节	30%	12%			
				亲密依恋	50%	50%			

（续表）

小组	靶成员	干预重点	核心干预技术	动机维度	干预前	干预后	成员的自我描述语段	干预效果（案例内分析）	干预效果（跨案例分析）
组3	泽	专注型依恋，网络交往动机强度偏高	小组成员的讨论和反馈，增强自我觉察和自我认识发展自我同一性	沟通交流	25%	25%	准确定位了自己喜欢的异性类型，也指出了许多不足，交到了3个很棒的朋友	经过团体辅导，发现了自己喜欢的亲密关系对象的标准，因此在网络交往方面自我认同方面的动机显著减弱（25%），亲密依恋动机显著增强（25%）	每位成员在小组中的投入比较均衡，带来该小组广泛而比较深入的自我探索，但较组2的深度稍差一些。该组各位成员由于不同的自我议题在小组中得到小组不同程度的帮助。几位靶成员得到更多的自我探索和成长
				自我认同	50%	25%			
				情绪调节	0%	0%			
				亲密依恋	25%	50%			
	灰	专注型依恋，情绪调节动机偏高	团体安全感和凝聚力促进自我开放；成员间的亲密感促进人际信任；小组中各种提升自我认识的练习和组员间的相互反馈也帮助该组员提升自我认识	沟通交流	70%	70%	我感觉自己的沟通交流能力得到了提升，由一开始的不愿意说话，得到转变，也能够与大家交流生活中的感悟、体会以及对一些事物自己个人的看法，因此，我认为自己的交往困难在很大程度上得到了解决	一开始有一种“高冷”的感觉，不易接近。小组中的改变主要在自我展示和表达方面，变得更加主动和自由	
				自我认同	5%	5%			
				情绪调节	10%	5%			
				亲密依恋	15%	20%			
	大	冷漠型依恋和早闭的自我同一性状态，网络交往动机强度偏低	团体凝聚力和相互之间的真诚反馈；从对依恋模式的影响机制的学习和理解增强了自我认识，提高心智化水平	沟通交流	10%	10%	写出20个介绍自己的词，依恋模式，自我同一性状态，小动物类型都帮助我认识了自己。……还更深的认清了自己，虽然还没有完全的认清，但也比以前进步了很多	小组的凝聚力对他的不安全依恋是一次较好的矫正性体验，增加了交往的信心，提高了交往能力。在小组中自我认同得到改善，因此带来的焦虑情绪得到了缓解，对亲密关系提升了信任，在咨询后亲密依恋动机调高了30%	
				自我认同	25%	10%			
				情绪调节	55%	40%			
				亲密依恋	10%	40%			

（续表）

小组	靶成员	干预重点	核心干预技术	动机维度	干预前	干预后	成员的自我描述语段	干预效果（案例内分析）	干预效果（跨案例分析）
组4	喵	恐惧型依恋，早闭-达成状态，网络交往动机强度偏低	团体安全氛围和凝聚力增加了人际信任感和开放性；团体辅导中的关于友情等相关练习促进他思考自己的交往模式	沟通交流	20%	20%	在网络交往中我是十分依赖通讯软件的，上课或者生活中经常要拿起手机来看看QQ微信，期待朋友的消息	通过团体辅导明白了自己专注型依恋模式对自己交往方式的影响，希望未来能够有所调整	各位成员由于不同的自我议题在小组中得到小组不同程度的帮助。两位“靶成员”，分别代表了不同网络交往动机特点的大学生
				自我认同	30%	25%			
				情绪调节	40%	40%			
				亲密依恋	10%	15%			
	王	专注型依恋，网络交往依赖	团体凝聚力和归属感增强了自信，降低其对丧失和被抛弃的恐惧；团体的安全氛围、成员之间的相互反馈、心智化教育等因素促使该成员洞察内在感受，将情感言语化，学习规范和管理情绪，提升了心智化	沟通交流	20%	30%	让我思考了我一直忽略的问题，也让我倾诉出一直压抑在我心中的心声。从小到大，我都在以一个好孩子的标准要求自己，觉得自己一直活在别人的目光下，没有向别人倾诉过自己的累	团体辅导中对自己的这个问题有了洞察，在网络交往动机中交往动机上升10%，情绪调节动机下降10%	
				自我认同	10%	10%			
				情绪调节	60%	50%			
				亲密依恋	10%	10%			

四、大学生网络交往动机的干预效果：以依恋模式为分析单元的案例研究

这部分分别以不同依恋模式为一级分析单元，以小组成员为二级分析单元，进行案例内分析和跨案例分析，包括每个成员的团体辅导效果和团体辅导对不同依恋模式的干预效果分析。

1．团体辅导对安全性依恋模式大学生网络交往动机干预效果分析

表 47 结果表明，安全型依恋模式的学生自我同一性发展水平较高。几乎全是中等强度的网络交往动机，并且普遍表现出沟通交流和自我认同动机之和较高，情绪调节和亲密依恋动机偏低。团体辅导对于安全依恋的大学生网络交往动机影响不是太大，多数在发展自我同一性方面意识更加增强。其中有两例在亲密关系方面依恋安全性不高，因而在亲密依恋动机方面发生了一些改变。

表 47　团体辅导对安全性依恋模式大学生网络交往动机干预效果分析

成员昵称	同一性状态	动机强度	动机维度	干预前	干预后	成员自我描述语段	案例内分析	成员间跨案例分析
齿	F	中等	沟通交流	60%	20%	网络的存在可以让我们与更多的陌生人交流，在与这些现实生活中有很大差异的广泛人群交流的过程中，却可以碰撞出一些思维的火花。或许这些交流可以解决我的同一性危机，之后我会考虑通过这种方式去尝试解决自己的同一性危机的。……我想以后更多会选择认真的写电子邮件来表达自己的情感，而不是简单的刷刷朋友圈，水水群什么的。然后和很多人一起交流人生，来寻找自己的路	团体辅导增强了该生发展自我同一性的意识，并准备利用网络交往的方式来进行更多的自我探索。自我认同动机提高 15%.	团体辅导对于安全依恋的大学生网络交往动机影响不是太大，多数在发展自我同一性方面意识增强。其中有两例在亲密关系方面依恋安全性不高，因而在亲密依恋动机方面发生了一些改变
			自我认同	0%	15%			
			情绪调节	30%	40%			
			亲密依恋	10%	15%			
钊	F	中等	沟通交流	35%	30%	之前最大的困难是总是想的太多，总是不会拒绝。主要是通过依恋关系的分析解决了一部分	小组中参与积极，前后动机组成变化不大	
			自我认同	25%	25%			
			情绪调节	30%	30%			
			亲密依恋	10%	15%			

（续表）

<table>
<tr><th>成员昵称</th><th>同一性状态</th><th>动机强度</th><th>动机维度</th><th>干预前</th><th>干预后</th><th>成员自我描述语段</th><th>案例内分析</th><th>成员间跨案例分析</th></tr>
<tr><td rowspan="4">蓝</td><td rowspan="4">D</td><td rowspan="4">中等</td><td>沟通交流</td><td>50%</td><td>60%</td><td rowspan="4">（之前）较少考虑他人感受，与他人交流没有话题，不自信。在与同学的交流中找到部分自信，以及了解了一些交流的方式
在进行团体心理辅导之前，我基本没有想过对自己去进行更深的了解，从未去剖析自己的真正向法，对未来也是一片茫然，而在辅导中，在老师的引导下也渐渐开始思考那些未曾考虑的问题，虽然这个过程很烦，但也慢慢发觉了解自己是非常必要的，了解自己才能明白自己更适合做什么，也能发现自己的优势并就此发展</td><td rowspan="4">自我同一性发展意识增强，沟通交流增加10%，希望通过网络更多地与他人交流，情绪调节降低10%，自我认同降低5%，亲密依恋增加5%</td><td rowspan="8">团体辅导对于安全依恋的大学生网络交往动机影响不是太大，多数在发展自我同一性方面意识增强。其中有两例在亲密关系方面依恋安全性不高，因而在亲密依恋动机方面发生了一些改变</td></tr>
<tr><td>自我认同</td><td>10%</td><td>5%</td></tr>
<tr><td>情绪调节</td><td>30%</td><td>20%</td></tr>
<tr><td>亲密依恋</td><td>10%</td><td>15%</td></tr>
<tr><td rowspan="4">俊</td><td rowspan="4">D</td><td rowspan="4">中等</td><td>沟通交流</td><td>25%</td><td>30%</td><td rowspan="4">交往中当面对某些人时不够主动，就是通过小组成员之间的交流和沟通，还有老师和同学的建议得到一些改善。
最后一次课，也是让我最难忘的一节课，在平安夜我们共同完成了最后一节课，显得格外有意义，我们做了总结，发现了每个人多多少少的变化和进步，很开心见证了每一个人的小小的成长</td><td rowspan="4">咨询前后动机分布变化不大。沟通交流略有增加，亲密依恋略有下降</td></tr>
<tr><td>自我认同</td><td>30%</td><td>30%</td></tr>
<tr><td>情绪调节</td><td>30%</td><td>30%</td></tr>
<tr><td>亲密依恋</td><td>15%</td><td>10%</td></tr>
</table>

（续表）

成员昵称	同一性状态	动机强度	动机维度	干预前	干预后	成员自我描述语段	案例内分析	成员间跨案例分析
垦	D	低	沟通交流	40%	40%	可能随着年龄的增长，烦恼也渐渐多了，自己的世界观也太焦灼了，也会去网络上吐槽一些事，也许也是自己正在经历一个人生选择的阶段吧，自我同一性还没达成。“团队辅导真的让我受益匪浅，以前总是因为生活中的一些琐事而烦恼，现在对于情绪的掌控能力已经有了很大的提升。”“我不能说自己读懂了人生，对自己今后的人生追求也不能说有了特别大的改观，只是心境变的沉稳了很多，看待很多事情也不再庸人自扰了。”	经过团体辅导中的间接学习，发现自己的自我同一性扩散是造成常常情绪烦乱的原因，并在小组中讨论了一些自我认同的议题，咨询结束时网络交往中的自我认同动机增强到30%，咨询中处理了认同的议题，负性情绪得到了较好的处理，情绪调节动机降低了20%	
			自我认同	10%	30%			
			情绪调节	30%	10%			
			亲密依恋	20%	20%			
现	D	中等	沟通交流	40%	35%	最大的收获就是大家相互交流自己的情感经历，情感体会。让我也能感受到更多的交往中的滋味。我想我应该发展一下自己利用网络资源的能力，而不是一味的去嫌弃，回避它	网络交往中的各项动机比较均衡。不是太喜欢用网络进行交往。团体辅导后希望更多地利用网络	
			自我认同	25%	20%			
			情绪调节	15%	20%			
			亲密依恋	20%	25%			

2．团体辅导对专注型依恋模式大学生网络交往动机干预效果分析

如表48所示，具有专注型依恋模式的大学生，极少有情绪调节和亲密依恋动机双低的情况，即要么情绪调节动机高，要么亲密依恋动机高。有一位组员

经过团体辅导，明白了自己的专注型依恋和内心渴求亲密交往的情绪，辅导后将情绪调节动机的分配量直接转换成亲密依恋动机。

表 48 团体辅导对专注型依恋模式大学生网络交往动机干预效果分析

成员昵称	自我同一性状态	动机强度	动机维度	干预前	干预后	成员自我描述语段	案例内分析	跨案例分析
雨	F	高	沟通交流	10%	23%	“在这次团体辅导中，我最大的收获就是认清楚了自己的交往方式。能与大家分享自己的看法和见解，能通过别人的目光更清楚地认识自己，从而改变自己的不足，努力做好自己。”	通过团体辅导对创伤经历的再次暴露和处理，情绪调节动机减弱，沟通交流和自我认同动机有所增强。但与女友的亲密依恋动机仍然占有整个网络交往动机的一半	团体辅导对专注型依恋模式的大学生网络交往动机干预效果，根据不同的情况有不同的表现，但是有个共同趋势是情绪调节动机降低，自我认同动机和亲密依恋动机根据各自情况有所调整
			自我认同	10%	15%			
			情绪调节	30%	12%			
			亲密依恋	50%	50%			
灰	F	中等	沟通交流	10%	10%	写出 20 个介绍自己的词，依恋模式，同一性类型，小动物类型都帮助我认识了自己。……还更深的认清了自己，虽然还没有完全的认清，但也比以前进步了很多	小组的凝聚力对他的不安全依恋是一次较好的矫正性体验，增加了交往的信心，提高了交往能力。在小组中自我认同得到改善，因此带来的焦虑情绪得到了缓解，咨询后的认同动机和情绪调节动机都下降了 15%；对亲密关系提升了信任，在咨询后亲密依恋动机调高了30%	
			自我认同	25%	10%			
			情绪调节	55%	40%			
			亲密依恋	10%	40%			
壕	F	中等	沟通交流	30%	35%	容易产生害怕失去的感觉。将交友过程之中的问题和小时候的经历结合起来考虑。感觉自己现在在与人交流时候会更轻松	团体辅导中发现了依恋模式对交往的影响，情绪调节动机减弱15%，交往，特别是亲密依恋的交往动机提升了15%	
			自我认同	20%	15%			
			情绪调节	30%	15%			
			亲密依恋	20%	35%			

（续表）

成员昵称	自我同一性状态	动机强度	动机维度	干预前	干预后	成员自我描述语段	案例内分析	跨案例分析
星	F	中等	沟通交流	30%	15%	获得了归属感，而且对大学的不适应的一些恐惧和迷茫得到了缓解，也明确了一些困惑的问题。因为是在异地上大学的原因，所以沟通最高效又经济的方式就是网络。所以对于网络的使用，大部分我是用于维持亲密关系释放压力的沟通，和日常同学老师之间的信息交流，还有就是电影图书等娱乐放松	自尊不稳定，在小组中投入较多，发现自己的亲密关系不稳定和不自信与自己的专注型依恋模式有关，后期更加投入与异地男友真正沟通感情。在学业上的努力其实是想要认定自己的存在价值。所以希望提高自我认同	团体辅导对专注型依恋模式的大学生网络交往动机干预效果，根据不同的情况有不同的表现，但是有个共同趋势是情绪调节动机降低，自我认同动机和亲密依恋动机根据各自情况有所调整
			自我认同	10%	20%			
			情绪调节	30%	25%			
			亲密依恋	30%	40%			
王	D	中等	沟通交流	20%	20%	在网络交往中我是十分依赖通讯软件的，上课或者生活中经常要拿起手机来看看QQ微信，期待朋友的消息。……会花很多时间考虑朋友、恋人方面的事情，不容易去专注于学习	通过团体辅导明白了自己专注型依恋模式对自己交往方式的影响，希望未来能够有所调整	
			自我认同	30%	25%			
			情绪调节	40%	40%			
			亲密依恋	10%	15%			
泽	D	高	沟通交流	25%	25%	准确定位了自己喜欢的异性类型，也指出了许多不足，交到了3个很棒的朋友	经过团体辅导，发现了自己喜欢的亲密关系对象的标准，因此在网络交往方面自我认同方面的动机显著减弱（25%），亲密依恋动机显著增强（25%）	
			自我认同	50%	25%			
			情绪调节	0%	0%			
			亲密依恋	25%	50%			

（续表）

成员昵称	自我同一性状态	动机强度	动机维度	干预前	干预后	成员自我描述语段	案例内分析	跨案例分析
木头	D-M	高	沟通交流	20%	35%	结合自己的处事的态度，以及自己的性格特征等将自己目前所处的状态进行了定位。在对亲密关系的态度，也对自己进行了定位。这些都有助于我们更清晰的了解自己，认识自己，让我们可以向着积极、健康的方向发展。对我来说，网络交往的目的是在网上找到可以倾诉内心真实想法的对象，具体点就是可以听我说话的异性	发现自己用网络与陌生人“谈恋爱”与不安全的依恋模式有关，减少了内在冲突，通过与小组成员的交流，增加了现实交往的乐趣和信任感，准备练习如何在现实生活中建立亲密关系，并增加网络的沟通交流功能。“网恋”动机大幅度下降	团体辅导对专注型依恋模式的大学生网络交往动机干预效果，根据不同的情况有不同的表现，但是有个共同趋势是情绪调节动机降低，自我认同动机和亲密依恋动机根据各自情况有所调整
			自我认同	10%	30%			
			情绪调节	30%	20%			
			亲密依恋	40%	15%			
元	D	高	沟通交流	40%	40%	每个人都有自己的路，都有自己的标准，没必要屈己而苟于人，也就是说，至少在我看来，我自己习惯并且喜欢的一套交往方式，是没有任何问题的，因此，我觉得，能够再一次在交往方式上坚定了自己的立场，这是我在本次辅导中的最大收获，没有之一	在团体辅导中增进了自我认同，对早年的创伤经历进行了哀悼，故而更加明确自己的生活方式和态度。但是在网络交往动机方面不准备改变	
			自我认同	0%	0%			
			情绪调节	20%	20%			
			亲密依恋	40%	40%			

（续表）

成员昵称	自我同一性状态	动机强度	动机维度	干预前	干预后	成员自我描述语段	案例内分析	跨案例分析
李	D	中等	沟通交流	58%	35%	（之前）不能主动且积极地和以前的朋友常常联系；不是因为（团体辅导的）具体哪一部分内容影响到我，而是在整个辅导活动里逐渐影响改变的。我认识到自己在人际交往上存在很大的问题和缺陷。我突然意识到自己这样随意、漫不经心地经营人际关系，实际上是对朋友的伤害和不尊重。还有就是不再做群里的潜水党，要多水群（哈哈）……	小组讨论中发现了自己扩散的自我同一性和专注的依恋模式对当下交往行为的影响，意识到自己表面开朗和谐的生活还是有较大的交往问题，咨询后仅仅用网络进行工作交流和信息分享的高动机（58%）下降为35%，但情绪调节动机增强（30%）。自我认同动机略有提高，亲密依恋动机没有变化	团体辅导对专注型依恋模式的大学生网络交往动机干预效果，根据不同的情况有不同的表现，但是有个共同趋势是情绪调节动机降低，自我认同动机和亲密依恋动机根据各自情况有所调整
			自我认同	2%	5%			
			情绪调节	10%	30%			
			亲密依恋	30%	30%			
嘉	D-M	中等	沟通交流	60%	50%	通过一些剖析内心，交换一些尖锐问题的看法，及时作出反馈，让我发现一些理所当然的事只是我心里的理所当然。同时我心里一些不同的地方，一些隐匿的问题被思考涉及，因而为自己现在可能存在的一些问题找到真正的答案	团体辅导中发现了自己的“早闭”的状态，开始思考一些原以为“理所当然”的问题。在自我认同方面的动机提高10%。情绪调节和亲密依恋变化不大	
			自我认同	20%	30%			
			情绪调节	10%	15%			
			亲密依恋	10%	5%			

3．团体辅导对恐惧型依恋模式大学生网络交往动机干预效果分析

如表 49 所示，恐惧型依恋模式的大学生社交回避性高，网络交往动机强度中等偏低，亲密依恋动机普遍较低，情绪调节动机偏高。经过团体辅导，普遍情绪调节动机有不同程度的降低，亲密依恋动机有所提升。

表 49　团体辅导对恐惧型依恋模式大学生网络交往动机干预效果分析

<table>
<tr><th>成员昵称</th><th>自我同一性</th><th>动机强度</th><th>动机维度</th><th>干预前</th><th>干预后</th><th>成员自我描述语段</th><th>案例内分析</th><th>跨案例分析</th></tr>
<tr><td rowspan="4">喵</td><td rowspan="4">F</td><td rowspan="4">中等</td><td>沟通交流</td><td>20%</td><td>30%</td><td rowspan="4">让我思考了我一直忽略的问题，也让我倾诉出一直压抑在我心中的心声。从小到大，我都在以一个好孩子的标准要求自己，觉得自己一直活在别人的目光下，没有向别人倾诉过自己的累</td><td rowspan="4">团体辅导中对自己的这个问题有了洞察，在网络交往动机中交往动机上升 10%，情绪调节动机下降 10%</td><td rowspan="8">恐惧型依恋模式的大学生社交回避性高，网络交往动机强度偏低，亲密依恋动机普遍较低，情绪调节动机偏高。经过团体辅导，普遍情绪调节动机有不同程度的降低，亲密依恋动机有所提升</td></tr>
<tr><td>自我认同</td><td>10%</td><td>10%</td></tr>
<tr><td>情绪调节</td><td>60%</td><td>50%</td></tr>
<tr><td>亲密依恋</td><td>10%</td><td>10%</td></tr>
<tr><td rowspan="4">文丹</td><td rowspan="4">F</td><td rowspan="4">中等</td><td>沟通交流</td><td>65%</td><td>55%</td><td rowspan="4">尤其是在有成员接连请假，后面还有因为有事儿退组的，那种担心就更重了。……自己现在都不敢谈恋爱了，总觉得自己不懂什么叫做爱，觉得自己是那种孤独一生的人。我也终于找到了自己真正的问题——自卑，我会参考大家的建议去克服的！</td><td rowspan="4">在团体辅导过程中发现自己在交往中特别是亲密交往中的“自卑”，咨询后在亲密交往动机方面提升了 15%</td></tr>
<tr><td>自我认同</td><td>20%</td><td>15%</td></tr>
<tr><td>情绪调节</td><td>10%</td><td>10%</td></tr>
<tr><td>亲密依恋</td><td>5%</td><td>20%</td></tr>
</table>

（续表）

成员昵称	自我同一性	动机强度	动机维度	干预前	干预后	成员自我描述语段	案例内分析	跨案例分析
白	F	中等	沟通交流	50%	50%	正因如此，当我在和一个人交往的时候，我总是表现的比较主动，因为我怕哪里我做的不对可能就会导致友谊破裂。在经过团体辅导后，我发现这居然影响到了我的网络交往方式，本来我抱着将信将疑的态度，可是经过仔细对比后我发现它们之间确实有着密切的联系。 感觉团体辅导还是很有用的，每次我都尽量比上一次多说一些话，课程结束后还收获了一群好朋友。 辅导中的自我同一性分析的时候，我再次想了一下自己的规划，更加明确了自己的目标	该生入组时的主要困扰是交往不太主动，在小组中，认识到自己的害怕别抛弃又不敢交往的特点，决定接受这个特点，加强亲密依恋的交往。交往的主动性增强，情绪更加稳定，咨询后情绪调节动机有所减少，亲密依恋动机增强（提升10%）	恐惧型依恋模式的大学生社交回避性高，网络交往动机强度偏低，亲密依恋动机普遍较低，情绪调节动机偏高。经过团体辅导，普遍情绪调节动机有不同程度的降低，亲密依恋动机有所提升
			自我认同	20	20%			
			情绪调节	25%	15%			
			亲密依恋	5%	15%			
小艺	D	低	沟通交流	20%	30%	以前不善于并且不喜欢交往，难以找到话题。通过讨论中大家平时关于交往的方法及他们给出的建议。大家在一起讨论、沟通、交流，形成了良好的氛围，拉近了人与人之间的距离	咨询后情绪调节动机有所下降（10%），沟通交流有所提升（10%）	
			自我认同	25%	25%			
			情绪调节	50%	40%			
			亲密依恋	5%	5%			

（续表）

成员昵称	自我同一性	动机强度	动机维度	干预前	干预后	成员自我描述语段	案例内分析	跨案例分析
维	D	低	沟通交流	50%	30%	认识了很多有趣的小学弟们，在老师和他们的帮助下我认识到自己存在的问题，并慢慢知道如何去解决。 交往困难在于难和恋人亲密相处。在依恋模式讨论时有所帮助	大多数自己比较认定的观点在小组中被讨论到，带来一些新的焦虑情绪，咨询后自我认同动机增强 10%，情绪调节动机也增强 10%	恐惧型依恋模式的大学生社交回避性高，网络交往动机强度偏低，亲密依恋动机普遍较低，情绪调节动机偏高。经过团体辅导，普遍情绪调节动机有不同程度的降低，亲密依恋动机有所提升
			自我认同	10%	20%			
			情绪调节	20%	30%			
			亲密依恋	20%	20%			
洋	D	中等	沟通交流	15%	20%	情商低、被动的问题在写 20 个“我是谁”等活动中对自己有所帮助。 交了很多的新的朋友，也更加了解了自己是什么样的人，自己在交往中的问题出在了那里，觉得对自己将来的发展非常有用	咨询中对自己的认识有所增加，对人际交往增加了信心，咨询后在交往方面的动机增加 10%（沟通交流和亲密依恋各增加 5%），在情绪调节方面动机降低 5%	
			自我认同	15%	10%			
			情绪调节	60%	55%			
			亲密依恋	10%	15%			
萌	D	低	沟通交流	25%	10%	了解了更多人的人生经历以及不同的观念，对同一问题的不同见解和看法。……我也的确比以前要更加了解自己，对一些问题的看法也更全面更深刻。 要是大一就上这门课就好了（就不会那样去放弃那段感情了）	在小组中投入很多，当发现放弃恋爱关系与恐惧型依恋模式有很大的关系后，内心冲击很大。强烈地希望调整和改变自己。情绪调节动机有所下降，希望增加沟通交流和自我认同发展更加健康的自己	
			自我认同	10%	20%			
			情绪调节	50%	40%			
			亲密依恋	15%	20%			

（续表）

<table>
<tr><th>成员昵称</th><th>自我同一性</th><th>动机强度</th><th>动机维度</th><th>干预前</th><th>干预后</th><th>成员自我描述语段</th><th>案例内分析</th><th>跨案例分析</th></tr>
<tr><td rowspan="4">胖</td><td rowspan="4">D</td><td rowspan="4">高</td><td>沟通交流</td><td>0%</td><td>0%</td><td rowspan="4">在这次的团体辅导中，很难想象我居然会有这么大的进步和认知上的改观，一直以来，我都会觉得自己是一个很废的人，……而就在这次团体辅导中，大家给予了我许多不一样的感受，大家都没有任何对我的看不起，反而积极帮助我进行分析，帮助我直面自己的懦弱与胆怯，真的非常感谢老师和其他各位组员以及团体辅导这门课程，真的让我获益匪浅</td><td rowspan="4">团体辅导中自我认同有了很大的改变，增加了自信，情绪调节动机下降 10%，亲密依恋动机升高 10%</td><td rowspan="12">恐惧型依恋模式的大学生社交回避性高，网络交往动机强度偏低，亲密依恋动机普遍较低，情绪调节动机偏高。经过团体辅导，普遍情绪调节动机有不同程度的降低，亲密依恋动机有所提升</td></tr>
<tr><td>自我认同</td><td>70%</td><td>70%</td></tr>
<tr><td>情绪调节</td><td>20%</td><td>10%</td></tr>
<tr><td>亲密依恋</td><td>10%</td><td>20%</td></tr>
<tr><td rowspan="4">玲</td><td rowspan="4">D</td><td rowspan="4">低</td><td>沟通交流</td><td>20%</td><td>30%</td><td rowspan="4">在这次团体辅导中，我学会了与人交往要更加积极主动些，懂得去接纳他人，在交流中要努力找话题，收获非常大</td><td rowspan="4">经过团体辅导的干预后，在沟通交流动机增加 10%，亲密依恋动机增加 20%，情绪调节动机减少 30%</td></tr>
<tr><td>自我认同</td><td>20%</td><td>20%</td></tr>
<tr><td>情绪调节</td><td>60%</td><td>30%</td></tr>
<tr><td>亲密依恋</td><td>0</td><td>20%</td></tr>
<tr><td rowspan="4">喜</td><td rowspan="4">D-M</td><td rowspan="4">中等</td><td>沟通交流</td><td>10%</td><td>15%</td><td rowspan="4">真的帮助我的就是，教会我要接受自己，认同自己，觉得自己怎么说话都可以，这样可以更勇敢的表达自己。
最让我觉得醍醐灌顶的是，老师说的尊严（自尊）的问题。……每一个人有好的有不足的，但是我们都是可爱的人</td><td rowspan="4">团体辅导后，在自我肯定方面有所改善，情绪调节需求下降 10%，沟通交流和亲密依恋动机各提高 5%。在交往方面的动机增强</td></tr>
<tr><td>自我认同</td><td>20%</td><td>20%</td></tr>
<tr><td>情绪调节</td><td>45%</td><td>35%</td></tr>
<tr><td>亲密依恋</td><td>25%</td><td>30%</td></tr>
</table>

（续表）

成员昵称	自我同一性	动机强度	动机维度	干预前	干预后	成员自我描述语段	案例内分析	跨案例分析
达	D-M	中等	沟通交流	30%	40%	最有感触的一点：知道了正确认识自己的重要性，一下就明白了自己之前各种毛病的根源在哪儿了	辅导中在自我认识方面有了较大的发现，所以网络交往中自我认同动机减少了20%，在亲密依恋方面提高了10%，也就是在发现自己的型依恋模式对现在交往的影响以后，现在在尝试主动建立亲密关系	恐惧型依恋模式的大学生社交回避性高，网络交往动机强度偏低，亲密依恋动机普遍较低，情绪调节动机偏高。经过团体辅导，普遍情绪调节动机有不同程度的降低，亲密依恋动机有所提升
			自我认同	50%	30%			
			情绪调节	10%	10%			
			亲密依恋	10%	20%			
阿祥	M	低	沟通交流	30%	30%	每个人其实也都经历过很多坎坷，所以每个人都是幸运的，没有什么理由去伤感人生路上的不幸	自我认同动机有所提升，亲密依恋动机稍有下降	
			自我认同	20%	30%			
			情绪调节	40%	20%			
			亲密依恋	10%	20%			
钢	M	中等	沟通交流	40%	40%	在经过了10次的沟通与交流中，我们真正做到了心心相印。而对于我个人来说，我的收获颇多。……拓宽了我的知识面和眼界 了解了这两个重要概念之后，对我的网络交往产生了些许影响，主要是更加倾向于展示自我，了解他人，同时尽量与他人积极交流。但总体来说对我的网络交往没有产生特别巨大的影响	小组中投入不太多，参与讨论较少，自己还是觉得有不少收获，改变不太明显。但因为在小组中的间接学习有所收获，所以认同动机有所提高，情绪调节动机有所下降	
			自我认同	20%	25%			
			情绪调节	35%	30%			
			亲密依恋	5%	5%			

4．团体辅导对冷漠型依恋模式大学生网络交往动机干预效果分析

如表 50 所示，冷漠型依恋模式的大学生在整个被试群体中人数最少，自我同一性处于达成、早闭、扩散状态。网络交往动机强度在中等水平和低水平。网络交往动机内容方面，自我认同动机不高，有两位很低。经过团体辅导，有两位情绪调节动机下降。

表 50 团体辅导对冷漠型依恋模式大学生网络交往动机干预效果分析

<table>
<tr><th>成员昵称</th><th>自我同一性状态</th><th>动机强度</th><th>动机维度</th><th>干预前</th><th>干预后</th><th>成员的自我描述语段</th><th>案例内分析</th><th>跨案例分析</th></tr>
<tr><td rowspan="4">萌</td><td rowspan="4">D</td><td rowspan="4">中等</td><td>沟通交流</td><td>15%</td><td>40%</td><td rowspan="4">一种全新的交流方式和体验，感觉很新鲜，交流的过程很自由，……更深一层的认识自己，了解自己，发现自己身上的优缺点，还有性格上的不足，每节课的交流过程让我在思考中更加充分的表达自己的观点，很少能有这样的机会让我能够自由的表达自己的观点，而且与同学交流的过程又聆听了别人的想法……</td><td rowspan="4">团体刚刚开始时，该生比较疏离，对大家的真诚交流比较抵触，阻抗较强，但随着团体凝聚力的不断提升，团体氛围更加安全和开放，该生也逐渐主动投入其中。经过辅导后，情绪调节动机有大幅度下降（25%），沟通交流动机上升了 25%</td><td rowspan="8">冷漠型依恋的三位成员网络交往动机强度也是中等偏低，自我认同动机偏低，经过团体辅导有不同程度的改变</td></tr>
<tr><td>自我认同</td><td>20%</td><td>20%</td></tr>
<tr><td>情绪调节</td><td>45%</td><td>20%</td></tr>
<tr><td>亲密依恋</td><td>20%</td><td>20%</td></tr>
<tr><td rowspan="4">大</td><td rowspan="4">F</td><td rowspan="4">低</td><td>沟通交流</td><td>70%</td><td>70%</td><td rowspan="4">我感觉自己的沟通交流能力得到了提升，由一开始的不愿意说话，得到转变，也能够与大家交流生活中的感悟、体会以及对一些事物自己个人的看法，因此，我认为自己的交往困难在很大程度上得到了解决</td><td rowspan="4">一开始有一种“高冷”的感觉，不易接近。小组中的改变主要在自我展示和表达方面，变得更加主动和自由</td></tr>
<tr><td>自我认同</td><td>5%</td><td>5%</td></tr>
<tr><td>情绪调节</td><td>10%</td><td>5%</td></tr>
<tr><td>亲密依恋</td><td>15%</td><td>20%</td></tr>
</table>

5．团体辅导对不同依恋模式大学生网络交往动机干预效果的跨案例分析

以依恋模式为分析单位，对不同依恋模式大学生的干预效果进行分析，结果如表 51 所示。

表 51　不同依恋模式大学生网络交往动机干预效果跨案例分析

依恋模式	自我同一性状态	干预前	干预后	干预效果分析
安全型 N=6	早闭 2 人 扩散 4 人	其中有两例干预前在亲密关系方面依恋安全性不高	干预后在亲密依恋动机方面有所提高	团体辅导对于安全依恋的大学生网络交往动机影响不是太大，多数在发展自我同一性方面意识增强
专注型 N=10	早闭 4 人 扩散 4 人 延迟-扩散 2 人	自我认同动机偏低，情绪调节动机偏高或亲密依恋动机偏高	情调节动机降低，自我认同动机和亲密依恋动机根据各自情况有所调整	团体辅导对专注型依恋模式的大学生网络交往动机干预效果，根据不同的情况有不同的表现
恐惧型 N=13	早闭 3 人 扩散 6 人 延迟-扩散 2 人 延迟 2 人	网络交往动机强度偏低，亲密依恋动机普遍较低，情绪调节动机偏高	普遍情绪调节动机有不同程度的降低，亲密依恋动机有所提升	恐惧型依恋模式的大学生社交回避性高，情绪调节能力低，干预效果主要体现在利用网络进行情绪调节的动机降低
冷漠型 N=2	早闭 1 人 扩散 1 人	两位成员网络交往动机强度也是中等偏低自我认同动机偏低	自我认同动机稍有提高	冷漠型依恋的大学生较少有情绪困扰，求助动机低，且不喜欢交往，所以参加团体辅导的较少，干预效果不明显

对不同依恋模式的干预效果的跨案例研究结果表明，基于依恋理论和自我同一性发展的团体辅导方案，对不安全依恋模式的大学生，特别是恐惧型和专注型依恋模式大学生，通过改善依恋安全感、增强心智化能力、完善自我认识、加强自我肯定、提升自我发展的责任感和意识等，对大学生网络交往动机具有针对性的调节效应，降低了不安全依恋模式大学生运用网络交往进行情绪调节的动机水平，降低了专注型依恋大学生的亲密依恋动机，相反，提高了恐惧型依恋的亲密依恋动机，提高了冷漠型依恋大学生的自我认同动机。

第五节　案例研究的信效度分析

作为实证性社会研究的一种，案例研究通常从信度（Denzin N K，Lincoln Y S，1994）和效度（Yin，1994）两个方面综合评价其规范性，具体包括构念效度、内部效度、外部效度和信度。

研究表明（Yin，1994），建立能够有效链接研究问题与研究结论的证据链，详细阐述数据收集过程；提供不同类型的数据三角验证可以显著提高构念效度。建立清晰的研究框架，构建变量之间的模式，加之理论的多角度论证可以提高案例研究的内容效度。本研究在研究设计方面采用了“询证研究”的思想，在前期调查研究中验证了变量之间的关系模型，并在案例研究中进行了模式匹配。在数据收集阶段，本研究对三项核心变量（成人依恋、自我同一性和网络交往动机）建立了客观、正确、可操作的测量标准。研究文献表明（Yin，1994），有两种方式能够增强案例研究的构念效度，一是建立能够有效链接研究问题与研究结论的证据链，详细阐述数据收集过程，二是提供不同类型的数据三角验证。本研究一方面建立了证据链，前期的调查研究得到的变量间的关系模式提供了案例研究的实证支持；同时运用了连续变量和分类变量的形式收集数据，对三个核心变量分别从问卷测量和自我描述以及研究者观察得到不同类型的数据进行了相互验证，成人依恋分别运用了“亲密关系问卷”和“依恋模式文字描述”（自陈式）；自我同一性分别运用了“自我同一性状态测试量表”和“自我同一性状态文字描述”（自陈式）；网络交往动机分别运用了研究一开发的“大学生网络交往动机问卷”以及“网络交往动机四种维度的百分比”（自陈式），由此较好地保障了案例研究的内容效度和构念效度。

外部效度即案例研究的概推性（Gerring J. 2007），Eisenhardt 认为可通过4～10个跨案例研究将研究结果概推到更广的一类案例（Eisenhardt K M. 1989），Yin（1994）提出同一案例内部的嵌套式多案例研究也能够提高研究结果的普适性，同时需要对研究结论的适用范围和影响因素进行界定（Martin J M，Eisenhardt K M. 2010）。而当对团体过程进行案例研究的时候，辅导目标和研究目标并不一定能够总是保持得十分紧密，容易出现“漂移”现象，根据“复制原则”，采用多案例研究设计可以有效避免这种现象带来的负面效果。本研究不仅采用了两次预实验进行探索性案例研究，还在正式实验运用“嵌入式多案例研究”设计对 39 名大学生被试和 4 个团体辅导小组分别进行了以个体为单位的跨案例研究和以小组为单位的跨案例研究，研究结论也限制在国内当代大学生的范围，运用对照组实验设计避开了成长因素的影响，从而提高了研究的概推性。

案例研究的信度可通过提供建立案例研究数据库及提供案例真实信息（Martin J M，Eisenhardt K M．2010）等增强案例研究的透明度。本研究采用结构式团体辅导方案设计，对干预方案（团体辅导方案设计总表）、团体辅导成员的每次辅导过程记录（录音）、团体辅导材料的使用、各成员在辅导过程中的各项测验（标准化和非标准化测验）结果都建立了相关数据库，以保障研究程序的可重复性。

第六节　准实验设计统计分析结果

一、实验组和对照组干预前后成人依恋的差异检验

对实验组和对照组依恋的回避维度和焦虑维度前后测进行差异检验，结果如表 52 所示，实验组焦虑维度上的前后测得分存在显著差异，回避维度前后测不存在显著差异；对照组回避维度和焦虑维度前后测均不存在显著差异。

表 52　对照组和实验组在依恋回避和依恋（焦虑）两维度的前后测差异性检验

		对照组				实验组			
		Mean	Std. Deviation	T 值	Sig	Mean	Std. Deviation	T 值	Sig
焦虑维度	前测	2.7685	0.49517	1.906	0.074	3.0139	0.58572	2.885	0.008***
	后测	2.4228	0.75651			2.6921	0.63870		
回避维度	前测	2.3673	0.61692	−0.172	0.865	2.1644	0.45444	−0.016	0.987
	后测	2.4074	0.74949			2.1667	0.54973		

对实验组和对照组依恋模式前后测进行差异检验，结果如表 53 所示。实验组的恐惧型和专注型人数，前后测有显著差异，后测得分明显小于前测的得分。对照组依恋模式前后测没有显著差异。

表 53　实验组和对照组非安全型依恋模式前后测的差异检验

		实验组				对照组			
		Mean	Std. Deviation	T 值	Sig	Mean	Std. Deviation	T 值	Sig
恐惧型	前测	7.9635	4.99945	2.079	0.049**	7.4256	6.15458	1.066	0.301
	后测	5.3483	7.08028			4.8885	8.70074		
冷漠视型	前测	8.6099	3.76672	1.435	0.165	8.8934	5.25283	0.695	0.497
	后测	7.0375	5.53797			7.4814	7.02663		
专注型	前测	9.2891	5.46553	2.740	0.012**	7.7021	5.47217	1.537	.143
	后测	6.1739	6.89933			4.5028	8.22860		

说明，经过短程结构化团体辅导，组员的依恋（焦虑）水平有显著的的下降，恐惧型依恋和专注型依恋类型显著减少，依恋安全感得到明显提升。

二、实验组干预前后自我同一性状态差异检验

对实验组自我同一性状态数据进行比较，见表 54。30 位组员中有 19 位，即近 2/3 的组员的自我同一性状态有改变。

表 54　实验组自我同一性前后测的差异

	自我同一性状态				
成员	前测	后测	成员	前测	后测
1	D 地位	D 地位	16	D 地位	D 地位
2	D 地位	F 地位	17	A-F 中间地位	A 地位
3	M 地位	D 地位	18	M 地位	D 地位
4	D 地位	D 地位	19	D 地位	D-M 中间地位
5	M 地位	M 地位	20	F 地位	A-F 中间地位
6	D 地位	D 地位	21	M 地位	D 地位
7	A 地位	M 地位	22	A-F 中间地位	M 地位
8	D 地位	A-F 中间地位	23	A 地位	A 地位
9	D 地位	D 地位	24	F 地位	M 地位
10	A-F 中间地位	A 地位	25	D 地位	A-F 中间地位
11	D-M 中间地位	D 地位	26	D 地位	D 地位
12	D 地位	D 地位	27	D 地位	D 地位
13	D 地位	M 地位	28	A-F 中间地位	D-M 中间地位
14	D 地位	D 地位	29	A-F 中间地位	D 地位
15	A 地位	D 地位	30	M 地位	D 地位

第七节　讨　论

一、案例研究复现了调查研究中的变量关系，多重数据来源可以相互印证和补充

通过现场观察和深度访谈，收集到重点观察的依恋、自我同一性和网络交往动机及行为的丰富的质性和量化数据，其中包括对每个成员当前的社会交往（线上和线下交往）的交往动机和行为的考察，也包括从时间维度考察每个个体的成长经历和原生家庭关系，结合通过团体辅导中的各种练习活动检测到的与依恋、自我同一性相关的数据，对每个成员个体的主要依恋模式进行多角度的观察和评估；通过各种练习和讨论对成员的自我同一性状态进行多角度评估。对研究者、观察员和成员自评的数据进行统一编码。

以大学生个体和不同类型的群体分别作为分析单元，多角度考察大学生网络交往动机的影响因素，构建变量之间的模式。首先，以个体为分析单位进行案例内分析，发现不同的大学生个体会表现出不同的网络交往动机；然后，以不同依恋模式大学生群体为分析单位进行个体单位的跨案例分析和类型为单位的案例内分析；最后，以不同依恋模式的跨案例分析，发现不同依恋模式和自我同一性状态的大学生的确表现出不同的网络交往动机特点。结果发现，案例研究中得到的变量模式复现了调查研究发现的变量关系，与调查研究结果形成相互补充。

在案例研究中，研究者还扩展了研究变量的观察指标，比如对网络交往动机强度进行了单独考察，得到了新的视角，这样可以从强度和内容（四种动机维度）两方面结合起来考察个体的网络交往动机状况。此外，研究者还在案例研究中设置了新的变量指标——网络交往行为，从而可以更加完整系统地考察大学生个体从人格成长经历到依恋模式的形成、到自我同一性发展状况的过程，并且重点考察了靶成员的网络交往行为与其网络交往动机的关系，对人格因素通过网络交往动机为中介进而形成特殊的网络交往行为的过程有了更加完整的认识。

案例研究不仅验证了大学生个体的依恋模式和自我同一性状态对大学生网络交往动机的影响规律，还进一步考察了网络交往动机和网络交往行为的关系，部分成员由于特殊的网络交往动机，进而产生特殊的网络交往行为。安全型依恋大学生心理健康水平更高，适应状况更好，他们会投入较多的精力利用网络

进行正常的沟通交流，维持现实关系和工作学习的需要；也会比较适当地利用网络交往进行自我认同的发展，满足自我同一性的成长需求；他们不会因为依恋需求的现实缺乏而通过网络过度交往，也不会因为依恋不安全、同一性扩散或延迟等导致过多的负性情绪无法派遣。相反，专注型和恐惧型依恋模式成员的网络交往动机与交往行为表现出明显的内在联系，情绪调节动机偏高，并且相应的喜欢运用网络游戏、视频等缓解情绪。恐惧型依恋模式大学生亲密依恋动机很低，相应的线上线下的亲密关系和亲密沟通行为也非常少。在案例研究中，我们发现几位网络交往行为明显偏差的大学生，比如反复网恋或游戏成瘾，往往都或多或少地有过早期的依恋创伤；而那些处于同一性扩散的大学生，网恋交往动机中情绪调节动机往往偏高。因此，案例研究拓展了调查研究的变量关系模式，发现了依恋模式对大学生网络交往动机和行为的影响机制，而且由于许多大学生缺乏对这一潜意识过程的觉察和理解，导致部分大学生不能有效控制自己的网络交往动机和行为，并且往往越陷越深，形成网络交往依赖（反复与陌生人网恋）或网络游戏成瘾等行为。

案例研究使研究者有机会对特殊的学生个体的近距离参与观察和深度访谈与互动，会得到很多前期变量中心研究中无法详细调查的更多资料，对于更全面深入地了解大学生个体不同的人格基础与其网络交往动机及行为的相互影响，看到共性和个性的相互关系。

二、综合干预模式可以快速有效地帮助大学生调整网络交往动机和行为

在前期调查研究的基础上，借助“循证研究”的思想，团体辅导干预研究中，利用调查研究的结论以及理论推论，设计了大学生网络交往自我成长团体辅导方案，形成了一套特殊的干预方案。借鉴 Kilmann（1999）以不安全依恋个体为“靶成员”进行重点干预。Stern（2000）在认知-行为治疗团体中整合依恋理论，应用认知评价理论，团体会促使成员由童年期经历引发的情感与当下复现的情感之间建立连接，意识到和理解到网络交往动机的内在作用机制，控制内在工作模式的无意识作用。McCluskey（2008）开展聚焦于依恋理论的团体治疗技术，治疗主要集中于团体成员从依恋的视角进行自我探索。Kahn & Feldman（2011）的依恋治疗的团体运用了识别团体中的移情、成对体验（twinship）等促进情绪管理、内化新的关系体验等，提升了依恋安全感。

第一，团体依恋治疗模式的运用。本研究采取的团体依恋治疗，综合运用了上述不同的基于依恋理论的团体咨询和治疗方法。（1）采取团体依恋治疗的

基本模式。建立安全友爱的团体氛围，共情和面质成员的与依恋相关的情感模式和内在冲突，帮助成员提升依恋安全感和自尊；（2）结合心智化教育团体模式：识别团体中的多重移情、运用“成对体验”促进情绪管理、内化新的关系体验等技术，可以一定程度地提升成员的心智化水平，同时对全体成员进行心智化教育。（3）心智化训练：通过团体反馈促进元认知能力提高，增强对自身和他人心智活动的觉察。同时促使成员由童年期经历引发的与依恋相关的情感与当下复现的情感之间建立连接，从而阻断潜意识动力作用，增强主动调节和控制的能力。（4）以点带面。在对“靶成员”进行重点依恋模式的干预以外，全面提升团体成员的依恋安全感和心智化水平及意识。Kirchmann（2009）研究表明，团体治疗对回避型依恋和矛盾型依恋的来访者有明显的疗效。本研究结果表明实验组成员的专注型依恋模式和恐惧型依恋模式干预前后有显著降低。

第二，自我同一性发展辅导的运用。大学阶段是自我同一性发展的重要时期，本方案采取自我同一性发展辅导策略，协助大学生完成发展性任务，并通过这一预测变量的改善，间接改善网络交往动机。（1）根据 Grotevant（1987）在自我同一性的过程模型中指出的“情境的变化、个人的成长、个人对探索过程的意识等都随时调节着自我同一性的发展”（Grotevant & Cooper，1985）的观点，本方案运用自我同一性发展辅导策略，提升成员的探索意识；（2）Waterman（1990）强调“自我同一性的形成包括对承诺的反复考察验证，并逐渐增强对某个承诺的认同程度的过程。”在团体讨论和相互反馈以及间接学习中，成员会在探索的基础上逐渐增强对自己某些承诺的认同；（3）Waterman（1992）他将个人表达作为独立于“探索”和“承诺”的第三个维度，个人表达水平较高的青少年，对自己已经做出的承诺有着较高的认同程度。本方案在依恋治疗改善个体自我感的基础上，提高成员的自主意识，为进一步探索自我认识和发展奠定基础；（4）Trapnell&Campbell（1999）区分了两种类型的自我关注（self-attentiveness）：沉浸型和反思型。近期的研究表明（Nora H. Hope，2010），提升内在价值而非外在价值的优先度，可以正向预测大学生在自我同一性状态和亲密方面问题的解决，而发展阶段问题的解决可以调节价值变化与幸福感（主观幸福感和心理幸福感）之间的关系。本研究结合依恋治疗，对沉浸型的组员进行矫正性情感体验的团体治疗；对反思性自我关注的成员进行自我认识和发展的思考和讨论。通过自我同一性发展辅导，增强自尊、发展自主、学习合理的情绪管理，思考生涯发展，在提高依恋安全性的同时，进一步夯实当下的自我发展意识，强化大学生对自我同一性发展的自我责任，自发地矫正不合理的网络交往动机，学习合情合理的网络交往行为，既不过度依赖，也不害怕逃避，协调线上线下的社会交往，促进自身的全面发展。实验组组员自我同一性状态的前后对比，发现 1/3 的组员状态没有改变，而 2/3 的组员有所改变，而改变并不是沿着一个方向，这一点符合 Kroger（1996）关于自我同一性发展的“倒退”（regression）现象，在团体辅导中的倒退是在包容的氛围和积极探索中出现的“失衡”，是更为适应性的倒退。同时也符合 Crocetti（2008）认为“承诺、深入探索、重新考虑承诺是自我同一性发展的重要过程”的观点。

第三，其他技术的综合运用。在团体依恋治疗为主线的辅导方案里，本研究还结合了通用的团体辅导技术、“动机激发（MI）治疗技术”、认知领悟疗法、认知行为疗法啊（CBT）等部分技术，进行综合运用，以便在短程结构性辅导中快速促进成员的改变。

通用的团体咨询和辅导技术为基础。其核心疗效因子包括：情感表达、团体凝聚力、团体氛围、信任、人际学习、共情等。此外，此时此刻的情感体验，反应灵敏的团体呈现可以带来矫正性的情感体验（Yalom & Leszcz，2005）。团体带领者对自身和他人的反映的能力也是团体咨询的核心要素。以上疗效因子可以修正团体成员内心关于自我和他人的表征。由小组案例内分析可以发现，各组随着团体动力的发展，凝聚力的提升，组员的开放度不断提高，由组员关注的生活困扰——交往困难的探讨，到网络交往情况和动机的觉察，最后讨论依恋模式和自我同一性发展对交往和网络交往的影响。

对 MI 技术的运用。动机激发疗法（MI）是“一种以来访者为中心的指导性的干预方法，通过探索和解决内心冲突来提高来访者进行改变的内在动机”（Miller & Rollnick，2002），加入了以改变特殊的“靶行为”为目标的直接指导的策略，并且被证明在不同的场景中以提高动机作为中介工具可以有效地引导行为的改变（Andy，2011）。因此，结合 MI 技术，对成员的依恋和自我同一性以及网络交往偏差动机和行为进行聚焦性的靶向干预，许多成员自然而然地在讨论网络交往时就决心进行调整。MI 是动力性治疗与动机为中介的靶向行为治疗的结合，而本研究还在此基础上进行了新的延伸，即与依恋治疗的独特技术相结合，达到了显著的效果。

认知—领悟疗法的运用。提高了组员对自身依恋模式以及依恋模式对交往行为影响机制的意识水平，增强心智化水平，控制内在工作模式的无意识作用，进而调整网络交往动机和行为。将从小形成的依恋模式以及现实的交往关系和网络交往动机进行了“意识化”，促进组员对“依恋模式”对社会交往（包括网络交往）的潜在影响进行领悟，从而对自己的行为背后的动机及内心活动的意义进行了深入系统的理解，组员们的心智化水平在自我反思和相互学习中得到了不同程度的学习和提升。

认知—行为疗法的运用。帮助大学生理解“依恋模式”的自动化强化大学生对自身自我同一性发展的自我责任，继而控制不良的网络交往动机，发展合理的网络交往行为的愿望。运用自我认同的团体练习，促进组员对自身的了解和理解，以及对自我发展责任的意识，不少成员开始在生活中思考自己的目标和学习计划，最后通过自我同一性发展水平的评估，结合依恋模式，讨论人际交往、生涯发展和网络交往的关系。

本研究分别采用准实验设计和嵌入式多案例设计进行分叉研究，结合组员的各种质性数据和量化数据可以共同考察该团体辅导方案对大学生网络交往动机及行为干预的有效性。准实验研究结果显示，基于依恋治疗和同一性发展辅导的结构化团体辅导，对大学生的依恋（焦虑）水平有显著降低，依恋安全性得到明显提升；近 2/3 的组员自我同一性状态发生了改变。案例研究结果显示，各位组员网络交往动机在团体辅导前后有一定的调整和改变，主要表现在网络交往动机维度分配上的调整，逐渐趋向一个适应性的网络交往动机结构，绝大多数同学在网络交往动机方面也表示要向对自己发展更有利的方向做出改变和调整。偏差越大，调整幅度越大。语段分析结果和量化结果相吻合。案例内分析和跨案例分析结果相吻合。综合模式的团体辅导干预方案对不同依恋模式具有不同的干预效果。对于专注型依恋模式的大学生，干预前后情绪调节动机有所降低，自我认同动机和亲密依恋动机有不同情况的改变；恐惧型依恋模式大学生干预前亲密依恋动机普遍偏低，经过干预后都得到不同程度的提升（普遍提升 5%～10%，最高提升 20%）。恐惧型依恋模式情绪调节动机普遍偏高，经过干预后也大部分都有明显下降（最高下降 30%）；冷漠型依恋模式大学生中有一个是同一性早闭状态，网络交往动机强度低，而且主要需要沟通交流，但经过干预后，情绪调节动机下降。另外一个组员处在同一性扩散状态是中等强度动机，情绪调节动机比例很高，经过干预后，情绪调节动机降低 25%，整体分布向适应性网恋交往动机结构靠近。总之，通过团体辅导干预研究发现，以团体辅导方案为干预计划，在四个小组中采取相同的辅导方案和时间节奏，最后结果显示这套干预方案具有较好的干预效果。

三、大学生网络交往动机的干预机制分析

本研究开发的团体辅导方案形成了对所有成员的系统的、个性化的干预，根据每个成员的依恋模式和同一性地位极其网络交往动机结构和网络交往行为特点，通过团体动力对每个成员进行个性化的干预，能够在不同侧面和不同水

平给成员带来不同的改变。成员通过团体辅导，不仅在依恋安全性方面有所提升，在自我同一性方面有所发展，而且因此还带来了自发的网络交往动机的改变。尤其对靶成员来说，通过这套方案的个性化干预，对网恋、游戏成瘾、交往成瘾等网络交往偏差行为得到遏制，并且因为情感层面受到相当大的触动和感染，这些靶成员自身的改变动机非常强烈，都以不同的方式在自己的生活领域进行相关调整，促进和发展健康的自我观、他人观和人际关系，提升自主性，增强自控感，提高情绪管理能力，形成更加合理的网络交往动机和行为，并且由人格层面的调整带来的线上线下生活的协调发展，对大学生形成更加良好的社会交往方式，培养健康的人际关系，在健康的交往中巩固和发展健康的自我形象，学会更好地建立健全社会交往能力，促进个性成长和幸福感提升。

因此，根据研究二得到的网络交往动机影响机制，设计的以依恋治疗为主，自我同一性发展为辅的团体辅导方案，综合运用团体辅导通用技术、认知领悟疗法、MI、认知行为疗法等综合技术，形成了对大学生网络交往动机的特殊干预机制：

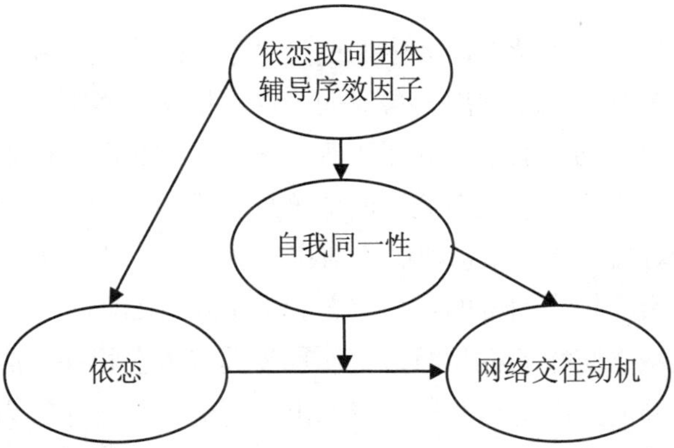

图 24　依恋取向团体辅导对大学生网络交往动机的将干预机制

第一，团体辅导的疗效因子改善依恋安全感。通过团体凝聚力和间接学习，提升依恋安全感，降低内在焦虑；通过真诚、接纳和开放的团体氛围，提升成员的自尊、自我开放和人际信任感。从而直接带来网络交往动机的改变。比如，对不安全依恋导致的过渡交往（“水群”“网恋”等）或回避交往（过低强度的交往、网络游戏依赖等）进行调节。

第二，团体辅导的疗效因子改善自我同一性发展水平与意识。通过自我认识的相关活动和练习与成员相互反馈，增强团体成员的自我认识和自我接纳，提升自我发展意识和责任感，加深自我发展的思考，一方面直接改善自我认同动机，另一方面在不同的依恋风格的基础上调节依恋对网络交往动机的影响。在不同的依恋风格中，自我同一性发展状态也会带来网络交往动机（特别是自我认同动机）的不同，进行适当调节。

第三，通过对依恋和自我同一性发展与网络交往关系（影响机制）的认知领悟，提升成员的元认知能力，改善成员的心智化水平，控制内在工作模式的无意识作用，从而更加自发、自觉地对网络交往动机进行有意识的综合调整。比如理解到自己的“网恋”或“网游”是因为专注型依恋或恐惧型依恋导致的结果，从而阻断这种内在模式的干扰。并且由于已经处在大学阶段，即将走入社会，对自己的未来事业和生活需要有更加明确的选择和决定，从而有意识地调整自己的交往动机和交往方式。

第八节　小　　结

（1）案例研究复现了调查研究中的变量关系：成人依恋和自我同一性对大学生网络交往动机具有预测作用，自我同一性对依恋预测网络交往动机具有调节效应。从网络交往动机的个体分配比例（每个人四种动机的百分比分配）情况看，安全型依恋模式大学生沟通交流动机与自我认同动机两项相加普遍超过60%，情绪调节动机和亲密依恋动机分别在 20%左右，而不安全依恋大学生在情绪调节动机和亲密依恋动机的百分比之和常常超过 60%。

（2）大学生网络交往动机与网络交往行为具有内在相关。成员由于人格基础不同而产生不同的网络交往动机，表现出不同的网络交往行为。安全型依恋模式大学生具有较强的沟通交流动机和自我认同动机，会投入更多精力进行广泛的社会交往和自我发展的探索；专注型和恐惧型依恋模式大学生，情绪调节动机和亲密依恋动机偏高，喜欢运用网络游戏、视频等缓解情绪，容易发生与陌生人“网恋”等虚拟的网络亲密交往行为；冷模型依恋模式大学生尽管不会过分依赖网络调节情绪和满足亲密交往，但是也很少运用网络交往进行广泛交往和自我发展。

（3）短程结构式团体辅导，以结构化团体辅导理论和技术为基础，以团体依恋治疗为主线，结合动机激发疗法、认知领悟疗法、认知行为疗法等针对性的疗法，对大学生网络交往动机进行靶向干预，具有明显的干预效果，可以在短期内较大程度地降低依恋焦虑，提升成员的依恋安全感，同时提高自我同一性，使网络交往更加接近“适应性网络交往动机结构”，使网络交往促进大学生的身心健康和成长发展。

（4）基于依恋模式和自我同一性发展的结构式团体辅导干预机制是：干预依恋风格直接干预网络交往动机；干预自我同一性发展状态和意识，调节依恋对网络交往动机的影响；心智化教育促进成员对自己网络交往动机的内在心理机制的领悟，达到主动改善网络交往动机的目的。

第三篇 综合讨论

第九章 基于人格理论和循证实践的大学生网络交往研究

第一节 大学生人格、网络交往与心理健康

一、依恋和自我同一性是大学生网络交往动机的重要人格基础

依恋和自我同一性是大学生网络交往动机的人格基础。依恋安全、自我同一性发展好的大学生具有更加健康的网络交往动机结构，依恋不安全、自我同一性发展差是不健康网络交往的重要内在根源。

依恋作为个体发展初期就形成的人格特质，相对稳定，同时由于依恋影响个体的自我观，因此对自我同一性的发展也会有影响，而自我同一性的发展是个终生建构的过程，受后天环境的影响相对更大，因此，研究二将依恋视为自变量，自我同一性视为调节变量，考察了两者对网络交往动机的共同影响。本研究发现，成人依恋和自我同一性是大学生网络交往动机的重要内在影响因素，非安全型依恋模式大学生以及早闭、延迟和扩散状态大学生在网络交往方面表现出各自的适应不良状况，专注型和恐惧型依恋模式以及扩散状态大学生很可能成为网络成瘾的潜在人群。同时，两者还具有复杂的交互作用，自我同一性发展可以调节依恋对网络交往动机的内驱作用。

依恋理论和以往相关研究结果显示，不同依恋风格对行为的不同影响，部分取决于社会知觉和情感调节能力的差异（Rholes & Simpson，2004）。依恋安全能够带来内心的稳定平和与对关系的信任和享受，因而有动力进行积极的社会交往和自我投入。相反，依恋不安全带来的是内心的焦虑、恐惧，行为上的过分投入焦灼于关系中或逃避亲密关系，因而较少有动力进行积极社交与自我投入。依恋不安全的大学生，容易出现网络交往中的动机和行为偏差，最典型的是恐惧型依恋模式大学生对网络游戏/阅读/浏览等的依赖甚至成瘾，专注型依恋模式大学生的亲密交往依赖/成瘾（与陌生人网恋成瘾等）。本研究结果可以发现，从大学生不同的依恋模式与网络交往动机的相关可以看到。由于安全型依恋模式的大学生，内在安全性高，没有缺失性的亲密依恋动机的冲动，

也没有逃避性的内在动机带来对亲密关系的回避。同时，因为有内在的安全基地，这类大学生在网络交往方面会比较容易投入到积极的社交和自我发展上，情绪平稳，自我调节能力强，很少依赖网络调节情绪，也不会因为内心亲密感的匮乏而在网上寻找慰藉。总之，他们会比较积极而有节制地运用网络进行社会交往。专注型依恋模式的大学生，由于缺乏安全感，依恋（焦虑）水平高，总是寻求亲密关系或因为害怕被抛弃而过多地投入到亲密关系的维护中。由于内心承载了自小积攒的焦虑情绪，他们反映出了会更多地在社交生活中寻求亲密依恋的满足，也会更多地利用亲密关系或其他方式（包括网络交往、网络游戏等）缓解内心焦虑。恐惧型依恋是不安全依恋的最严重的情况，其内在的不安全感会比专注型依恋模式更高。且不像专注型依恋模式可以沉迷于交往，使内在需求能得到部分满足，恐惧型依恋模式的大学生表现出非常强烈的情绪调节动机；再相较于冷漠型依恋模式，恐惧型依恋模式内在被抛弃的焦虑感更强烈，这类大学生会普遍利用看视频和玩游戏缓解内在的焦虑，寻求安慰。前者的改变更容易，而后者改变起来则需要更加长期的干预和成长。冷漠型依恋模式内在安全感还是比较高，只是疏于与他人交流，或者习惯于独自生活，而喜欢自娱自乐，其中有两位组员都是主要通过看电影、美剧等视频来获得快乐，而非减缓焦虑。经过团体辅导，他们对自己的行为方式有所觉察，对交往的愉快也有所体验，改变起来比较容易。总的来说，依恋（逃避）越高，情绪调节动机占先；依恋（焦虑）越高，亲密依恋或情绪调节动机占先。也就是说，依恋模式越安全，投入到正常的社交和自我发展方面的网络交往动机越强。由此可见，成人依恋是当代大学生网络交往动机的重要决定因素，安全依恋促进健康的网络交往动机和行为；相反，不安全依恋导致不健康的偏差的网络交往动机和行为，并为各种网络成瘾埋下祸根。

自我机能随自我同一性的发展表现出较高的发展水平（Marcia，1993），实证研究发现，四种同一性状态（早闭、扩散、延迟和达成）分别与特定的人格特质和行为以及心理健康状况和社会适应相联系。在心理幸福感方面，四种状态不仅表现出差异，而且表现出承诺水平越高，心理幸福感越强的趋势（Meeus，1996）。与自我同一性“达成”状态相比，其他三种状态都或多或少表现出更差的心理健康状况和更加不适应的行为方式。本研究结果发现，“早闭”状态（F 地位）大学生中高情绪调节型比例最低，显著低于其他状态的大学生，而中强度类型比例最低，说明“早闭”状态大学生利用网络交往满足情绪调节和亲密依恋的动机非常低，符合他们“最不焦虑”（Stephen，1992）的发展特点。而其刻板和不开放的特点在网络交往中没有明显表现。同一性延迟状态的个体有更高的怀疑性以及对更大开放性（Kidwell，1995；Schwartz，2009b）。在网络交往中，“延迟”状态（M 地位）的大学生中双低型比例最高，其沟通交流动机和自我认同动机却远高于“达成”状态（A 地位）大学生，会更多地希望通过网络交往来满足自我认同的需求。由此，网络交往会成为延迟状态大学生的重要的发展平台。同一性扩散状态的青少年与很多适应不良的行为相关，包括学业问题和药物滥用等问题；人际技能也较差（Schwartz，2001）。有很多人不能做出承诺（Marcia，1994）。避免处理与自我同一性有关的问题与冲突（Berzonsky，1997），不能卷入亲密关系并且缺乏对群体或人际关系的真实的自我感，低自尊，缺乏自主，低道德归因，低认知复杂性（Kroger，2004）。本研究发现同一性扩散状态的大学生在网络交往中表现出强烈的情绪调节动机和亲密依恋动机，这点符合“补偿理论”的假设。同时，他们避免处理与自我同一性有关的问题和冲突，在网络交往中表现出缺乏运用网络进行沟通交流和自我认同的动机。这点又是与他们网下生活相一致的。由此，偏差的网络交往可能成为“扩散”状态大学生更加逃避面对自身发展，更不能习得现实交往能力的“避难所”，而过强的诉诸网络的情绪调节动机和亲密依恋动机则可能变成网络成瘾的“温床”。

认同和客体关系是人格组织水平的核心成分，自我同一性和依恋模式所代表的认同与客体关系的水平可以反映人格组织发展的水平，依恋安全高，内在客体关系稳定，自我同一性整合好，认同发展水平高。因此，从依恋和自我同一性对大学生网络交往动机的预测作用可以明确，人格组织水平是大学生网络交往动机的内在基础，人格组织发展水平高的大学生具有更加健康的网络交往动机结构，低水平人格组织是不健康网络交往的根源。由此可见，通过提升依恋安全感和促进大学生自我同一性的发展，提高大学生人格组织功能水平，是帮助大学生改善和调整网络交往动机，避免网络偏差行为的重要途径。

二、基于人格基础的大学生网络交往心理健康效应交互作用机制

精神动力学关于人格组织水平（Level of Personality Organization）的研究和论述表明，客体关系和自我认同是人格组织水平的两项重要指标（John f. Clarkin，Frank E.Yeomans，Otto F.Kernberg，2006），良好整合的认同以及稳定安全的客体关系体验是健康的高水平人格组织的标志，反之，则反映出低水平不健康的甚至缺陷型人格组织状况。研究二选择人格组织的两项核心指标——客体关系（以成人依恋为指标）和自我认同（以自我同一性为指标）为切入点，考察大学生的人格组织水平对网络交往动机的影响机制。

本研究发现，大学生网络交往的心理健康效应存在独特的交互作用机制：

人格—心理健康—动机—行为各个因素之间存在交互的循环作用的机制（见图25）。

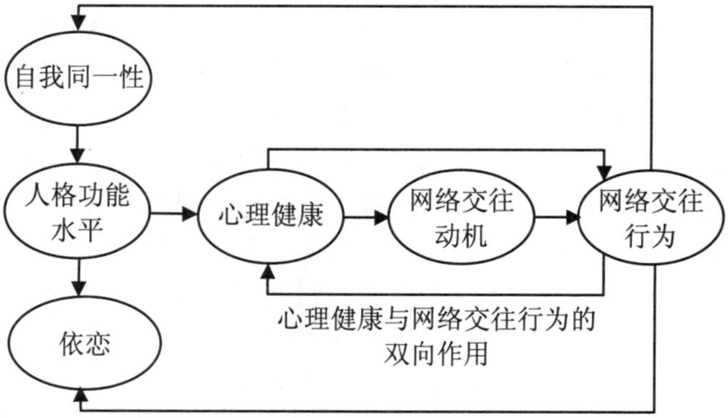

图 25　大学生网络交往心理健康效应的交互作用机制

Kraut 的这一研究可以得出这样的结论：互联网使用的心理健康效应与使用者的心理社会发展水平有关，是个体心理社会发展水平与互联网使用的函数（陈秋珠，2006）。本研究发现，人格组织水平是网络交往动机的内在因素。客体关系理论认为，“认同”和“客体关系”是人格组织的核心内容（John f. Clarkin，Frank E.Yeomans，Otto F.Kernberg，2006），也是人格组织水平的两项重要指标。依恋模式决定了个体早期客体关系模式，会在每个人成人后的客体关系中发挥内在工作模式的作用，影响个体的社会交往；自我同一性状态可以衡量“认同”的发展水平。因此，由依恋模式和自我同一性状态可以测量个体的核心人格组织水平。从研究二的总体结果可以看到，人格组织水平的两项核心指标——认同、客体关系——对大学生网络交往动机起着重要的预测作用。

网络交往动机是网络交往行为的内在动因。从案例研究的访谈和观察可以发现，大学生的网络交往动机引发的网络交往行为具有一定的普遍性，比如，沟通交流动机往往与学习或工作的沟通联系、思想和信息交流等行为相关；自我认同动机多与网络上的自我呈现、自我暴露、学习他人的生活经验思考自己的发展方向等行为有关；情绪调节动机则往往是在互联网上通过观看视频、及时聊天、玩游戏等方法来缓解压力和处理负性情绪；亲密依恋动机则是通过与家人聊天、与恋人沟通或与陌生人“亲密交往”来实现。

特殊的网络交往动机带来特殊的网络交往行为，案例研究发现部分成员由于特殊的网络交往动机，进而产生特殊的网络交往行为。比如冷漠型依恋的大学生不爱上网，或在网络交往方面倾向于自娱自乐，疏于交往，少于自我探索。专注型依恋模式的成员大多数情绪调节动机和亲密依恋动机偏高，并且网络交往行为表现出喜欢运用网络游戏、视频等缓解情绪，或者沉溺于网络聊天，或花很多时间与恋人网聊，更有甚者在网上进行“网恋”（变换不同的匿名网友进行网上的虚拟亲密交往），容易出现“网络交往依赖”的偏差行为。恐惧型依恋模式的组员，亲密依恋动机要么过高要么过低，情绪调节动机高，加上自我同一性延迟或扩散状态，会促使这部分大学生沉迷于网络，产生各种网络成瘾行为。（Young，1999）对“网络成瘾者的特点”的研究结果也显示，情绪调节效应是网络使用者使用网络的重要动机之一，即情绪调节等内在动机可能是网络依赖和成瘾的心理因素。

由此可见，以认同和客体关系为核心指标的人格组织水平的发展状态对大学生网络交往动机具有内部动力的作用，并且通过不同的网络交往行为体现出来。

以往研究表明，心理健康与网络成瘾是双向作用机制（Manuel，2003；Sanders，2000），即心理健康水平低可以预测网络成瘾，反之，偏差的网络使用行为会损害使用者的心理健康。研究者发现网络交往的心理健康效应受交往者因素的影响（Moody，2001；Kraut，2002；Modayil，2003；Correa；2010）。本研究发现人格功能是网络交往动机的内在影响因素，由依恋模式和自我同一性状态测定的人格组织水平决定了个体的内心需求满足的方式以及心理健康水平，在网络交往方面也会因不同的依恋模式和同一性发展状态而形成网络交往的不同动机，导致网络交往的不同行为方式；反之，网络交往行为是否得当会影响个体心理健康，同时会影响自我同一性发展和依恋状态，从而带来对人格组织水平的反作用。

由于人格—心理健康—动机—行为存在内在联系，因而健康（适应良好的）人格决定健康心理，由此形成恰当的动机，进而带来适当的行为，反之提升心理健康，促进人格发展；而不健康（适应不良）的人格是发展受损或精神障碍的内在基础，由此产生的偏差的网络交往动机必定导致偏差的网络交往行为，反过来更加损害个体心理健康，同时妨碍青少年和大学生人格的成长发展。具体而言，依恋安全感的差异和自我同一性发展水平的高低可能带来不同的网络交往动机和行为。对于不同类型的依恋模式，网络交往对主体的心理健康效应体现出交互作用。安全型依恋的学生会合理地使用网络进行交往，而非安全型依恋的学生，如恐惧型依恋的学生则可能因为内心的逃避模式而不能进行正常的现实交往，只能通过虚拟交往或不交往来逃避现实交往带来的内心焦虑；专注型模式则可能因为交往中被抛弃的焦虑感而过度网络交往。临床观察也同样发现，自我同一性早闭的大学生无法很好地利用网络进行自我成长，包括建立和发展社会关系（普通关系和亲密关系），自我同一性延迟的大学生可以利用网络起到完善自我的作用，但自我同一性扩散的学生反而会出现更多的网络交往的不当行为，从而导致自我同一性发展的更多困难。

三、基于依恋模式和自我同一性状态，开展多元化的团体干预可以提高干预效率和有效性

本研究在对大学生网络交往动机发生状况和影响机制的实证研究基础上，开发出一种基于依恋和自我同一性（人格组织水平），运用不同的干预技术，形成团体辅导的综合干预模式，可以更加精确和有效地对大学生网络交往动机进行干预。

第一，借鉴“循证医学（Evidence-based medicine，EBM）”的思想，采取系列的实证研究，对大学生网络交往动机的影响机制进行深入细致的探索，然后根据研究得到的大学生网络交往心理健康效应的交互作用机制，以及大学生网络交往偏差行为的内在动机结构，设计短程结构化团体辅导干预方案的基本框架和干预策略。本研究不再只是针对具体行为进行干预，而是对“交互作用机制”中的预测变量——人格功能（依恋和自我同一性）进行鉴别和干预，预防和矫正因不安全依恋和低水平的自我同一性导致的偏差的网络交往动机和行为。以往研究虽然有对人格影响个体网络交往行为（特别是网络成瘾）的相关研究，但是选取的人格变量（如大五人格等）缺乏干预和改变的操作方法。而本研究从人格组织水平中的两项核心指标——认同和客体关系入手，选取代表这两项人格功能的可操作和可干预的变量——自我同一性和成人依恋——进行干预，从而达到深度干预的效果。

第二，在结构化团体咨询的基础上运用动力性心理治疗的思想，稳固干预效果。以往研究得到的网络使用不当的干预机制，侧重于症状层面或网络交往行为、认知等方面干预，往往难以触碰问题的深层诱因。心理动力治疗理论认为，偏差行为背后往往存在潜意识的动机。因此，如果想要改变表层的心理状态（认知和情感状态）和行为方式，往往需要通过对内在动机的调节才能有效达成。行为动机和满足内在需求的方式常常在个体早期生活中形成了固定模式（比如依恋模式），这种模式会成为个体独特的人格和行为方式。因此，本研究根据动力性心理治疗的理念——调整动机是带来行为改变的有效方法。借鉴动机激发疗法（MI），并加入了以改变特殊的“靶行为”（网络交往偏差行为）为目标的直接指导的策略。

第三，综合运用相关技术，在短期内从心理的不同层面进行综合干预，提高干预效能。本方案以依恋治疗为主线，辅以自我同一性的发展辅导。综合认知领悟疗法、认知行为疗法等方法，对大学生的网络交往动机的影响因素进行

综合干预。依恋治疗提升依恋安全感，改善因依恋不安全造成的网络交往动机的偏差情况；自我同一性辅导强化自我功能和自我发展意识，改善因低水平自我同一性状态造成的偏差的网络交往动机；认知领悟可以帮助大学生认识到自己的内心世界和需求，懂得依恋模式的潜在动力作用，对依恋模式与当下社会交往（包括网络交往）的影响建立连接，从而了解自己网络交往的内在动机和驱力，对网络交往动机进行改善。认知行为疗法可以对一些与依恋相关的网络交往"靶行为"进行调整。总之，根据实证研究的影响机制，利用不同的方法技术，从人格、情绪、认知、动机、行为等不同层面和角度对大学生进行综合干预，提高干预效能。

综上，基于依恋模式和自我同一性状态，开展多元化的团体干预可以提高干预效率和有效性。

四、建立大学生网络交往预警体系是大学生心理健康教育的重要内容

建立"科学评估、干预矫治、发展辅导"的大学生网络交往预警体系是大学生心理健康教育的重要内容。大学生心理健康教育重在心理素质提升和心理健康的维护，网络交往是大学生的重要生活方式，对大学生网络交往行为进行科学有效的疏导，预防网络交往行为偏差带来大学生心理健康的损害，是大学生心理健康教育的重要内容之一。对于大学生网络成瘾的研究和干预已经是多年来的关注热点，但是随着互联网本身日新月异的发展，互联网的性质，人网互动的性质，大学生本身的时代特点等等都在推动相关研究不断发展。网络交往行为的健康标准如何确定，广大大学生如何更好地利用网络协助自身成长和发展，少部分网络行为偏差的大学生如何鉴别，如何检出，进一步如何干预，是当前大学生心理健康教育的新课题。

互联网是大学生社会交往和自我成长的重要平台，对大学生的心理健康和人格成长具有划时代的影响。但是，从人格组织水平对网络交往动机的影响机制的研究结果发现，大学生人格功能状况的发展水平是网络交往动机的内在基础，早期发展中的人格组织基础对于大学生运用网络交往满足自身的基本需求和发展性需求具有内在的驱动作用，人格基础健康，网络交往的动机和行为就会更加健康和有利于自身的成长发展，但是人格基础脆弱，网络交往动机和行为就会出现偏差。根据本研究结果提出的大学生网络交往心理健康效应的交互作用机制，人格基础决定网络交往动机进而影响网络交往行为；同时，网络交往行为的反馈作用又会影响心理健康和人格成长。那么从人格的改变带来网络

交往动机和行为的改善将会带来大学生心理健康和人格发展的良性循环，相反，如果任由大学生自身内在动力驱动，那些人格基础较差的大学生就容易出现网恋、网瘾等偏差行为，而这些网恋交往行为会重复他们内在的交往模式，强化他们依恋的不安全感，导致自我同一性更加无法达到整合。

本研究开发的干预方案集矫正-预防-发展功能于一体。近年来，网络成瘾干预领域的研究者倾向认为绝对的戒除网络是不合理的，预防与干预的目标在于改变问题性的上网方式，形成健康、可控和平衡的网络使用模式（Young，2010）。

首先，科学评估。本研究发现了评估大学生网络交往动机结构的适应性标准的新视角，以健康的适应性良好的大学生群体网络交往动机结构为标准，可以科学评估大学生的网络交往动机偏差状况；其次，干预矫治。本方案根据前期实证研究结果得到的“大学生网络交往心理健康效应的交互作用机制”，通过促进人格组织水平的提升（增强依恋安全感和自我同一性的整合度），调整不安全依恋和自我同一性扩散等带来的不良的网络交往动机，预防和改变因此带来的不当的网络交往行为，矫正不良的网络交往方式带来的对大学生心理健康和人格发展的损伤。同时，发展辅导。由网络交往动机的调整，培养健康的适应良好的网络交往动机结构，形成健康的网络交往行为。反过来促进大学生的身心健康和人格发展，使网络交往真正成为大学生健康成长的新平台。

本研究的结果有助于建立“科学评估、干预矫治、发展辅导”的大学生网络交往预警体系，具有从整体上帮助大学生协调社会交往状况的功能。通过线下的心理干预改变线上的交往动机，从人格组织水平的提升，发展大学生自我功能，提高自主性，缓解因为不安全依恋和自我同一性发展困扰导致偏差的网络交往动机和行为，并可以协调线上和线下、现实和虚拟的社会关系，协助大学生从整体上完善社会交往，促进大学生的身心健康和成长发展。达到全方位多途径对大学生心理健康教育的目标。

五、基于本研究的发现对网络交往的心理健康效应理论的验证和补充

从依恋的角度分析，与 Bowlby 的观点一致，成人依恋模式会用一种泛化的思维、情感和预期来调节和管理交往方式（Rholes & Simpson，2004）。而且模式会导致“自我维持”的人际交往行为（Sarah I.F. Daniel，2006）。但是，在互联网时代，网络交往使“工作模式”的“自我维持”行为变得复杂了。大学生依恋模式对于网络交往动机的心理健康效应表现在：**安全型**依恋模式大学

生网络交往动机更多地倾向于“沟通交流”和“自我认同”，因为依恋（焦虑）和依恋（逃避）都很低，使安全型依恋大学生可以适当地进行网络交往，这样会使他们既有机会发展更多的社会关系，不至于害怕交往躲避交往而失去交往机会，同时，又不会耽误太多的时间在网络交往上，更不会形成网络交往依赖或网络交往成瘾的情况。不同的依恋模式表现出不同的社会孤独和情感孤独情况，安全型依恋模式的个体情感孤独水平低，即使在社会孤独的情况下也可以寻求网络交往“补偿”线下面对面交往的不足，所以符合“富者更富”理论；**专注型**依恋模式大学生，沟通交流动机和自我认同动机与安全型没有差别，但是情绪调节动机和亲密依恋动机却显著高于安全型依恋模式大学生，说明他们的情绪困扰多，诉诸网络交往进行调整的需求高。而且专注型依恋模式本身对亲密关系有过高的需求，因此很可能在线上线下都有更高的亲密依恋动机，需要建立更多更强的亲密关系来满足需要，此时网络交往给了他们更多的平台，满足自身对亲密关系的过度需求。这种潜意识动力驱动的非理性行为，需要通过提升心智化水平来进行自我调节，而非无休止的饮鸩止渴，导致建立健康的现实的亲密关系的更加困难。**冷漠型**依恋模式的大学生，相对于安全型依恋模式大学生，其情绪调节动机不强也不弱，可是其他三种动机却较弱，他们不会积极投入社会交往和自我发展，也不会关注亲密关系的发展。所以对他们线下交往的退缩来说也没有起到“社会补偿作用”；**恐惧型**依恋模式的大学生，逃避的是网络交往中的沟通交流和自我认同，而相反会投入更多精力利用网络满足“情绪调节”和“亲密依恋”需求，导致交往能力和自我发展没有得到改善，相反可能因为过强的情绪调节和亲密依恋动机而出现网络依赖；如果其依恋模式不改善，线上的虚拟亲密关系只会耽误大学生正常的健康的亲密交往能力的发展，导致“穷者更穷”。Bowlby（1988）描述了不安全依恋关系会导致对依恋关系的防御性的回避和拒绝，使这类人在未来生活中更有可能出现精神问题。不安全依恋模式的人在信息加工和情绪管理方面更多地是保护自身不受与依恋相关的痛苦，但是却可能妨碍未来关系中的快乐和适应。所以，由于依恋模式的“自我维持”的特点，会导致网络交往中，安全型依恋模式大学生“富者更富”，而依恋安全性低的大学生则会陷入“穷者更穷”的恶性循环。

大学生自我同一性对于网络交往动机的心理健康效应表现在：第一，处于探索过程中和即将做出承诺的大学生，他们更有动机通过网络交往进行广泛的交往和自我认识与发展，符合“富者更富”假说；但是相反，没有探索又无法做出承诺的大学生则会通过网络交往调节情绪和寻找亲密关系，则符合“社交转移”理论，且可能“穷者更穷”。第二，处于同一性危机中的大学生焦虑程度高，开放性也高，依恋可能性多，导致各维度动机都强，这是互联网赋予同一性危机状态中的大学生的新的发展平台的功能。第三，与恐惧型依恋模式大学生类似，同一性扩散状态和延迟-扩散状态的大学生也是沟通交流和自我认同的动机不强，而情绪调节和亲密依恋动机更强，网络交往不仅没有补偿他们线下社会交往的不足，反而成为宣泄情绪和满足亲密依恋需求的“避风港”，而互联网的匿名性和便捷性等特点很容易使他们过度依赖网络甚至网络成瘾，从而造成现实适应的更加困难，导致“穷者更穷”。

因此，不安全依恋（特别是恐惧型依恋）和同一性延迟和扩散会导致大学生偏差的网络交往动机和行为，对大学生的心理健康和人格成长带来负面的影响。以往研究表明，某些心理健康状况不良的人群可以利用互联网来满足自己的需要，这既可能缓解其社会适应困难带来的痛苦，也可能逃避了社会生活的要求，使这部分人在现实社会的适应中更加缺乏合理的应对措施。在社会交往方面存在困难的人可能在网络交往方面也会出现问题。大学阶段面临的认同发展障碍和人际交往障碍等，不仅在线下表现出问题行为和症状，在线上的互动方式中也表现出特殊的状况，同样可能会出现前述网络交往理论家门提到的“富者更富理论”与“社会补偿理论”的交锋。依据前一个理论，我们会发现很多与父母家人或好朋友关系稳定的大学生，可以通过网络继续满足这种依恋需求，同时发展新的社交关系，进一步满足依恋的需要；而本身在亲子依恋方面不安全的学生则会出现两种情况，第一是继续封闭自己，不交往，上网一般也只是满足工具性动机，查资料、商品交易或者游戏等，这样网络会成为躲避现实交往的“避风港”，从而进一步强化了依恋的不安全感；第二种情况是由于依恋需求的缺失，而补偿性地过度投入网络交往中，甚至不断尝试在网上进行匿名性的虚拟亲密交往，这会带来交往成瘾的倾向或者其他网络诈骗和网络欺负等社会问题。严重影响大学生的心理健康和成长发展。

第二节　理论指导、实证研究和干预实践的有机结合

一、以理论为指导进行实证研究，提高研究的质量和可靠性

本研究主要在依恋理论和自我同一性理论的指导下进行研究的整体设计和数据收集与分析。依恋理论是十分成熟的人格理论，有非常丰富的理论和研究基础，依恋是个体人格重要部分，对人格的成熟和发展，对个体的人际交往、

社会适应和心理健康有着非常重要的影响。同时由于依恋治疗（包括团体依恋治疗）也已经是当代逐渐被心理治疗界广为运用的非常有效的心理治疗范式。因此，以依恋理论作指导，从对研究对象的观察角度到对个体偏差行为的矫治，甚至对人格缺陷的心理干预都有着非常独特的意义。同样，自我同一性理论也是非常重要的发展心理学理论，自我同一性和依恋既是人格变量也是个体重要的动机系统，对考察个体的行为动机根源具有重要的指导作用，特别是对于处于自我同一性发展关键阶段的青少年和大学生，更加具有应用价值。正因为如此，研究者们发展出了非常丰富而有效的对依恋和自我同一性进行观察和测量的方法和技术，使之成为实证研究的重要工具。因此，本研究选择这两项指标，考察大学生的网络交往特点，系统考察大学生的人格基础（成人依恋）与心理发展水平（自我同一性）对其网络交往动机和行为的影响，寻找影响因素，根据因素间的关系对进一步的干预进行指导，使研究过程在成熟可靠的理论指导下进行，可以更为有效地保证研究的规范性和可靠性。

二、吸纳“循证医学”思想，以实证研究为基础探索发生状况和发生机制及干预模式

结合心理学基础理论和临床工作方法寻找研究的切入点，借鉴“循证医学（Evidence -based medicine，EBM）”的思想，前期采取系列的调查研究，第一，开发大学生网络交往动机的问卷，了解大学生网络交往动机特点；第二，从依恋和自我同一性的角度探索大学生网络交往动机的影响机制，进而结合已有研究形成大学生网络交往心理健康效应的交互作用机制。同时根据不同依恋模式和同一性状态与网络交往动机各维度的相关来确定大学生网络交往偏差行为的内在动机结构，作为干预研究中靶向干预的对象；第三，根据大学生网络交往动机的影响机制，运用动力性心理治疗的思想，设计短程结构化团体辅导干预方案的基本框架和干预策略，形成独特的干预模式——针对“交互作用机制”中的预测变量——人格功能（依恋和自我同一性）进行鉴别和干预，预防和矫正因不安全依恋和低水平的自我同一性导致的偏差的网络交往动机和行为，达到深度干预的效果。具体而言，综合运用不同的干预技术，从人格、情绪、认知、动机、行为等不同层面和角度对大学生进行综合干预，形成团体辅导的综合干预模式，可以更加精确和有效地对大学生网络交往动机进行干预。总之，本研究吸纳“循证医学”思想，以实证研究为基础，从测查工具-影响机制-干预机制为研究逻辑系统探索了大学生网络交往动机的发生状况和发生机制及相

应的干预模式。

三、探索出一种新的可以甄别大学生网络交往状态健康与否的依据

随着互联网功能的迅猛发展，健康的网络交往方式难以界定。本研究发现了成人依恋和自我同一性对大学生网络交往动机具有显著的预测作用，不同的依恋模式和同一性状态大学生的网络交往动机结构有显著差异，由此可以根据安全型依恋模式和自我同一性达成状态大学生的网络交往动机结构和类型比例，建构健康的大学生群体的网络交往动机结构与类型比例，并可以以此为标准，甄别大学生中偏差的网络交往动机结构，结合网络交往中的行为偏差和症状，可以判断由于依恋和自我同一性的人格基础导致的网络交往偏差行为。本研究的这一发现为构建健康的网络交往动机和行为标准提供了新的依据，也为进一步的矫治提供靶向干预的依据，可以补充以往研究关于网络成瘾/依赖的症状和行为鉴别标准，同时为预防和干预网络成瘾/依赖行为奠定了基础，为发展健康的网络交往动机和行为奠定了基础。

四、运用分叉设计进行实证研究丰富研究数据的来源

根据 Maxwell（1992）对复合研究设计形式的三种描述，本研究采取“分叉设计”进行不同步骤和层次的实证研究。研究二分别运用“变量中心”思想，进行调查研究和统计分析，确定了变量之间的预测关系，同时从“个体中心”的视角，对不同依恋模式和同一性状态大学生的网络交往动机结构和类型特点进行分析，从不同的研究视角观察同一个现象，对其内在规律进行相互验证；再进一步，研究三从“案例研究”的视角，采取参与式观察，深入细致地了解大学生个体的依恋和自我同一性对其网络交往动机的影响情况。这一系列研究从不同的角度和研究方法考察并验证了大学生网络交往动机的内在发生机制。在此基础上，研究三借助“循证医学”的思想，根据前述研究结果，设计团体辅导干预方案，分别以准实验研究范式和案例研究范式，对多个小组和多个个体进行“嵌入式多案例研究”，然后以不同的分析单元，结合量化数据和质性数据进行案例内分析和跨案例分析，考察了团体辅导方案对大学生网络交往动机的改变机制，从变量变化的角度以及个案分析的角度对团体辅导干预效果进行多角度的综合评估，使研究中的各项量化数据和质性资料都得到充分挖掘和分析，增强了研究逻辑性和系统性，提升研究的生态效应。

第三节 本研究的不足与未来展望

一、本研究的不足之处

(一) 干预研究中仅仅设计了空白对照组

最初设计研究三干预研究时，希望探索团体辅导方案的独特性和有效性。本来设计了两组对照组——空白对照组和普通对照组（采取普通的团体辅导方案，不做深入的依恋风格和自我同一性的辅导），但由于对照组的选择不太理想，空白对照组人数与实验组相当，但普通对照组因为招募的原因只选择了一个对照组，且在不同的校区，无关变量控制也不够严格，所以就没有纳入数据分析。这给团体辅导方案的评估性研究带来了一些遗憾。

(二) 干预实验缺少纵向数据的支持

案例研究中考察团体辅导方案有效性的干预实验部分，由于团体辅导是超短程的辅导，有些改变还需要组员经过辅导在生活在去逐渐学习和改变，因此研究设计时应该考虑跟踪研究的设计。

(三) 干预实验部分缺乏对靶成员的预先确定和针对性的方案设计

这次研究中由于将发生机制和改变机制的研究放在一起进行考察，对发生机制需要考察所有组员的普遍规律，因此同时进行的干预实验部分就受到一定的影响，以团体辅导作为大学生网络交往动机的干预实验，那团体辅导的针对性应该更强。

二、未来展望

本研究在测查工具和基本的变量关系方面得到了可靠的结果，为未来的研究开辟了广阔的研究思路和发展空间。近期内可以考虑的进一步研究如下。

(一) 纵向研究——了解相应的人格和网络交往动机的改变情况

对参加团体辅导的学生和对照组学生进行跟踪调查，包括团体访谈和问卷调查，考察经过生活实践后，当初团体辅导的效果是否得到巩固和扩展。

（二）进一步考察大学生网络交往动机的适应性结构模型

本研究在案例研究部分粗略考察到心理健康的大学生群体的网络交往动机结构，作为大学生群体的适应性网络交往动机结构，还有待进一步深入研究。

（三）进一步考察网络交往动机与网络成瘾行为之间的关系

Manuel（2003）研究发现“个体的心理社会健康对个体优先选择网络交往具有预见作用，个体优先选择网络交往对病理性互联网使用的消极结果具有预见作用”。健康心理的基础是人格的健全发展，因此，结合本研究结果可以推论：个体的人格功能对个体优先选择网络交往具有预见作用，个体优先选择网络交往对病理性互联网使用的消极结果具有预见作用。所以，健康的人格是大学生顺利成长和发展的重要基础，如果人格本身有发展缺陷，加上互联网的各种诱惑，则很容易导致各种方式的网络成瘾行为。因此，在本研究的基础上，可以进一步考察网络交往动机与网络成瘾行为之间的关系，取得更多的实证数据，考察基于以依恋和自我同一性为核心的人格基础是否可以通过网络交往动机导致不同的病理性网络使用行为，进一步充实大学生网络成瘾的内在机制的研究，开发更有针对性的心理辅导方案和技术。

（四）进一步探索互联网对使用者的影响机制

通过考察人格与网络交往动机的内在关系和影响机制，进一步探索网络作为外在环境特点对大学生上网动机和行为的影响机制。网络的“去抑制性”对大学生心理健康和人格发展的效应是正向还是负向。“纷争”和“过度自我暴露”到底对大学生的人格成长有怎样的影响？大学生如何使用互联网的弱连接性发展自己的自我认同和赢得社会支持，同时规避网络欺诈等风险。

第四节 研究结论

1. 大学生网络交往动机存在与发展阶段需求相一致的动机内容，本研究所研发的大学生网络交往动机问卷包括 4 个维度：沟通交流、亲密依恋、情绪调节、自我认同，问卷共 18 个题目，各项参数均达到良好的测量学指标。

2. 当前大学生存在 6 种网络交往动机类型，包括：网络交往高强度动机类型（高强度型，4.7%）、网络交往中强度动机类型（中强度型，33.8%）、网络交往低强度动机类型（低强度型，6.2%）、网络交往高沟通交流动机并高自我认同动机类型（双高型，13%）、网络交往高情绪调节动机类型（高情绪调节型，8.4%）、网络交往低亲密依恋动机并低情绪调节动机类型（双低型，33.8%）。

3. 当代大学生网络交往动机具有不同的群体差异和类型分布差异，男生的网络交往动机，特别是情绪调节动机和亲密依恋动机高于女生。独生子女比非独生子女有更强烈的网络交往动机，特别是沟通交流和亲密依恋动机。农村学生比城市学生更希望通过网络交往满足自我认同和亲密依恋的需求。与性别、出生地、是否独生、年级和专业等成长背景与成长过程因素存在一定程度的相关。

4. 成人依恋对大学生网络交往动机具有显著预测作用。依恋（逃避）对网络交往动机总均分、沟通交流动机、自我认同动机具有显著的负向预测作用，对情绪调节动机具有显著的正向预测作用；依恋（焦虑）对网络交往动机总均分、沟通交流动机、自我认同动机、亲密依恋动机、情绪调节动机具有显著的正向预测作用。

5. 自我同一性对大学生网络交往动机具有显著预测作用。“将来自我投入的愿望”对网络交往动机总均分、情绪调节动机、亲密依恋动机具有显著的负向预测作用，对沟通交流动机、自我认同动机具有显著的正向预测作用；“现在的自我投入”对网络交往动机总均分、沟通交流动机、自我认同动机、情绪调节动机、亲密依恋动机均具有显著的正向预测作用。“过去的危机”对情绪调节动机和亲密依恋动机具有显著的负向预测作用。

6. 大学生自我同一性对依恋预测网络交往动机具有显著的调节效应。“过去的危机”对依恋（逃避）预测网络交往动机总均分、情绪调节动机、亲密依恋动机具有显著影响；“现在的自我投入”对依恋（焦虑）预测网络交往动机总均分、沟通交流动机和自我认同动机具有显著影响，对依恋（逃避）预测亲密依恋动机具有显著影响；“将来自我投入的愿望”对依恋（焦虑）预测网络交往动机总均分及沟通交流动机、自我认同动机和情绪调节动机上都具有显著影响。

7. 参照安全型依恋模式大学生网络交往动机状况，可以得到大学生适应性网络交往动机结构和类型分布。问卷得分结构为：总均分（3.01）、沟通交流动机（3.90）、自我认同动机（3.67）、情绪调节动机（2.12）、亲密依恋动机（2.36）；案例研究中百分比结构为：沟通交流动机（35%左右）、自我认同动机（25 左右）、情绪调节动机和亲密依恋动机（20%左右）。类型分布为：双低型（44.6%），双高型（24.8%），中强度型（16.8%），高强度型（4.5%）、低强度型（5.4%），高情绪调节型（3.9%）。以此为标准可以甄别大学生网络交往偏差动机和行为，为教育和干预提供依据。

8. 当代大学生大部分缺乏依恋安全感，自我同一性发展滞后。不安全依恋模式比例超过六成，属于恐惧型依恋模式的比例最高（43.8%），专注型（（17.6%），安全型（24.8%），冷漠型依恋模式比例最低（13.8%）。大部分大学生（超过六成）都处于自我同一性扩散状态，有超过13%的人处于延迟状态，14.3%的大学生处于早闭-达成的中间状态，达成状态学生仅占（6.6%）。由此可能导致大学生群体较为普遍的网络交往偏差动机和行为。

9. 案例研究发现，大学生网络交往动机与网络交往行为具有内在相关。部分成员由于特殊的网络交往动机，进而产生特殊的网络交往行为。专注型和恐惧型依恋模式成员的网络交往动机与交往行为表现出明显的内在联系，情绪调节动机偏高，并且相应的喜欢运用网络游戏、视频等缓解情绪。恐惧型依恋模式大学生亲密依恋动机很低，相应的线上线下的亲密关系和亲密沟通行为也非常少。

10. 依恋取向的短程结构化团体辅导方案能够对大学生网络交往动机进行有效干预。其中，团体依恋治疗较大程度地降低了依恋焦虑，提升依恋安全感和心智化水平，自我同一性辅导一定程度地增强了自我同一性；“认知-领悟疗法”促进成员理解网络交往行为的潜意识影响机制，“动机激发疗法”增强改变动机，控制内在工作模式的无意识作用。综合方法的使用促使组员特别是靶成员的网络交往动机结构趋近于“大学生适应性网络交往动机结构”，进而改变网络交往行为，使网络交往促进大学生的身心健康和成长发展。

参考文献

[1] Abdülkadir Öztürk, & Tansu Mutlu.（2010）. The relationship between attachment style，subjective well-being，happiness and social anxiety among university students'. *Procedia Social and Behavioral Sciences 9，1772–1776.*

[2] Adam，KS.，Sheldon Keller，AE.，& West，M.（1995）. Attachment organization and vulnerability to loss，separation and abuse in disturbed adolescents. Goldberg S.，Muir R.，& Kerr J（Eds.），in Attachment Theory：*Social，Developmental and Clinical Perspectives*（PP. 309-341）. Hillsdale NJ Analytic Press.

[3] Adams，G. R.，Shea，J.，& Fitch，S. A.（1979）. Toward the development of an objective assessment of ego identity status. J. Youth Adolesc. 8：223-237.

[4] Adams，G.，Bennion，L.，& Huh，K.（1989）. Objective measure of ego identity status：A reference manual. Unpublished manuscript，*University of Guelph，Ontario，Canada.*

[5] Adams，G. R.（1992）. Adolescent Identity Formation. *London：SAGE publications，4-78.*

[6] Adams，G. R.（1998）. Objective Measure of Ego Identity Status：*A Reference Manual*.

[7] Adams，G. R.，Munro，B.，Munro，G.，Doherty-Poirer，M.，& Edwards，J.（2005）. Identity processing styles and Canadian adolescents' self-reported delinquency. *Identity：An International Journal of Theory and Research，5，57-65.*

[8] Ainsworth.M.D.，Blehar，M.C.，Waters，E.，& Wall，S.（1978）. Patterns of attachment：A psychological study of the Strange Situation. *Hillsdale，NJ：Erlbaum.*

[9] Allen.JG（2001），Traumatic Relationships and Serious Mental Disorders. Chichester，UK，Wiley.

[10] Allison，B. N.，& Schultz，J. B.（2001）. Interpersonal identity

formation during early adolescence. *Adolescence，36（143），509-523.*

[11] Anderson-Butcher，D.，Ball，A.，Brzozowski，M.，Lasseigne，A.，Lehnert，M.，& McCormick，B. L.（2010）. Adolescentweblog use：Risky or protective? *Child Adolescent Social WorkJournal，27，63-77.*

[12] Andy J. Frey • Richard N. Cloud • Jon Lee •Jason W. Small • John R. Seeley • Edward G. Feil •Hill M. Walker • Annemieke Golly（2011），The Promise of Motivational Interviewing in School Mental Health，*School Mental Health3：1–12*

[13] Archer，S. L.，& Waterman，A. S.（1983）. Identity in early adolescence：A developmental perspective. *Journal of Early Adolescenc，3（3），203-214.*

[14] Armsden，G. C.，& Greenberg，M. T.（1987）. The inventory of parent and peer attachment：Individual differences and their relationship to psychological well-being in adolescence.*J. Youth Adoles. 16：427-453.*

[15] Bakermans.，Kranenburg M.，& Van Jzendoorn M.A.（1993）. Psychometric study of the Adult Attachment Interview：Reliability and discriminant validity. *Developmental Psychology，29（5），870- 879.*

[16] Barbara Gormley，& Dale E. McNiel.（2010）. Adult Attachment Orientations，Depressive Symptoms，Anger，and Self-Directed Aggression by Psychiatric Patients. *Cogn Ther Res 34，272–281.*

[17] Bartholomew，K.，&Horowitz，L. M.（1991）. Attachment styles among young adults：A test of a four-category model. *Journal of Personality & Social Psychology，2，226-244.*

[18] Beebe，B.，& Lachmann，F.（2002）. Infant research and adult treatment：Co-constructing interactions. Hillsdale，NJ：Analytic Press.

[19] Bennion LD.，& Adams GR.（1986）. A revision of the extended objectivemeasure of ego-identity status：An identity instrumentfor use with late adolescents. *Journal of Adolescent Re search，1，183-198.*

[20] Berman，A. M.，Schwartz，S. J.，Kurtines，W. M.，& Berman，S. L.（2001）. The process of exploration in identity formation：the role of style and competence. *Journal of Adolescence，24，513-528.*

[21] Berzonsky，M. D.（1989）. Identity style：Conceptualization and measurement. *Journal of Adolescent Research，4，268-282.*

[22] Berzonsky，M. D.（1997）. Identity Development，Control theory，and Self-Regulation：An Individual Differences Perspective. *Journal of Adolescent Research，12（3）：347～354*

[23] Berzonsky，M. D. & Adams，G. R.（1999），Reevaluating the identity status paradigm：still useful after 35 years. *Developmental Review，19：557-590.*

[24] Berzonsky，M. D.（2004）. Identity，style，parental authority，andidentity commitment. *Journal of Youth and Adolescence，33，213–220.*

[25] Bishop，D. I.，Weisgram，E. S.，Holleque，K. M.，Lund，K. E.，& Wheeler-Anderson，J. R.（2005）. Identity development and alcohol consumption：Current and retrospective self-reports by college students. *Journal of Adolescence，28，523–533.*

[26] Bosma，H. A.，& Kunnen，E. S.（2001）. Determinants and mechanisms in ego identity development：A review and synthesis. *Developmental Review，21，39–66.*

[27] Bowlby，J.（1969）. Attachment and loss：Vol.1. Attachment. New York，NY：Basic BOOKS.

[28] Bowlby，J.（1973）. Attachment and loss：Vol.2. Separation：Anxiety and anger. New York，NY：Basic BOOKS.

[29] Bowlby，（1977），The making and breaking of affectional bonds I. Aetiology and psychopathology in light of attachment theory，British Journal of Psychiatry 130，pp. 201–210.

[30] Bowlby，J.（1980）. Attachment and loss：Vol.3.Sadness and depression. New York，NY：Basic BOOKS.

[31] Bowlby，J.（1982）. Attachment and loss：Vol.1.Attachment（2nd ed.）. New York，NY：Basic BOOKS.

[32] Bowlby，J.（1988）. A secure base：Clinical applications of attachment theory. *London：Routledge.*

[33] Brennan K.A.，Clark C.L.，& Shaver P.R.（1998）. Self-report measurement of adult attachment：An integrative overview. In J.A. Simpson & W.S. R holes. Attachment theory and close relationships（pp.46-76）. New York：Guilford Press.

[34] Buchheim. A.，Erk. S.，George，C.，Kachele，H.，Kircher，T.，

Martius，P.，&，.（2008）. Neural correlates of attachment trauma inborderline personality disorder：A functional magnetic resonance imaging study. *Psychiatry Research-NeuroImaging，163（3），223-235.*

[35] Byrebecca.（2000）. Linking up Online：Is the Internet enhancing interpersonal connections or leading to greater social isolation ? *Monitor on Psychology，4，311.*

[36] Chien Chou.，Linda Condron.，&John C. Belland.（2005）. A Review of the Research on Internet Addiction. Educational Psychology Review *(pp.363–388）.*

[37] Clancy，S. M. & Dollinger，S. J. Identity，self，and personality：Identity status and the five-factor model of personality. *Journal of Research on Adolescence，1993，3（3）：227-245.*

[38] Cobb，R.J.，Davila，J.，& Bradbury，T. N.（2001）. Attachment security and marital satisfaction：The role of positive perceptions and social support. *Personality and Social Psychology Bulletin，27（9），1131-1143.*

[39] Collins，N.L.，& Feeney，B.C.（1990），Adult attachment，working models，andrelationship quality in dating couples. *Journal of Personality and Social Psychology，58，644-663.*

[40] Correa，T.，Hinsley，A. W.，& Zú?iga，H.G.（2010）. Who interacts on the Web?：The intersection of users' personality and social media use. *Computers in Human Behavior，26，247-253.*

[41] Cozzarelli C.，Karafa J.A.，Collins N. L.，et al.（2003），Stability and Change in Adult Attachment Styles：Associations with Personal Vulnerabilities，Life Events，and Global Construal's of Self and Others [J]. *Journal of Social and Clinical Psychology，22：315-346*

[42] Cramer，P. Freshman to senior year：A follow-up of identity，narcissism，and defense mechanisms. *Journal of Research in Personality，1998，32：156-172.*

[43] Crocetti，E.，Rubini，M.，Luyckx，K.，& Meeus，W.（2008a）. Identity formation in early and middle adolescents from various ethnic groups：From three dimensions to five statuses. *Journal of Youth and Adolescence，37，983–996.*

[44] Crowell & Treboux（1995）J.A. Crowell and D. Treboux，A review

of adult attachment measures: Implications for theory and research, *Social Development 4（1995）, pp. 294–327.*

[45] David A. F. Haaga.（2002）. Mood Dependency of Self-Rated Attachment Style. *Cognitive Therapy and Research（pp.57–71）*

[46] Davila J., Burge D.& Hammen C.（1997）, Why Does Attachment Style Change?[J].*Journal of Personality and Social Psychology, , 73: 826-838*

[47] Davis R.A .（1999）, A Cognitive -Behavioral Model for PIU.*Online at www .victoriapoint. com*

[48] Davis R A（2001）. A cognitive-behavioral model of pathological Internet use（PIU）. *Computers in Human Behavior*, 17（2）: 187-195

[49] Denzin N K, Lincoln Y S. （1994）, Handbook of Qualitative Research. *Thousand Oaks, CA: Sage.*

[50] Dorothy Markiewicz., &Heather Lawford.（2006）. Developmental Differences in Adolescents' and Young Adults' Use of Mothers, Fathers, Best Friends, and Romantic Partners to Fulfill Attachment Needs, *Journal of Youth and Adolescence（pp.127–140）.*

[51] Dwairy M.（2004）. Internal-structural validity of objective measure of ego identity status among Arab adolescents. *Identity, 4, 133-145.*

[52] E·H·Erikson 著，孙名之译.（1998）.同一性：青少年与危机. *杭州：浙江教育出版社，198～199.*

[53] Eisenhardt K M. （1989）, Building theories from case study research. Academy of Management Review, 14（4）: 532 － 550

[54] Gullone E., Thomas H., Ollendick., & Neville J. King.（2006）. The Role of Attachment Representation in the Relationship Between Depressive Symptomatology and Social Withdrawal in Middle Childhood. *Journal of Child and Family Studies（pp.271–285）.*

[55] Fonagy, P., & Target, M.（1997）. Attachment and reflective function: Their role in self-organization. *Development and Psychopathology, 9（4）, 679–700.*

[56] Fonagy, P., Target, M., Steele, H., & Steele, M.（1998）. Reflective functioning manual. Version 5. For application to Adult Attachment Interviews. *Sub-Department of Clinical Health Psychology*, University College London（unpublished manuscript）.

[57] Fonagy, P.（2002）. Attachment and Borderline Personality Disorder. *Journal of the American Psychoanalytic Association，48，1129-1146.*

[58] Fosha，D.（2000）. The transforming power of affect：A model for accelerated change. *New York，NY：Basic Books.*

[59] Lopez，F.G.（2001）. Adult Attachment Orientations，Self-Other Boundary Regulation and Splitting Tendencies in a College Sample. *Journal of Counseling Psychology，4，440-446.*

[60] George，C.，Kaplan，N.，& Main，M.（1996）. Adult Attachment Interview.（3rd ed）. *Department of Psychology，University of California at Berkeley（unpublished manuscript）.*

[61] Gerring J.（2007），Case Study Research：Principles and Practices Cambridge，*UK：Cambridge University Press.*

[62] Gherardi S. &Turner B.A.（1987），Real man don't collect soft data. Auaderno 13，Departimento di Politica Sociale，Universita di Trento.

[63] Griffiths.（1998）. M. Internet addiction：dose it really exist1 In J1 Gackenbach，psychology and internet：Intrapersonal，interpersonal，and transpersonal implications，NEW YORK：Academic press11251

[64] Griffin，D.W.，& Bartholomew，K.（1994）.The metaphysics of measurement：The case of adult attachment. *In K.Bartholomew & D. Perlman（Eds.），Advances in personal relationships：Vol.5. Attachment processes in adulthood（pp.17-52）. London，England：Jessica Kingsley.*

[65] Grotevant，H.D.，&Cooper，C.R.（1985）. Patterns ofinteraction in family relationships and the development of identity exploration in adolescence. *Child Development，56，415- 428.*

[66] Grotevant H D.（1987）. Toward a process model of identity formation. *Journal of Adolescent Research，2，203-222.*

[67] Guerrero, L.K.(1996). Attachment-style differences in intimacy and involvement : A test of the four-category model. *Communications Monographs，63，269-292.*

[68] Hall, A. S., & Parsons, J.(2001). Internet addiction: College student case study using best practices in cognitive behavior therapy. *Journal of Mental Health Counseling，23（4），312–327.*

[69] Hamburger，Y.A. & Ben-Artzi，E.（2000），The relationship

between extraversion and neuroticism and the different uses of the internet.Computers in Human Behavior，2000，16（4）：441-449

[70] Hamburger Y.A.（2002）. Internet and personality. Computers in Human Behavior，（18），1- 101.

[71] Hamilton（2000），C.E. Hamilton，Continuity and discontinuity of attachment from infancy through adolescence，*Child Development 71（2000），pp. 690–694. View Record in Scopus | Cited By in Scopus（127）*

[72] Haslam-Hopwoo GTG.，Allen JG.，& Stein A.，（2006）. Enhangcing mentalizing through psychoeducation，in Handbook of Mentalization-Based Treatment Edited by Allen JG，Fonagy P.Chichester，UK，Wiley，pp249-267

[73] Hazan，C.，& Shaver，P.（1987）. Romantic love conceptualized as an attachment process. *Journal of Personality and Social Psychology，52（3），511-524.*

[74] Hesse，E.（1996）. Discourse，memory，and the Adult Attachment Interview：A note with emphasis on the emerging cannot classify category. *Infant Mental Health Journal，17（1），4–11.*

[75] Hesse，E.（1999）. The Adult Attachment Interview：Historical and current perspectives. In J. Cassidy & P. R. Shaver（Eds.），*Handbook of attachment：Theory，research，and clinical applications*（pp. 395–433）. New York，NY，US：Guilford Press.

[76] Hills，P. & Argyle，M.（2003）Uses of the internet and their relationships with individual differences in personality.Computer in Human Behavior，2003，19（1）：59-70

[77] Hopper，E.（2001）. Difficult patients in group analysis. Group，25，139-171

[78] Iakushina，E. V.（2002）. Adolescents on the internet：The specific character of information interaction. *Russian Education and Society，44（11），81-95.*

[79] John f. Clarkin.，Frank E.Yeomans.，& Otto F.Kernberg.（2006）. Psychotherapy for Borderline Personality：Focusing on Object Relations，*American Psychiatric Publishing，Inc. Washington D.C. and London，UK. 57-58.*

[80] Kahn，G.B.& Feldman，D.B.（2011）. Relationship-focused group

therapy to mitigate marital instability and neuropsychophysiological dysregulation. *International Journal of Group Psychotherapy，61，518-536.*

[81] Kaitz，M.，Bar-Him，Y.，Lehrer，M.，& Grossman，E.（2004）. Adult attachment style and interpersonal distance. *Attachment & Human Development，6，285-304.*

[82] Kanninen，K.，Salo，J.，& Punamaki，R. L.（2000）. Attachment patterns and working alliance in trauma therapy for victims of political violence. *Psychotherapy Research，10，435-449.*

[83] Katherine Berry.，Christine Barrowclougha.，& Alison Weardena.（2007）. A review of the role of adult attachment stylein psychosis：Unexplored issues and questions for further research，*Clinical Psychology ReviewVolume 27，Issue 4，Pages 458-475.*

[84] Keating，L.，Tasca，G.，Gick，M.，Ritchie，T.，Balfour，L.，& Bissada，H.（in press）.Change in attachment to the therapy group generalizes to change in individual attachment among women with binge-eating disorder. Psychotherapy：Theory，Research，and Practice.

[85] Kerpelman J L.，Pittman J F.，& Lamke LK.（1997）. Toward a microprocess perspective on adolescent identity development：An identity control theory approach. *Journal of Adolescent Research，12，325- 346.*

[86] Kerpelman，J. L.，Pittman J F.，& Lamke LK.（1997）. Revisiting the Identitycontrol theory approach：Arejoinder. *Journal of Adolescent Research，12，363-371.*

[87] Kidwell，J.，Dunham，R. M.，Bacho，R.，Pastorino，E.，& Portes，P.（1995）. Adolescent identity exploration：A test of Erikson's theory of transitional crisis. *Adolescence，30，785–793.*

[88] Kilmann，P.，Larghlin，J.，Carranza，L.，Downer，J.，Major，S.，& Parnell，M.（1999）. Effects of an attachment-focused group preventive intervention on insecure women. *Group Dynamics：Theory，Research，Practice，and Training，3，138-147.*

[89] King，D. L.，Delfabbro，P. H.，Griffiths，M. D.，& Gradisar，M.（2011）. Assessing clinical trials of Internet addiction treatment：A systematic review and CONSO R T evaluation. *Clinical psychology review，31（7），1110-1116.*

[90] Kirchmann，H.，Steyer，R.，Mayer，A.，Joraschky，P.，Schreiber-Willnow，K.，&，.（2009）. Asociations among attachment characteristics，patients' assessment of therapeutic factors，and treatment outcome following inpatient psychodynamic group psychotherapy. *Psychotherapy Research，19，234-248.*

[91] Kobak，R. R.，Cole，H. E.，Ferenz-Gillies，R.，& Fleming，W. S.（1993）. Attachment and emotion regulation during mother–teen problem solving：Acontrol theory analysis. *Child Development，64（1），231−245.*

[92] Koch，W.H. & Pratarelli，M.E.（2004），Effects of intro/extraversion and sex on social internet use. *North American Journal of Psychology，2004，6（3）：371-382*

[93] Kraut，R.，Patterson，M.，Lundmark，V.，Kiesler，S.，Mukopadhyay，T.，Scherlis，W.（1998），Internet paradox：a social technology that reduces social involvement and psychological well-being? *American Psychologist，1998，53（9）：1017-1031*

[94] Kraut，R.，Kiesler，S.，Boneva，B.，Cummings，J.，Helgeson，V.，&Crawford，A.（2002）. Internet paradox revisited. *Journalof Social Issues，58，49-74.*

[95] Kroger.（1993）. Ego identity：An overview. 1-20，Hillsdale，NJ：Lawrence Erlbaum Associates

[96] Kroger J. Identity（1996），regression and development. Journal ofAdolescence，19：203～222

[97] Kroger，J.（2004）. Identity in adolescence：the balance between self and others，（Ed.），London；New York：Routledge

[98] Kroger，J.，& Marcia，J. E.（2011）. The identity statuses：Origins，meanings，and interpretations. In S. J. Schwartz，K. Luyckx，&V. L. Vignoles（Eds.），*Handbook of identity theory and research.* New York：Springer（in press）.

[99] Lukens EP.，& Mc.Farlane WR.（2004）. Psychoeducation as evidence based practice：considerations for practice，research and policy. *Brief Treat Crisis Interv 4，205-225.*

[100] Luyckx，K.，Goossens，L.，Soenens，B.，Beyers，W.，& Vansteenkiste，M.（2005）. Identity statuses based on 4 rather than 2 identity

dimensions：Extending and refining Marcia’s paradigm. J*ournal of Youth and Adolescence，34，605–618.*

[101] Luyckx，K.，Goossens，L.，& Soenens，B.（2006a）. A developmental contextual perspective on identity construction in emerging adulthood：Change dynamics in commitment formation andcommitment evaluation. *Developmental Psychology，42，366–380.*

[102] Luyckx，K.，Goossens，L.，Soenens，B.，& Beyers，W.（2006b）. Unpacking commitment and exploration：Validation of anintegrative model of adolescent identity formation. *Journal of Adolescence，29，361–378.*

[103] Luyckx，K.，Soenens，B.，& Goossens，L.（2006c）. The personality identity interplay in emerging adult women：Convergent findings from complementary analyses. *European Journal of Personality，20，195–215.*

[104] Luyckx，K.，Schwartz，S. J.，Berzonsky，M. D.，Soenens，B.，Vansteenkiste，M.，Smits，I.，&et.al.（2008a）. Capturing ruminative exploration：Extending the four-dimensional model of identity formation in late adolescence. *Journal of Research in Personality，42，58–82.*

[105] Luyckx，K.，Schwartz，S. J.，Goossens，L.，& Pollock，S.（2008b）. Employment，sense of coherence，and identity formation：Contextual and psychological processes on the pathway to sense of adulthood. *Journal of Adolescent Research，23，566–591.*

[106] Luyckx，K.，Schwartz，S. J.，Goossens，L.，& Soenens，B.（2008c）. The relationship between identity development and adjustment in the transition to adulthood：Variable-centered and person centered approaches. *Journal of Research on Adolescence，18，595–619.*

[107] Luyckx，K.，Seiffge-Krenke，I.，Schwartz，S. J.，Goossens，L.，Weets，I.，Hendrieckx，C.，&，.（2008d）. Identity formation，coping，and adjustment in emerging adults with a chronic illness：The samplecase of Type I diabetes. *Journal of Adolescent Health，43，451–458.*

[108] Mahler，M.，Pine，F.，& Bergman，A.（1975）. The Psychological Birth of the Human Infant，London：Hutchinson.

[109] Main，M.，Goldwyn，R.，& Hesse，E.（2002）. Adult attachment scoring and classification systems. Version 7.1. Department of Psychology，University of California at Berkeley（unpublished manuscript）.

[110] Mak，K. K.，Ho，S. Y.，Thomas，G. N.，Schooling，C. M.，McGhee，S. M.，& Lam，T. H.（2010）. Family structure，parent child conversation time and substance use among Chinese adolescents. BMC Public Health，10（1），503.

[111] Mallinckrodt B.，& Chen，E.C.（2004）. Attachment and interpersonal impact perceptions of group members：A social relations model analysis of transference. *Psychotherapy Research，14，210-230.*

[112] Marcia，J. E.（1966）. Development and validation of ego identity status. J. Personal. Social PsychoL 3：551-558.

[113] Marcia，J. E.（1980）. Identity in adolescence. In J. Adelson，（Eds.），*Handbook of adolescent psychology*（pp. 159–187）. New York：Wiley.

[114] Marcia J E.，A S Waterman.，Matteson D R.，&et. al.，（1993）. go-identity：the Handbook of Psychosocial research. New York：Open university press，1-21.

[115] Marmarosh，C.L.，Whipple.，&et. al.（2009）. Adult attachment styles and group psychotherapy attitudes. *Group Dynamics：Theory，Research，and Practice，11，153-164.*

[116] Marmarosh，R. d.，Markin.，& E. B. Spiegel.（2013）. *Attachment in Group Psychotherapy，* American Psychological Association.

[117] Martin J M，Eisenhardt K M.（2010），Rewiring：cross – *Business-Unit collaborations in multibusiness organizations*

[118] Matthew B.Miles A.Michael Huberman 著，张芬芬译.（2008）. *质性资料的分析：方法与实践.* 重庆：重庆大学出版社，pp128-193.

[119] Maxwell，J. A.（1992）. The logic of qualitative research. Unpublished manuscript. *Cambridge，MA：Harvard University，Graduate School of Education.*

[120] McCluskey，U.（2008）.Attachment-based therapy in groups：Exploring a new theoretical paradigm with professional care-givers. Attachment：New Directions in Psychotherapy and Relational Psychoanalysis，2，204-215.

[121] Mckenna，K.Y.A. & Bargh，J.A.（1998），Coming out in the age of the internet：identity "demarginalization" through virtual group

participation.，*Journal of Personality and Social Psychology*，1998，75（3）：681-694

[122] McKenna K Y，Bargh J A.（2000）. Plan 9 from cyberspace：the implications，of the Internet for personality and social psychology. *Personalityand Social Psychology Review*，（4）：57-751

[123] Mechthild Maczewski.（2002）. Exploring Identities Through the Internet：Youth Experiences Online，Child and Youth Care Forum，Volume 31，Issue 2，pp 111-129

[124] Meeus W.（1996）. Studies on identity development in adolescence：Anoverview of research and some new data. *Journal of Youth and Adolescence，25，569-598.*

[125] Meeus，W.，Iedema，J.，& Maassen，G. H.（2002）. Commitment exploration as mechanisms of identity formation. *Psychological Reports，90，771–785.*

[126] Meilman，P. W.（1979）. Cross-sectional age changes in ego identity status during adolescence. *Developmental Psychology，15（2），230-231.*

[127] Mekenna，K. Y. A. J，（2004）. a.plan9fromeyberspaee：theimplieationoftheInternetfor personalityandsocialpsyehology. PersonalityandsoeialpsyehologyReview，（4），57-75.

[128] Mikulincer，M.，Shaver，P.R.，(2003). The attachment behavioural system in adulthood：Activation，psychodynamics，and interpersonal processes. *Advances in Experimental Social Psychology 35，53–152.*

[129] Mikulincer，M.，& Shaver，P. R.（2007）. Attachment in Adulthood：Structure，dynamics，and change. New York，NY：Guilford Press

[130] Modayil，M.V.，Thompson，A.H.，Varnhagen，S. & Wilson，D. S. Internet users，prior psychological and social difficulties. *Cyberpsychology & Behavior，2003，6（6）：585-590*

[131] Monica A. Landolt.，&Kim Bartholomew.（2004）. Gender Nonconformity，Childhood Rejection，and Adult Attachment：A Study of Gay Men，Archives of Sexual Behavior（pp.117-128），Volume 33，Issue 2，

[132] Moody，E.（2001）. Internet use and its relationship to loneliness. *Cyberpsychology &Behavior，4（3），393-401.*

[133] Martin，J. & Schumacher，P.（2000）.Incidence and Correlates of

Pathological Int ernet Use among College Student, Computers in Human Behavior, 16: 13 - 291

[134] Morahan-Martin J, Schumacher P . (2000), Incidence and Correlates of Pathological Int ernet Use among College Student .Computer inHuman Behavior, 2000, 16, 450 -460

[135] Morgan, C., & Cotton, S.(2003). The relationship between internet activities and depressive symptoms in a sample of college freshmen. *Cyberpsychology & Behavior, 6 (2), 133-142.*

[136] Miller, W. R., & Rollnick, S. (2002). Motivational interviewing: Preparing people for change. New York: Guilford Press.

[137] Nora H. Hope., Marina Milyavskaya., Anne C. Holding., &Richard Koestner. (2010). Self-Growth in the College Years: Increased Importance of Intrinsic Values Predicts Resolution of Identity and Intimacy Stages (pp.118-136), Psychological Studies, Volume 55, Issue 2.

[138] Paul Gorczynski, eds. (2014). Examining the efficacy and feasibility of exercise counseling inindividuals with schizophrenia: A single-case experimental study, *Mental Health and Physical Activity, 1-7.*

[139] Peris, R., Gimeno, B.A., Pinazo, B.A., Ortet, G., etal. (2002), Online chat rooms: virtual space of interaction for socially oriented people. *Cyberpsychology & Behavior*, 2002, 5 (1): 43-51

[140] Peter, J., Valkenburg, P. M., & Schouten, A. P.(2005), Developing a model of adolescent friendship formation onthe internet. Cyberpsychology & Behavior, 8 (5), 423–430.

[141] Peukert, P., Sieslack, S., Barth, G., & Batra, A.(2010). Internetand computer game addiction: Phenomenology, comorbidity, etiology, diagnostics and therapeutic implications for the addictives and their relatives. Psychiatrische Praxis.

[142] Pistole MC. (1997). Attachment theory: Contributions to group work. *Journal of Specialists in Group Work, 22, 7-21.*

[143] Quintana, S. M. & Lapsley, D. K. Adolescent autonomy and ego identity: A structural equations approach to the continuity of adaptation. Journal of Adolescent Research, 1987, 2: 393-410.

[144] Ragin, C. C. (1987). The comparative method: Moving beyond

qualitative and quantitative strategies. Berkeley：University of California Press.

[145] Rholes，W. S.，& Simpson，J. A.（Eds.）.（2004）. Adult attachment：Theory，research，and clinical implications. New York，NY，US：Guilford，Publications.

[146] Riva，M.，Wachtel，M.，& Lasky，G.（2004）. Effective leadership in group counseling and psychotherapy. In Handbook of contemporary group psychotherapy

[147] Rom E.，& Mikulincer M.（2003）. Attachment theory and group processes：The association between attachment style and group-related representations，goals，memories，and functioning. *Jounal of Personality and Social Psychology，84，1220-1235.*

[148] Sanders，C. E.，Field，T. M.，Diego，M.，&et.al.（2000）. The relationship of internet use to depression and social isolation among adolescents. *Adolescence，35，237-241.*

[149] Sara J. Steinberg Joanne Davila.，& Frank Fincham.（2006）. Adolescent Marital Expectations and Romantic Experiences：Associations With Perceptions About Parental Conflict and Adolescent Attachment Security，*Journal of Youth and Adolescence*（pp.333–348），Vol. 35，No. 3.

[150] Sarah I. F. Daniel.（2006）. Adult attachment patterns and individual psychotherapy：A review. *Clinical Psychology Review 26，968-984.*

[151] Schore，A. N.（1994）. Affect regulation and the origin of the self：The neurobiology of emotional development. *Mahwah，NJ：Erlvaum.*

[152] Schwartz，S. J.（2001）. The evolution of Eriksonian and Neo-Eriksonian identity theory and research：A review and integration. *Identity，1，7–58.*

[153] Schwartz，S. J.，Co^te′，J. E.，& Arnett，J. J.（2005a）. Identity andagency in emerging adulthood：Two developmental routes in theindividualization process. *Youth and Society，37，201–229.*

[154] Schwartz，S. J.，Zamboanga，B. L.，Weisskirch，R. S.，& Rodriguez，L.（2009b）. The relationships of personal and ethnic identityexploration to indices of adaptive and maladaptive psychosocial functioning. *International Journal of Behavioral Development，33，131-144.*

[155] Shechtman，Z.，& Rybko，J.（2004）. Attachment style and observed initial self-disclosure as explanatory variables of group functioning. *Group Dynamics：Theory，Research，and Practice，8，207-220.*

[156] Shechtman，Z.，& Dvir，V.（2006）. Attachment style as a predictor of behavior in group counseling with preadolescents. *Group Dynamics：Theory，Research，and Practice，10，29-42.*

[157] Sherry Turkle，Life on the Screen：Identity in the Age of the Internet（New York：Simon & Schuster，1995）.

[158] Silverman，T.（1999），The internet and relational theory. *American Psychologist，1999，54（9）：780-781*

[159] Simon，R. W.，& Marcussen，K.（1999）. Marital transitions，marital，beliefs，and mental health. *Health Soc. Behav. 40，111–125.*

[160] Simpson，J.A.（1990），Influence of attachment styles on romantic relationships，*Journal of Personality and Social Psychology，59，971-980.*

[161] Simpson，J.A.，Rholes，W.S.，& Nelligan，J.S.（1992），Support seeking and support giving within couples in an anxiety-provoking situation：The role of attachment styles. *Journal of Personality and Social Psychology，62，434-446.*

[162] Skitka，L. J.，& Sargis，E. G.（2006）. The internet as psychological laboratory. *Annual Review of Psychology，57，529–555.*

[163] Smith，E.R.，Murphy，J.，& Coats，S.（1999）. Attachment to Group：Theory and Mearment. *Journal of Personality and Social Psychology，77，94-110.*

[164] Sroufe，L.A.，Waters，E.（1977）. Attachment as an organizational construct. *Child Development 48，1184–1199.*

[165] Sroufe，L A.，Egeland，B.，Carlson，E.，& Collins，W.A.（2005）. The development of the person：The Minnesota Study of Risk and Adaptation From Birth to Adulthood. New York，N*Y：Guilord Press.*

[166] Stephanie H. Parade.，& Esther M. Leerkes.（2010）Attachment to Parents，Social Anxiety，and Close Relationships of Female Students over the Transition to College. *Youth Adolescence 39：127-137.*

[167] Stern，J.（2000）.Parent training. In J.R. White & A. Freeman（Eds.），Cognitive-behavioral group therapy for specific problems and

populations（pp. 331-360）. *Washington，DC：American Psychological Association.*

[168] Stephen，J.，Fraser，E.，& Marcia，J. E.（1992）. Moratorium-achievement（Mama）cycles in lifespan identity development：Value orientations and reasoning system correlates. *Journal of Adolescence，15，283–300.*

[169] Stoll C .（1995），Silicon Snake Oil. *New York：Doubleday，1995，221-232 .*

[170] Stone，W.N.，& Gustafson，L.P.（1982）. Technique in group psychotherapy of narcissistic and borderline patients. International Journal of Group Psychotherapy，32，29-56

[171] Suler. J.(2004). The Online Disinhibition Effect. *Cyber Psychology & Behavior，7（3）：321-326.*

[172] Susan J. Frank.，Lisa A. Pirsch.，& Virginia C. Wright.(1990). Late Adolescents' Perceptions of Their Relationshipswith Their Parents：Relationships AmongDeidealization，Autonomy，Relatedness，andInsecurity and Implications for AdolescentAdjustment and Ego Identity Status，*Journal of Youth and Adolescence，Vol. 19，No. 6.*

[173] Swickert，R.J.，Hittner，J.B.，Harris，J.L.，Herring，J.（2002），A.Relationships among internet use，personality，and social support. *Computers in Human Behavior，2002，18（4）：437-451*

[174] Tasca（2003）. Psychometric properties of the Eating Disorders Inventory-2 Among women seeking treatment for binge eating disorder. *Assessment，10，228-236.*

[175] Tasca（2004）. Attachment predicts treatment completion in an eating disorders partial hospital program among women wth Anorexia Nervosa. *Journal of Personality Assessment，83，201-212.*

[176] Tasca&Rithchie（2006）. Attachment scales predict outcome in a randomized controlled trial of two group therapies for binge eating disorder：An aptitude by treatment interaction. *Psychotherapy Research，16，106-121.*

[177] Trapnell，P. D.，& Campbell，J. D.（1999）. Private self-consciousness and the Five-Factor model of personality：Distinguishing rumination from reflection. *Journal of Personality and Social Psychology，76，*

284-304.

[178] Tsai, C. C., & Lin, S. S. J. (2001). Analysis of attitudes toward computer networks and internet addiction of Taiwanese adolescents. *CyberPsychology & Behavior, 4 (3), 373–376.*

[179] Valkenburg, P. M., & Peter, J. (2008). Adolescents' identity experiments on the Internet: Consequences for social competence and self-concept unity. *Communication Research, 35, 208–231.*

[180] Wallin, D. J. (2007). Attachment in psychotherapy. New York, NY: Guilford Press.

[181] Waterman A S. (1985). Identity in Adolescence: Processes and Contents. *London: Jossey-Bass Social Inc, Publishers, 4-6.*

[182] Waterman, A. S. (1990). Personal expressiveness: Philosophical and psychological foundations. *Journal of Mind and Behavior, 11, 47-74.*

[183] Waterman, A. S. (1992). Identity as an aspect of optimal psychological functioning. In G. R. Adams, T. P. Gullotta, & R. Montemayor (Eds.), *Adolescent identity formation* (pp.50-72). Newbury Park, CA: Sage

[184] Waters E., & Deane K. (1985). Defining and Assessing Individual Differences in Attachment Relationships : Q-methodology and the Organization of Behavior in Infancy and Early Childhood. Monographs ofthe Society for Research in Child Development, 50 (1- 2, Series No. 209), 41-65

[185] Waters E., Hamilton, C.E., &Weinfeld, N.S. (2000). The stability of attachment security from infancy to adolescence and early adulthood: General introduction., *Child Development, 71, 678- 683.*

[186] Weiser. (2001). The funetions of internet use and their social and psychological consequences.*CylrPsychol &Behavior, (6): 723-743.*

[187] Whitty, M.T.2002, An examination of how open, supportive and honest people are in chat rooms.Computers in Human Behavior, 2002, 18(4): 343-352

[188] Wilberg, T., & Karterud, S. (2001). The place of group psychotherapy in the treatment of personality disorders. *Current Opinion in Psychiatry, 14, 125-129*

[189] Wires, J. W., Barocas, R., & Hollenbeck. AR.(1994). Determinants of adolescent identity development: A cross-sequential study of boarding school boys. *Adolescence，29（114），361-379.*

[190] Yalom，I. D.，& Leszcz，M.（2005）. The theory and practice of group psychotherapy，New York，NY：Basic Books.

[191] Yoel Elizur.，& Arlette Mintzer.（2001）. A Framework For the Formation of Gay Male Identity：Processes Associated with Adult Attachment Style and Support From Family and Friends. *Archives of Sexual Behavior，Vol. 30，No. 2.*

[192] Yin R K，(1994)，Case Study Research：Design and Methods. *UK London，CA：Sage*

[193] Young，K.（1996），Internet addiction：the emergence of a new clinical disorder. *Paper presented at the 104th annual convention of American psychological association*

[194] Young，K. S.（2010）. A therapist's guide to assess andtreat Internet addiction. Website：http：/ /www. Keithadkins. com/netaddiction /articles /practitioners. Pdf. Accessed，26.

[195] Zimmer-Gembeck，M.，& Petherick，J.（2006）. Intimacy datinggoals and relationship satisfaction during adolescence and emerging adulthood：Identity formation，age and sex are moderators. *International Journal of Behavioral Development，30，167-177.*

[196] 安秋玲（2007）. 青少年自我同一性发展研究. *心理科学，2007，30（4），895-899.*

[197] 柴晓运，龚少英，（2011），青少年的同一性实验：网络环境的视角，*心理科学进展 2011，Vol. 19，No. 3，364–371*

[198] 陈秋珠.（2006）. 赛博空间的人际交往——大学生网络交往与心理健康关系研究. *吉林大学，长春.*

[199] 陈香，（2001）. 青少年自我同一性的发展——同一性地位及其相关因素的研究. *硕士论文，河北大学，保定.*

[200] 陈向明（2000），质的研究方法与社会科学研究，*北京：教育科学出版社，*

[201] 迟新丽，张大均.（2009）. 大学生网络交往动机量表编制及相关问题研究.*硕士论文，西南大学.*

[202] 迟新丽，张大均，吴明霞（2009）关于大学生网络交往动机研究进展的分析，*《山西青年管理干部学院学报》- 2009-03-10*

[203] 戴哲茹.（2012）. 基于依恋理论的团体辅导对大学生人际交往能力的干预实验. *硕士论文，北京航空航天大学，北京.*

[204] 邓林园，方晓义（2012）大学生心理需求及其满足与网络成瘾的关系，*心理科学，2012，35（1）：123 － 128*

[205] 邓林园，方晓义.（2013）. 家庭环境、亲子依恋与青少年网络成瘾. *心理发展与教育，第3期.*

[206] 邓伟，马叶（2013）. 大学生网络成瘾与成人依恋关系. *中国健康心理学杂志，第21卷，第10期.*

[207] 邓伟等（2014）. 成人依恋和同一性在大学生网络成瘾影响机制中的作用. *中国学校卫生第35卷，第6期.*

[208] 方晓义，刘璐（2015），青少年网络成瘾的预防与干预研究，*心理发展与教育，Vol．31，No．1，100-107*

[209] 丁道群（2005）. 网络空间的自我呈现——以网名为例. *湖南师范大学教育科学学报.2005-06-30，97-100*

[210] 高磊.（2010）. 论网络交往的虚实二重性. 山西大学，*硕士论文.2010-06-01*

[211] 高文斌，陈祉妍（2006）. 网络成瘾病理心理机制及综合心理干预实验.*心理科学进展，14（4），596-603.*

[212] 郭薇，陈旭，杨楠.（2011）. 安全基地启动及其脑机制. *心理发展与教育，5，553-560.*

[213] 郭欣怡.（1998）. 网络世界的我与我们——网路使用者之心理特征与网路人际关系特征初探.*硕士论文，台湾大学心理研究所，台湾.*

[214] 黄华华等.（2014）. 大学生的自我同一性与社会适应. *中国心理卫生杂志，第28卷第1期.*

[215] 黄少华，陈文江.（2002）. 重塑自我的游戏——网络空间的人际交往. *兰州：兰州大学出版社，101-119.*

[216] 加藤厚.（1983）. 大学生自我同一性诸相及其构造，*教育心理学研究（日），11983；31，20）30*

[217] 金艳.（2006）. 不同依恋模式的大学生心理健康研究.*硕士论文，江苏师范大学，江苏.*

[218] 劳伦斯·纽曼.（2007）. *社会研究方法：定性和定量的取向，*

560-561.

[219] 雷雳，李宏利，王争艳（2003），病理性互联网使用的研究概况，*中国心理卫生杂志　2003 年第17 卷第5 期*

[220] 雷雳，李宏利.（2004）. 病理性使用互联网的界定与测量，*心理科学进展，11（1），73-77.*

[221] 雷雳，伍亚娜.（2009）. 青少年的同伴依恋与其互联网使用的关系.*心理与行为研究，7（2），81-86.*

[222] 雷雳（2012），青少年"网络成瘾"干预的实证基础.*心理科学进展，Vol. 20，No. 6，791 - 797.*

[223] 李菲茗，傅根耀（2001），成人依恋问卷（AAQ3. 1）的初步试用，*中国临床心理学杂志　2001 年，第 9 卷，第 3 期*

[224] 李梦霞.（2010）.大学生成人依恋与网络依赖关系. *中国公共卫生，第26 卷第7 期.*

[225] 李同归，&加藤和生.（2006）. 成人依恋的测量：亲密关系经历量表（ECR）中文版. *心理学报，38，399-406.*

[226] 李同归.（2006）. 依恋理论中的几个热点问题概述. *北京大学学报（自然科学版），第42 卷，第1 期，18-25.*

[227] 李同归等.（2008）. 大学生依恋模式对心理健康的影响. *中国心理卫生杂志，第22 卷，第10 期，740-748.*

[228] 李晓东，崔丽娟（2011），大学生网络交往动机与网络行为特点关系研究综述，*安徽科技学院学报，2011，01，15*

[229] 李秀敏. 2004，互联网内容偏好与大学生人格特质的关系研究. *心理科学，2004，27（3）：559-562*

[230] 李苑文.（2013）. 网络、手机成瘾青少年的同伴依恋与孤独感的特点及其关系研究. *硕士论文，华中师范大学，武汉.*

[231] 励骅. 青少年网络人际交往行为初探，*教育与职业，2004，(18)，47-48*

[232] 林伟，黄子杰，林大熙（2004），医学生网络使用情况及其与情绪状态的相关分析，*中国心理卫生杂志，2004，18（7）：501-503*

[233] 柳铭心，雷雳.（2005）. 青少年的人格特征与互联网娱乐服务使用偏好的关系. *心理发展与教育，第4 期，P40-45.*

[234] 柳铭心，雷雳.（2006）. 人格特征和互联网使用. *首都师范大学学报（社会科学版）. 第3 期.*

[235] 罗伯特·K·殷著，周海涛译.（2009）. *案例研究：设计与方法.* 重庆：重庆大学出版社，18，26-27，44-45，52-53，162-165

[236] 鲁小华，霍莉钦，高文凤，丛中（2006），亲密关系体验问卷修订版的信效度研究，中国心理卫生杂志，2006年，第 20 卷，第 11 期

[237] Manuel Castells Oliván 著，夏铸九，王志弘等译（2003），网络社会的崛起，社会科学文献出版社，北京

[238] 孟庆东，雷雳，马利艳（2009），青少年的依恋与“网恋”的关系. *心理研究，2009，2（2），75-80.*

[239] 邱皓政.（2008）. *潜在类别模型的原理与技术.*教育科学出版社，4-1.

[240] 沙莲香（2002）.社会心理学.*北京：中国人民大学出版社，*

[241] 宋巨盛（2003）. 互联网对现代人际交往影响的社会学分析.*江淮论坛，（5）.*

[242] 谭文芳.（2006）. 286 名大学生网络使用行为、使用动机与人格之关系研究. *中国健康心理学杂志，第 14 卷，第 3 期，245-247.*

[243] Jon G. Allen，Peter Gonagy 著，王倩等译.（2016）. 心智化临床实践. 北京：北京大学医学出版社，2-3.

[244] 王树青，张文新，纪林芹等.（2006）. 青少年自我同一性状态问卷的修订. *中国临床心理学杂志，14（3），221-223.*

[245] 王树青.（2010）. 大学生自我同一性的发展及与情绪适应的关系. *中国临床心理学杂志，第 18 卷，第 2 期.*

[246] 王树青，陈会昌.（2013）. 大学生自我同一性状态问卷中文简版的修订. *中国临床心理学杂志，第 21 卷，第 2 期.*

[247] 吴薇莉，张伟，刘协和（2004），成人依恋量表（AAS-1996 修订版）在中国的信度和效度.*四川大学学报（医学版）2004；35（4）：536 538*

[248] 辛妙菲，陈俊（2009）. 大学生网络交往动机量表的编制及其信效度研究. *广东技术师范学院学报，145-147.*

[249] 杨芙蓉，（2012），大学生自我同一性、时间管理倾向和网络成瘾的相关关系研究，*中国健康心理学杂志第 20 卷第 2 期*

[250] 杨容，郑涌，阮昆良.（2004）. 网络成瘾（IAD）实证研究进展. *西南师范大学学报（人文社会科学版），第 30 卷，第 5 期，40-43*

[251] 杨洋，雷雳.（2007）. 青少年外向、宜人性人格、互联网服务

偏好与“网络成瘾”的关系.*心理发展与教育，第2期，42-48.*

[252] 张国华，雷雳.（2008）. 青少年的同伴依恋自我认同与网络成瘾的关系. *中国学校卫生，第29卷，第5期.*

[253] 张国华，雷雳，&邹泓.（2008）. 青少年的自我认同与“网络成瘾”的关系. *中国临床心理学杂志，第16卷，第1期，37-39.*

[254] 张国华，伍亚娜，&雷雳.（2009）. 青少年的同伴依恋、网络游戏偏好与“网络成瘾”的关系.*中国临床心理学杂志，第17卷，第3期.*

[255] 张建飞，王振宏，杨哈韬.（2009）. 同一性地位理论及其扩展模型. *心理学探新，第6期，11-15.*

[256] 张建人等.（2010）. 青少年自我同一性的发展特点研究. *中国临床心理学杂志，第18卷第5期.*

[257] 张洁婷.(2010). 潜在类别分析技术在心理学研究中的应用. *心理科学进展，Vol. 18*

[258] 张兰君，团体心理治疗和体育运动处方对大学生网络成瘾的干预，*心理科学，2009，03：738-741.*

[259] 张梅，张玥等.（2016）. 大学生网络同一性实验与自我同一性的关系：网络社交倾向和强迫性网络使用的作用. *心理发展与教育Vol. 32，No. 1，98-105.*

[260] 张日昇（2000）. 同一性与青年期同一性地位的研究——同一性地位的构成及其自我测定. *心理科学，第23卷，第4期.*

[261] 周红梅，郭永玉，&柯善玉.（2008）. 大学生自我同一性过程问卷编制. *中国临床心理学杂志，16（1）.*

[262] 朱美慧（2000），我国大专学生个人特性、网络使用行为与网络成瘾关系之研究，*硕士论文，私立大华大学资讯管理研究所，台中.*

[263] 朱旖旎（2008），网络交往去抑制性行为研究，*《华东师范大学硕士论文》- 2008-04-01.*

附 录

附录 1 大学生网络交往动机问卷（自编）

请注意：表格中各题项是关于大学生上网进行社会交往目的的描述。每一个陈述都有 5 种选择，1=“很不符合”，2=“不太符合”，3=“不确定”，4=“比较符合”，5=“非常符合”。请你仔细阅读问卷中的每一道题，然后**在最符合你实际情况的答案上划“√”**。

题号	题目	很不符合	不太符合	不确定	比较符合	非常符合
1	了解自己关心的人的动态和情况。	1	2	3	4	5
2	可以不需要承担任何责任地与人交往。	1	2	3	4	5
3	分享自己的生活和内心。	1	2	3	4	5
4	可以认识一些异性朋友倾述和交往。	1	2	3	4	5
5	跟网友聊天打发无聊时间。	1	2	3	4	5
6	可以发现自身的不足。	1	2	3	4	5
7	在团队合作或群里的交流中增强归属感。	1	2	3	4	5
8	……					

附录 2 大学生网络交往动机问卷（校标 1 部分题项）

请注意：请判断各题项在多大程度上符合您使用互联网的内在动机。“1”=是，“2”=否。请仔细阅读问卷中的每道题，然后根据你的实际情况，**在符合实际情况的答案上划“√”**。

题号	题项	是	否
1	是为了与远方的亲朋好友进行交流与沟通	1	2
2	与陌生人进行交流	1	2
3	与周围的亲朋好友进行联系	1	2
4	与原不太熟识的人进行交流	1	2
5	参加网络社群活动	1	2
6	能结交更多的朋友	1	2
7	能更好地展现自己的才能	1	2
8	能更多地获得别人的认可	1	2
9	在网上我对自己比现实生活中更充满自信	1	2
10	可以充分发挥自己的想象力	1	2
11	……		

附录3　大学生网络使用动机问卷（校标2部分题项）

请注意：请判断各题项在多大程度上符合您上网进行社交活动的内在动机。每一个陈述都有5种选择，即1=“从不”，2=“很少”，3=“有时”，4=“经常”，5=“总是”。请你仔细阅读问卷中的每一道题，然后根据你的实际情况，**在最符合实际情况的答案上划“√”**。

题号	题项	从不	很少	有时	经常	总是
1	浏览新闻	1	2	3	4	5
2	买卖基金、炒股	1	2	3	4	5
3	玩游戏	1	2	3	4	5
4	完成作业或写作	1	2	3	4	5
5	心情不好时向网友宣泄情绪	1	2	3	4	5
6	建立个人QQ空间、博客或网页	1	2	3	4	5
7	证明自己的存在和价值	1	2	3	4	5
8	浏览感兴趣领域的最新动态	1	2	3	4	5
9	发布商业广告	1	2	3	4	5
10	打牌、下棋	1	2	3	4	5

（续表）

题号	题项	从不	很少	有时	经常	总是
11	查阅与学业相关的资料	1	2	3	4	5
12	孤独寂寞时找网友交流	1	2	3	4	5
13	与师长亲朋保持联系	1	2	3	4	5
14	证明自己的能力	1	2	3	4	5
15	获得最新的社会资讯	1	2	3	4	5
16	参加网上会议	1	2	3	4	5
17	打发时间	1	2	3	4	5
18	下载各种学习资料或软件	1	2	3	4	5
19	找网友聊天，寻求感情慰藉	1	2	3	4	5
20	加入同学录，发布或查看同学消息	1	2	3	4	5
21	证明自己与时代潮流为伍	1	2	3	4	5
22	获得最新的技术资讯	1	2	3	4	5
23	……					

附录4　亲密关系体验问卷

请注意：以下陈述与你在亲密关系（恋人或好友）中的感受有关。请根据与你恋人或最亲近的朋友交往的情况作答。每一个陈述都有 7 种选择，请你仔细阅读问卷中的每一道题，然后根据你的实际情况，**在最符合实际情况的答案上划“√”**。

题目	非常不赞成	比较不赞成	有点不赞成	不确定	有点赞成	比较赞成	非常赞成
1．无论我的心情多么低落，我都不喜欢向恋人或好友表露	1	2	3	4	5	6	7
2．我担心会被抛弃	1	2	3	4	5	6	7
3．和恋人或好友亲密相处，我感到很舒服	1	2	3	4	5	6	7
4．我很担心我的人际关系状况	1	2	3	4	5	6	7

（续表）

题目	非常不赞成	比较不赞成	有点不赞成	不确定	有点赞成	比较赞成	非常赞成
5．当恋人或好友开始亲近我时，我感到我不由自主的想逃避	1	2	3	4	5	6	7
6. 我担心恋人或好友不会像我在乎他/她那样在乎我	1	2	3	4	5	6	7
7．当恋人或好友想亲近我时，我会感到不舒服	1	2	3	4	5	6	7
8．我非常担心会失去我的恋人或好友	1	2	3	4	5	6	7
9．当我对恋人或好友敞开心扉时，我感到不舒服	1	2	3	4	5	6	7
……							

附录 5　自我同一性地位量表

请注意：以下各题目每一个陈述都有 6 种选择，请你仔细阅读问卷中的每一道题，然后根据你的实际情况，**在最符合实际情况的答案上划“√”**。

题号	题目	完全不是	相当不是	大体不是	大体是	相当是	完全是
1	我正在为实现自己的目标而努力。	1	2	3	4	5	6
2	我没有特别热衷的事情。	1	2	3	4	5	6
3	我知道自己是怎样的人、自己的希望与追求。	1	2	3	4	5	6
4	我没有“想干什么”的确切的想法。	1	2	3	4	5	6
5	我至今没有自主地对有关自己的事做出过重大决断。	1	2	3	4	5	6
6	我曾认真深思过、考虑过自己是怎样的人，该做些什么。	1	2	3	4	5	6
7	……						

后 记

记得十年前在与清华大学樊富珉教授谈论一位同行的成果时，樊老师说："真不容易！十年磨一剑！"我当时很受触动，做研究的确需要这样的勤勉和踏实。如今，我自己在攻读博士学位的过程中也领略了些许个中滋味，是否磨成一剑有待实践验证，但是多年的努力也在内心积淀了对心理学、对团体咨询的更深的热爱，学会了享受远离纷扰，静心思考写作的幸福和愉悦。而能够有此人生体味，需要感恩的人太多太多！

首先要感谢我的导师王耘教授。王老师尽管只年长我几岁，但是她的学识和人品却令我难以望其项背。从给我自由的选题空间，指导我设计研究框架，到论文的写作和完善，点点滴滴都透着王老师的心血，令我感动不已。王老师身上有许多如水的品质令人向往，她宛若一泓清水，素净淡雅；行事行云流水，高效练达；待人上善若水，亲近自然；处世心静如水，卓尔不凡。在师大的这几年，在王老师的团队中，在这种水样品质的熏染下，我的心性得到了极大的滋养，既温润舒心，又坚定奋发。王老师所代表的师大精神——"学为人师，行为世范"，在我内心滴水成河，源远流长。

回溯博士研究生学习的旅程，我得到了许多前辈的关怀和支持。我的本科和硕士导师黄希庭教授、我的团体咨询引路人樊富珉教授、我的北航领导王建中教授以及北师大董奇教授，在他们的热情鼓励、温暖关怀和严格鞭策下，我赢得了博士阶段的学习机会，并将本科和硕士期间奠定的基础心理学和人格心理学知识，与博士阶段的发展与教育心理学理念以及工作阶段的临床心理学经验融会贯通，完成了以实证研究为基础的干预研究。这不仅是理论和方法的汇集，更是一路相助的前辈和导师思想和关爱的汇集，感激不尽。

感谢北师大的老师和同学们的相助相伴。感谢已经辞世的孟庆茂教授，多年的忘年交情谊一直是我专业成长和人生幸福的源泉。感谢林春梅老师，在我因腕骨骨折后肌肉痉挛书写困难的情况下，她解下自己的丝巾缠在我手腕上助力，才帮助我顺利完成了博士入学考试，之后的学习生活中，林老师也不断给予我无微不至的关怀和鼓励，为我和师弟师妹们的学习和成长保驾护航。感谢樊攀，论文送审和答辩的每一个环节帮我严格把关，及时补漏，一路护送我顺利冲线。感谢王侠、李莉、卢富荣、张琴、杨静、徐少冈、李玮玮、祁梦迪……，每次走进组会教室，师弟师妹们投来的关切和欢迎的目光，让我这个大他们好多岁的大师姐都忍不住被暖暖的爱融化。

在广阔无垠的学术海洋中，一篇博士论文宛若沧海一粟，然而就是这样一项小小的研究，都有赖于众多的支持和帮助。从研究题目的反复论证到开题，从文献收集筛选到研究方案设计，从数据收集处理到论文写作修改，都得到大家的鼎力支持。感谢北师大董奇教授对我研究设计的指导，感谢樊富珉教授、王建中教授、邹鸿教授、周新林教授、洪炜教授、雷雳教授参与我博士论文的答辩，给予我研究成果宝贵的肯定支持和改进意见。特别感谢我的同届师妹张彩，从我们考博教室中前后排相识开始，就结下了今生宝贵的同窗情谊。她给予我的精神鼓励和实际帮助，是我完成博士研究的重要保障。还要感谢小师弟黎亚军，师妹陈福美，感谢我的学生戴哲茹、邹黎明、马玲、马鑫鑫，除了关心和鼓励，在数据处理和翻译校对等方面给予我的极大帮助。感谢我的同学同行赵崇莲、李红梅、刘鲁蓉、吴伟、兰小彬、李媛、谭锐、谢晓辉、刘爽、夏云、涂涛、何卫东、赵晓庆、刘淑红、王慧琳、李卫华……，帮助我在全国各级各类高校先后收集了过万分数据，保证了数据来源的丰富全面。

感谢电子科技大学出版社，在这里我工作和生活了12年，与同事们亲如兄弟姐妹般的相处，为生命的这12年增添了许多快乐和幸福，感谢我的发小和挚友杜倩、谢晓辉，为本书的出版倾力相助。

感谢父母和家人。我的父母和兄姐以及我的夫君都从事教育工作，在不同的专业领域各具建树。教育学、心理学专业出身的父亲，为我的专业选择、学习和发展给予了令我受益终生的指引和帮助。这样的家庭氛围，使我有机会传承父母潜心教育事业的人生理想，有机会享受教书育人、成就他者的内心幸福。在博士学习期间，父母一直关心我的学习和研究进展，父亲几次重病住院，康复过程中仍然最爱听我学习和工作中的小小进步；在我遇到困难的时候，年近九旬的母亲仍然冷静客观地帮我分析情势，鼓励我肯定自己的研究价值，把目标定位在提升未来工作质量上，而不为当下的得失所羁绊。这些关爱和鞭策将成为我一生的奋斗动力。在外工作学习，疏于照顾年迈父母，我的姐姐姐夫、哥哥嫂嫂尽力承担了几乎全部的照料工作；学习期间，夫君不仅承担学院繁重的行政事务，还尽量打理好家务，给予我坚强的支持和温暖的关爱；儿子也懂事自立，积极阳光……这一切为我的学习和研究提供了最宝贵的精神鼓励和时间保障。感恩父母！感恩亲人！

感恩生命中如此美好的际遇，有幸集众多关爱于一身，我必将回馈更多真善美给社会和未来！

张　焰

2019年1月